MÚSICA   CULTURA POP   CINEMA

JOSÉ TELES

CRIANÇA DE DOMINGO

UMA BIOGRAFIA MUSICAL DE

CHICO SCIENCE

Belas Letras

Copyright © 2024 José Teles

Nenhuma parte desta publicação pode ser reproduzida, armazenada ou transmitida para fins comerciais sem a permissão do editor. Você não precisa pedir nenhuma autorização, no entanto, para compartilhar pequenos trechos ou reproduções das páginas nas suas redes sociais.

Publisher
Gustavo Guertler

Coordenador editorial
Germano Weirich

Supervisora comercial
Jéssica Ribeiro

Gerente de marketing
Jociele Muller

Supervisora de operações logísticas
Daniele Rodrigues

Supervisora de operações financeiras
Jéssica Alves

Edição de texto
Sérgio Martins

Preparação
Maristela Deves

Revisão
Belas Letras

Capa e projeto gráfico
Celso Orlandin Jr.

Todas as fotos são cortesia do autor, salvo indicação em contrário.
Fotos de capa e contracapa: Fred Jordão
Foto p. 2: still frame do clipe de "Maracatu de Tiro Certeiro" (Dolores Y Moraes, 1993)
Fotos p. 6, 324-325: divulgação Sony Music

Foram feitos todos os esforços possíveis para identificar a autoria de cada imagem, porém isso não foi possível em alguns casos. Ficaremos felizes em creditar na próxima edição os autores que se manifestarem.

2024
Todos os direitos desta edição reservados à
Editora Belas Letras Ltda.
Rua Visconde de Mauá, 473/301 – Bairro São Pelegrino
CEP 95010-070 – Caxias do Sul – RS
www.belasletras.com.br

Dados Internacionais de Catalogação na Fonte (CIP)
Biblioteca Pública Municipal Dr. Demetrio Niederauer
Caxias do Sul, RS

T269c	Teles, José
	Criança de domingo: a biografia de Chico Science / José Teles. - Caxias do Sul, RS: Belas Letras, 2024.
	336 p.: il.
	Contém fotografias.
	ISBN: 978-65-5537-492-6 Brochura
	ISBN: 978-65-5537-493-3 Capa dura
	1. Science, Chico, 1967-1997. 2. Biografia.
	3. Música popular - Brasil. I. Título.

24/60   CDU 929Science

Catalogação elaborada por Vanessa Pinent, CRB-10/1297

Este livro é dedicado à geração que teve o privilégio de viver um momento especial do Recife, em particular, e de Pernambuco, em geral, nos anos 90.

E AOS MANGUEBOYS, QUE DESENTUPIRAM AS VEIAS OBSTRUÍDAS DA MANGUETOWN.

Especiais agradecimentos a Fred 04, Sérgio Martins, Gilmar Bola 8, Jorge du Peixe, Renato L., DJ Dolores, Aderson e Alda Marques, Ricardo Labastier, Vinícius Sette, Fernando Augusto, Duda Belém, Rodrigo Santos, Paulo André Pires, Stela Campos, Rafaella Sabino e Gil Vicente, à turma da editora Belas Letras e aos meus filhos, Guilherme e Gustavo – um fazendo, o outro curtindo.

SUMÁRIO

PRÓLOGO 11

CHICO SCIENCE, A CRIANÇA DE DOMINGO 15

O CARANGUEJO 31

A CIDADE DOS MANGUES 34

MULHERES 36

POP E DO POVO 46

CIDADE PARADA? 52

MÚSICA MANGUE 60

OS CAMINHOS DE CHICO 61

JORGE MAUTNER 70

EU SOU DO HIP 74

ORLA ORBE 76

IRA! 87

LAMENTO NEGRO 104

RUAS DE PEIXINHOS 121

ZUMBI 127

MARACATUS 140

O CIRCO CHEGOU 143

MANGUE TOUR 156

MANIFESTO 164

RECIFE ANOS 80 172

JOSUÉ, JOSUÉ 177

MANGUE 184

ALÉM DA MANGUETOWN 193

ATENÇÃO, GRAVANDO! 205

LIMINHA 208

DA LAMA AO CAOS 212

AFROCIBERDÉLICOS 229

OROPA, FRANÇA, BAHIA – TOCANDO PARA O MUNDO 257

ARIANO 274

ALCEU 279

INTERAÇÃO 283

DANDO CANJAS 290

FROM MUD TO SNOW 296

CAOS 298

GANZÁ 307

FOLIA SILENCIOSA 310

DESPEDIDAS? 311

LEGADO 313

O PRÓXIMO PASSO? 317

LOUISE 321

CODA 323

DISCOGRAFIA 327

LINHA DO TEMPO 332

REFERÊNCIAS 335

PRÓLOGO

Naquele início de noite de domingo, 2 de fevereiro de 1997, Chico Science, ainda sonolento de uma soneca tirada à tarde, fez um lanche, tomou um banho e trocou de roupa escutando música. Tinha voltado da Europa fazia pouco tempo e, como acontecia desde que passara a viajar para o exterior, trouxe a bagagem carregada de discos. Dessa vez, trouxe mais: havia viajado de férias e teve mais tempo para vasculhar lojas de vinil (talvez estivesse ouvindo algum da nova e fornida leva que importou). Goretti França, sua irmã, recorda que Chico cantou uma canção nova, composta para a namorada Sharline, pernambucana que morava na França. Num depoimento ao projeto *Ocupação Chico Science*, do Itaú Cultural, ela diz que comentou com o cantor: "Se eu não fosse tua irmã, queria ser tua namorada só pra tu fazer uma música bonita dessas pra mim".

Em dezembro de 1996, o empresário Paulo André Pires entendeu quando Chico Science disse que iria tirar o que seriam suas últimas férias: "Ele conheceu Sharline no Recife. A família dela é daqui, mas mora na França há muitos anos. Quando voltamos do Rio de Janeiro, que entregamos o apartamento, ele reclamava da gente ter emendado tudo – o lançamento do *Afrociberdelia* e a turnê mundial do álbum. Em outubro e novembro de 1996, foram oito shows num mês, e nove no outro, quase um a cada três dias. Então ele tirou estas férias quando a gente voltou e passou o réveillon lá fora. Queria ver Sharline."

11

CHICO SCIENCE

Em condições normais, cerca de 25 minutos separam o bairro das Graças, onde ficava o apartamento de Goretti, do agitado sítio histórico, epicentro da folia olindense. Mas Chico só faria metade do percurso. O Fiat Uno, que pertencia à irmã, chocou-se contra um poste no limite entre Recife e Olinda – ironicamente, próximo a um manguezal.

"De repente do riso fez-se o pranto
Silencioso e branco como a bruma
E das bocas unidas fez-se a espuma
E das mãos espalmadas fez-se o espanto"

A colisão do Uno com o poste foi tão espetacular, tão barulhenta, que muitos carros estacionaram na pista e foram socorrer o passageiro. A pancada contra o poste deu-se no banco do carona (o que reforça a ideia de que a trava do cinto, ao se soltar, levou o corpo a ser impulsionado violentamente para frente). Havia muito sangue espalhado pelo corpo, que foi colocado na carroceria de uma camionete Ford-100, dirigida por um rapaz chamado Marlon Ricardo Borges. Ele o levou para o Hospital da Restauração, especializado em emergências, e que fica perto do local do acidente. Mas Chico Science faleceu antes de chegar ao hospital, também próximo ao prédio nas Graças, de onde saíra minutos atrás.

"De repente da calma fez-se o vento
Que dos olhos desfez a última chama
E da paixão fez-se o pressentimento
E do momento imóvel fez-se o drama"

Estes versos, do *Soneto de Separação*, poema de Vinicius de Moraes, descrevem o clima que se abateu sobre Recife, Olinda e cidades da região metropolitana da capital pernambucana. A confirmação da tragédia em pouco tempo alcançou Olinda, pois o acidente aconteceu a pouco mais de um quilômetro do Centro Histórico. Aos poucos, fanfarras das orquestras, al-

CRIANÇA DE DOMINGO

faias dos maracatus, a música que fluía dos bares, algaravia das conversas dos foliões, tudo foi interrompido.

"De repente, não mais que de repente
Fez-se de triste o que se fez amante
E de sozinho o que se fez contente.

Fez-se do amigo próximo o distante
Fez-se da vida uma aventura errante
De repente, não mais que de repente."

CHICO SCIENCE, A CRIANÇA DE DOMINGO

Na 2ª etapa de um conjunto habitacional no bairro de Rio Doce, em Olinda, as ruas foram batizadas com nomes de flores. Uma delas chamava-se Girassol, e terminava num manguezal. Quando as casas foram todas ocupadas, em parte devido à natural deficiência do serviço da limpeza pública nas periferias, os moradores passaram a despejar o lixo no mangue. Um dos garotos da rua costumava ir até lá, só ou com amigos, e vasculhava o material à caça de algo aproveitável, reciclável. Às vezes atirava alguma coisa nos urubus que desciam por lá atraídos pelo odor de algum animal morto. Anos mais tarde, o garoto, chamado de Chiquinho pela família, resgataria dos desvãos da memória aqueles momentos. Ele os tornaria versos de uma canção chamada "Da Lama ao Caos", faixa do álbum homônimo, da banda Chico Science & Nação Zumbi, lançado pela Sony Music em 1994: "Fui no mangue catar lixo/conversar com urubu". Goretti França, irmã de Chiquinho (ou Chico Science, como se tornou conhecido), esclarece essa relação entre os moradores da Rua do Girassol e o manguezal:

"Não era catar lixo no sentido de catar para vender: era divertido ir remexer nas coisas que as pessoas descartavam ali. Porque ele e os outros, quando queriam grana para alguma coisa, tinham essa fonte que era os caranguejos. Os meninos maiores descarregavam caminhões de telhas. Chico não pegou muito isso, porque ele era menor e, quando chegou, as casas já estavam todas construídas e habitadas, mas a coisa do caranguejo ele ainda teve um pouco."

CHICO SCIENCE

Aderson Marques era o melhor amigo de Chiquinho. Ele morava numa casa em frente à dele e o acompanhava nessas garimpagens no lixo do mangue:

"A gente ia para o lixo pegar objetos, que reciclava e transformava em armadilhas, em baleadeiras e bijuterias e buscar forquilhas. Com essas, fazia os badoques, para pegar passarinho. Íamos também procurar latas no lixo. Antigamente, as latas de óleo tinham recipiente de metal. Então a gente as usava para fazer as nossas ratoeiras de pegar caranguejos. A gente ia e apanhava essas e outras coisas. Mas não era um lixão, e sim tipo uma barreira, onde havia um aterro, que foi feito em cima do mangue, com um declive. Lá embaixo começa aquela vegetação rasteira e vem o manguezal. E nessas áreas, como havia dificuldade com a coleta, as pessoas geralmente jogavam o seu lixo. Não era um lugar que ficasse súper cheio de urubus, embora eles estivessem por ali. Às vezes as pessoas jogavam um cachorro morto, ou uma galinha morta. E aí vinham os animais grandes, os abutres."

Da casa onde morava a família França até o mangue dava, se muito, quatrocentos metros. Goretti lembra que os crustáceos, quando estavam de andada (quando saíam das tocas para acasalamento), entravam nas casas:

"Os adolescentes todos tinham criatórios de caranguejos, que cevavam e vendiam, ou então comiam. Lá em casa se faziam caranguejadas, Chico era mais novo, porém ainda caçou caranguejos."

Quando começou a dar escapadas para os bailes, que aconteciam em Rio Doce, e no começo das rodas de break com os b-boys, dançarinos da Legião Hip Hop, Chiquinho apelava para a fauna do mangue:

"A gente consumia música estrangeira nos bailes da periferia. Como não tínhamos dinheiro, íamos para os mangues pegar caranguejo, guaiamum, e vender o que apanhava. Com a grana a gente podia entrar nos bailes da periferia, porque minha mãe não me dava dinheiro, nem deixava que eu fosse. O que eu consumia lá era aquele tipo de música de que hoje eu me lembro. Tem coisas que escutava naquele período que guardo até hoje no meu inconsciente", contou ele numa entrevista a Luiz Claudio Garrido, do jornal *A Tarde*, de Salvador, em março de 1994, quando divulgava o álbum *Da Lama ao Caos*.

CRIANÇA DE DOMINGO

Fazendo uma correção: em todo texto biográfico sobre o manguebeat, ou especificamente Chico Science, lê-se sempre que ele driblava a vigilância de Dona Rita, sua mãe, e fugia para bailes funk. Na verdade, esses eram de jovens da comunidade. Em Rio Doce havia muitos bailes em associações comunitárias e clubes. Quem lembra isso é um personagem meio lendário dos anos 70 no Recife (e Região Metropolitana), Maristone Marques, que possuía o melhor equipamento de som de Pernambuco, até o início dos anos 80:

"Eu tinha 200 microfones, colocava som de Piedade (em Jaboatão) a Olinda. Tinha um lugar chamado Papillon, em que coloquei som. O irmão de Chico Science, Jamesson, trabalhou comigo, mas Chico era muito pequeno na época. Lembro muito pouco dele."

Os bailes funk tinham pouco a ver com o similar carioca, que eram festas de gente preta dos subúrbios do Rio, com artistas influenciados pela black music americana, e que se tornaram conhecidos nacionalmente (Carlos Dafé, Gerson King Combo, Dom Filó, entre outros). As que Chiquinho frequentava eram festinhas suburbanas em que predominavam discos de funk, soul americanos e, principalmente, disco music. Contudo, o Black Rio não foi um movimento isolado. Nas periferias de grandes cidades do país, tanto por influência dos artistas brasileiros de música black quanto pelos filmes da chamada blaxploitation, a juventude da periferia dançava nessas festinhas. Já na adolescência, em companhia de Jorge du Peixe, Chico participava das batalhas de gangues de b-boys, que aconteciam em várias áreas – no centro do Recife, mas também em clubes suburbanos e nas festas de associações e clubinhos de Rio Doce, cuja trilha era funk ou rap americanos.

Francisco de Assis França cresceu e viveu em Olinda até os 25 anos, na casa da família no bairro de Rio Doce. Mas nasceu no Recife, em 13 de março de 1966, no Hospital Evangélico, no bairro da Torre (coincidentemente, nasceu e morreu num dia de domingo). O mangue até que foi um companheiro constante. O rio Capibaribe passa por trás do hospital e há áreas de mangues próximas. Pode-se chegar ao outro lado

CHICO SCIENCE

por uma ponte, mas o meio mais rápido de se chegar à margem oposta é por barco. Foi com esse tipo de transporte que o futuro mangueboy atravessou para a outra margem, onde havia um ponto de táxi. Na época, a família morava no bairro de Santo Amaro, próximo ao centro da capital. Assim Chico Science foi apresentado ao rio que João Cabral de Melo Neto chamou de "O cão sem plumas". Rios, pontes, ainda sem overdrives, mas de muitos manguezais.

Chiquinho era o quarto filho de seu Francisco Luiz de França, enfermeiro, e dona Rita Marques de França, de prendas domésticas (ou do lar, como se dizia então). Os demais: Jefferson, Jamesson e Goretti. Formavam uma família simples, senão feliz, sem maiores problemas entre si. A pesca de caranguejo rendia a ele, Chiquinho, dinheiro para lanches, revistinhas e idas ao cinema, coisas assim. Descolava grana também com outras ôias (biscate). Uma delas era o artesanato. Ele e o amigo Aderson confeccionavam miçangas, brincos, pulseiras e colares, que vendiam às meninas da rua. Vendiam também areia para construção para as casas de vilas onde se faziam indefectíveis puxadinhos. Eles apanhavam a areia perto do mangue e carregavam com uma carroça de mão:

"Em final de ano a gente se oferecia para pintar as casas. Uma ou outra pessoa aceitava. A gente pintava nos finais de semana", relembra Aderson.

Mais do que servir para o "comércio" dos garotos, os caranguejos pairavam onipresentes na vida deles.

A família França se mudaria para Rio Doce em 1970, para uma casa na segunda etapa de um conjunto habitacional popular que ia sendo disseminado pelos bairros mais distantes da Região Metropolitana. Chiquinho estava com quatro anos quando passou a morar próximo ao mangue. Aliás, aquele conjunto de casas populares foi construído sobre um aterro de uma área tomada do mangue, algo que aconteceu com grande parte da área urbana da Grande Recife.

Nos anos 60, como cantou Belchior, ainda havia galos, noites e quintais. As pessoas pegavam uma fresca em cadeiras na calçada, as crianças brincavam na rua à noite, sem que os pais se preocupassem, a não ser com as

CRIANÇA DE DOMINGO

inevitáveis travessuras e incidentes. Chiquinho foi garoto presepeiro, conforme lembra a irmã:

"Era muito levado, da rua. Ele sempre brincava com esse menino, o Aderson. Entre outras travessuras, lembro que um dia, perto da casa da gente tinha muito pé de macaíba, que é tipo uma palmeira, cheia de espinhos. Quando a gente viu, ele voltou para casa que nem São Sebastião, todo flechado: brincando, correu e esbarrou no tronco do pé de macaíba. Voltou com a barriga cheia de espinhos. Ele era muito solto, muito livre, uma criança normal."

Recorrendo a Aderson, o citado amigo de Chiquinho:

"Na verdade, eu não estava com ele nesse dia. Não sei se ele brincava com um skate. Mas sei que foi feio: espinhos no peito, nas coxas e talvez no rosto. Sei que estava todo furado, parecia perfuração de ouriço-do-mar. O coitadinho ficou todo marcado. Aquilo doía e demorou pra sarar."

Aderson comenta que Chiquinho era chamado pelos colegas de azarento, porque era vítima de acidentes frequentes:

"Aqui e acolá, acontecia uma tragédia com ele. Uma vez botaram areia na calçada da Avenida Brasil, em Rio Doce. Chico, para desviar, caminhou pela rua. Veio um carro e pegou o menino por trás. Ele quebrou um dedo, aí aparece com um braço enfaixado, e todo arranhado. Outra vez, a gente ia para o mangue. Chico pegou um caju, que caiu num buraco. Ele se abaixou para apanhar e quando levantou, bateu com a cabeça numa casa de marimbondos. De repente lá vem ele correndo de ré, pela caiçara, todo fustigado de picadas."

Dona Rita, a quem Chico era muito apegado, contou mais uma do filho, aí já na adolescência. Ele pegou uma moto de um amigo, sem saber guiar, e levou a maior queda. Voltou para casa na surdina, foi se deitar sem fazer alarde e sem apelar para os conhecimentos profissionais do pai enfermeiro. Não sofreu fraturas, mas os cotovelos estavam lanhados. A mãe só soube quando lhe perguntaram se Chiquinho estava bem. O filho contou a história a ela, pedindo que não dissesse ao pai, mais pelo vexame que passou do que por medo da bronca. Seu Francisco era um homem tranquilo. Nos seus

CHICO SCIENCE

últimos anos, ele costumava passar pela redação do *Jornal do Commercio*, onde o autor deste livro trabalhava. Trazia sempre consigo uma pastinha, com matérias, fotos xerocadas ou algum objeto que tivesse relação com o filho. Já dona Rita era severa. Chiquinho, que ela desejava que se ordenasse padre, era obrigado a ir à missa aos domingos de manhã. Carregava Aderson com ele.

Chiquinho aprontava muito e era desinibido desde criança. Uma vizinha, dona Jô, cujos filhos cresceram com Chico, conta que gostava de contar piadas. O futuro cantor, ainda pequeno, entrava na conversa e contava suas histórias. Aderson confirma esta desinibição:

"Ele gostava muito de Ney Matogrosso. Me lembro daquele clipe em que Ney aparece em cima de um helicóptero cantando 'América do Sul'. Passou o vídeo primeiro no *Fantástico*, depois em outros canais. Os muros das casas da rua eram baixos, um metro de altura, e tinham umas pilastras. Chico subia no muro e ficava dançando, imitando a dança de Ney, sem se importar com as pessoas adultas que passavam e ficavam olhando pra ele ou mandando que descesse do muro para não cair."

Chico estava com nove anos na época.

"Era muito engraçado, porque ele ficava sem camisa, descia o cós do calção ou calça, e dançava feito Ney", corrobora Alda Marques, irmã de Aderson, que continua morando na mesma casa para onde a família mudou-se em 1970. "Eu tinha cinco anos a mais do que ele, então nessa época havia uma diferença grande de idade. Fui mais amiga de Goretti. Porém conversava muito com ele, porque Chico vivia aqui em casa."

Visitamos a Rua do Girassol a fim de entrevistar Alda Marques, e descobrimos que muitos dos contemporâneos de "Chiquinho", cinquentões, até entrados nos 60, continuam morando lá. Um deles é Quinho, que fundou a Troça Carnavalesca Mista Mangue Boys. Com o nome de Quinho Brown, ele tem um projeto de cover de James Brown que se apresenta pelos subúrbios do Recife, onde ainda há uma cena de black music anos 70.

"O irmão dele, Jamesson, escutava música boa. Chico pegou muito dos discos que ele tocava. A gente curtia muito música aqui na rua."

CRIANÇA DE DOMINGO

Liderança e carisma são dotes atribuídos a Chico Science nas bandas de que foi integrante, dons que, segundo Aderson, já exercia quando criança. No carnaval montava a fantasia da La Ursa, folguedo popular pernambucano (sobre cuja origem os especialistas divergem – italiana ou cigana). A La Ursa é um dos brinquedos do carnaval pernambucano menos conhecidos fora do estado: desfila pelas ruas do Recife, tem um ritmo próprio e é acompanhada por um grupo cuja instrumentação emprega sanfona, triângulo, pandeiro, bombo, ganzá, reco-reco. Nos últimos anos, os ursos podem ser vistos nas praias, tentando descolar uns trocados. O sucesso "Bicho Maluco Beleza", de Alceu Valença, na primeira versão tem levada de urso e se chamava "Urso Maluco Beleza". Os personagens principais são um caçador armado segurando uma corda, amarrada em volta da cintura do urso, e o próprio urso. Chico construía a máscara de La Ursa com papel machê. Segundo Aderson, ela ficava meio tosca. Precisava segurar a parte de trás com a mão quando desfilava de urso pelas ruas do conjunto habitacional, com o amigo de caçador, segurando a corda com a qual, supostamente, controlava a presa. Chico, o urso, indo de casa em casa, e a gurizada seguindo atrás, gritando em coro o refrão do brinquedo, que se assemelha ao "doces ou travessuras" do Halloween americano: "A La Ursa quer dinheiro, quem não der é pirangueiro (pernambuquês pra mão fechada, sovina)". A lábia de Chiquinho era de derrubar avião. Faturavam o suficiente para distribuir picolé para a garotada da rua, e ainda juntavam dinheiro. Foi com a grana de La Ursa, atesta Aderson, que compraram os primeiros skates. Mas ele não andava apenas com Aderson, tinha outros companheiros de brincadeira. Como Paulinho, que ainda mora na rua, e participou, na adolescência, do grupo de b-boys com Chico.

"Nesta rua havia muitas crianças. A casa onde tinha menos crianças era a de dona Rita. Tinha uma família aqui que tinha 23 meninos", atesta Alda Marques.

Chiquinho, lembra Goretti, foi mimado por ser o caçula. Teve mais privilégios do que os irmãos e a irmã mais velha e cresceu com a família em melhor situação financeira do que quando ele nasceu. Quem confirma o que diz a irmã de Chico Science é o citado Aderson:

CHICO SCIENCE

"As nossas famílias não eram ricas, claro, mas nunca passamos fome. Naquela época, anos 70, nossos pais já possuíam carros."

Aderson estava com quatro anos, a mesma idade de Chico, quando sua família foi morar na Rua do Girassol, numa casa quase em frente à dos França. O manguezal no final da rua era o parque de diversão de Chiquinho e Aderson, como ele relembra:

"Íamos pra escola pela manhã. Quando dava doze, doze e meia, a gente tava em casa. Almoçava, pegava as ratoeiras, ia direto pro mangue e fazia as armadilhas. A gente chamava de ratoeira, mas na verdade é uma armadilha de pegar guaiamum. A gente mesmo confeccionava as ratoeiras. Preparava umas maiores, porque o guaiamum é maior, não cabia numa lata de óleo (as 'ratoeiras' eram fabricadas com latas de óleo de cozinha, uma borracha ou elástico na borda, ligado à tampa, no qual colocavam uma casca de laranja, ou algo assim. Quando o caranguejo tocava no elástico caía na lata, e a tampa se fechava). Essa parte era mais minha. Chico não tinha tanta habilidade manual, era mais de idealizar. A gente pegava nossas coisas, um saco, atravessava o Rio Preto, que ficava a mais ou menos um quilômetro da nossa rua, em direção à mata do Janga (já na cidade do Paulista). Na transição entre o mangue e a mata é onde se encontram os guaiamuns. Normalmente, uns trechos com uma extensão de três a cinco metros, que fica entre a mata e o mangue. Na vegetação tem as barbas de bode, com que se faz gaiola de passarinho, araticum, ou apanã, frutas do mangue. O dendê se encontra nessa faixa, que tem menos proteção de luz, tem mais arbustos. Não tem a floresta."

Aderson Marques conta que as ratoeiras atraíam mais do que crustáceos:

"Às vezes na ratoeira caíam rato, timbu, cobra, teju e preá. Enquanto armava as ratoeiras, a gente ia pescar moreia. Não precisava de vara de pesca, era uma linha de nylon, com um xié (um pequeno crustáceo) no anzol, e botava no buraco do caranguejo, onde sempre havia moreia. Não é a mesma moreia do mar. É um peixe preto, liso, tem vários tamanhos. É muito voraz, tem uma boca enorme. É da família do mero. A carne é bem branca. A gente tratava, colocava na geladeira, depois de horas ele ainda se mexia."

CRIANÇA DE DOMINGO

A infância dos dois garotos transcorreu numa convivência, digamos, íntima com o manguezal. Tanto que Aderson é praticamente um especialista nesse ecossistema, que permaneceu tão forte nas memórias afetivas de Chico Science que o levou a batizar sua nova batida de *mangue*. Muitas de suas letras têm algo de proustiano. As reminiscências da infância continuaram muito fortes nele, e estão bem presentes em sua música. E só os que o conheceram quando criança conseguem entender determinados trechos de suas letras. Um bom exemplo está num dos cadernos disponibilizados online. Um dos textos escritos a mão por Chico Science tem um enigmático título de "Chila, Relê, Domilindró". Diz ele: "Aí meu véio, abotoa o paletó/ Não deixa o queixo cair e segura o rojão/ Vinha cinco maloqueiro/ Amorcegando um caminhão/ Desceram lá na igreja na 1ª comunhão/ Pediram o corpo de Cristo e um copo de café/ Um ficou ouvindo a missa/ E quatro deram no pé/ Chila, relê, domilindró", texto que está na canção "Cidadão do Mundo", faixa do *Afrociberdelia*, e que deixou muita gente encucada sobre o significado de "Chila, relê, domilindró". Aderson esforça-se para explicar a frase:

"É difícil contextualizar alguma coisa que não tem conceito, com significado subjetivo. A expressão vem de um amigo nosso, vizinho de Chico, Fernando, irmão de um rapaz chamado Eurico. Era conhecido por Ném e um ano mais novo do que a gente. Ele chegou das andanças com esta expressão 'chila, relê, domilindró'. Era muito engraçado, chegava brincando, e a expressão passou a fazer parte das gaiatices da esquina, do bullying, que é muito natural na infância. Aí rolava muito apelido, muita gracinha. Os meninos brincavam com as pessoas que passavam na rua. Uns velhos ficavam irritados, perguntavam onde a gente morava, de quem era filho. Então um dizia meu nome é Chila, irmão de Relê. Muitas vezes o próprio Ném era quem dizia isso. Todo mundo rindo, o coroa ficava perdido, não sabia com quem estava falando, se irritava. Ném me falou uma vez que ouviu isso de um bêbedo, e ele, com seu radar de captar gaiatice, trouxe pro nosso convívio. Chico, na música, encontrou esta rima sem sentido, mas que completa a letra, e colocou isso no fim da música dele."

CHICO SCIENCE

Eurico, irmão de Ném, se lembra que as palavras foram ditas por um bêbado num botequim ali perto da Rua do Girassol e que ele estava nesse dia com Jamesson, irmão de Chico Science. Também da infância é o "amorcegar" (se dependurar na traseira de ônibus ou caminhão, sem que o motorista perceba), traquinagem que faziam ele e Aderson, só que em ônibus. Assim, amorcegados, iam de Rio Doce ao Janga, coisa que dona Rita nem sonhava que acontecesse. A citação à igreja é pela obrigação que tinham de assistir à missa aos domingos de manhã, torcendo para que terminasse logo. Depois da missa, os dois corriam pra casa, trocavam de roupa e iam à praia:

"Chico era muito palhaço, ficava tirando onda durante a missa, fazendo paródia dos hinos. A gente rindo o tempo inteiro. 'O corpo de Cristo e um copo de café' vem dessa época", revela Marques.

Aderson conviveu com Chiquinho até o início da adolescência, quando mudaram de escola:

"O que aconteceu foi que passamos o primário todo juntos, depois fizemos a quinta série no Colégio Polivalente, então ele foi estudar no Colégio Bairro Novo de Rio Doce, escola particular. São tendências naturais, ele tomou outro caminho. Eu era muito ligado aos desenhos, à pintura, eu pegava caricatura, charges, colocava balõezinhos, ele ria muito. O lance da gente sempre foi de criar coisas. Mas o desenho não era a dele. O negócio de Chico era a batida, o funk. O desenho toma muito tempo. Foi acontecendo um distanciamento. Muitas vezes ele saindo de casa, me via e gritava: 'Aderson de Coco', que soa meio 'doce de coco', e eu gritava de volta um 'Chico Tripa'. Foi um afastamento normal, gradual, tranquilo."

Vinícius Sette, baterista da Orla Orbe e da Loustal, conheceu Chico Science alguns anos depois de Aderson:

"Eu e o Chico nos conhecemos aos 10 anos de idade, quando estudávamos na quarta série no Colégio Polivalente, em Rio Doce. Ele era um garoto engraçado e popular na escola, falava com todo mundo. As professoras gostavam dele, apesar de bagunceiro."

O pai do Chico, seu Francisco, era enfermeiro e tinha um pequeno ambulatório onde prestava serviços ao pessoal do bairro de Rio Doce, quando

CRIANÇA DE DOMINGO

se elegeu vereador por Olinda. Já a mãe, dona Rita, ajudava em obras comunitárias na igreja católica.

"Com o passar dos anos, eu e o Chico nos encontrávamos por acaso em algumas festinhas de bairro, danceterias etc. Eu me lembro que, numa dessas festinhas, ele chegou com o cabelo todo enroladinho. Eu olhei e disse: 'Oxe, estás feito esse povo que segue novela, é?' Ele ficou sem graça e concordou comigo! Nisso já tínhamos uns 15 anos."

As recordações de Vinícius continuam.

"Um certo dia eu estava botando som numa festinha na casa de um amigo, chamado Flávio, o Chico passou na rua. Ouviu, parou na frente da casa e ficou olhando pra dentro. Ele tava com vários vinis, de James Brown, Kurtis Blow e Grand Master Flash. Eu o chamei e ele logo assumiu a mesa de som. A galera curtiu e me perguntava quem era esse meu amigo", relembra Vinícius, que hoje mora na cidade do Porto, em Portugal.

Amigos de infância, de Rio Doce, concordam que Chico era obcecado por música desde criança. Lula Cunha, morador do bairro, não era tão próximo, mas eventualmente se encontrava com ele:

"Eu não morava na mesma rua, vez por outra a gente jogava bola. Só vim reencontrar Chico muito tempo depois, num dia em que estava tocando sax em casa. Ele ouviu o sax e subiu."

Aderson Marques, que hoje mora na Alemanha e trabalha como artista plástico, traz mais recordações do amigo de infância.

"Ele era um mês mais velho do que eu. Às vezes a gente fazia a festa de aniversário juntos, éramos carne e unha. Banho de mar, mangue, praia, igreja. Todos os domingos a gente ia para a missa, a mãe de Chico era muito católica. Quando eu saía do portão para fora, a maioria do tempo eu estava com Chico. A coisa da música começou muito cedo. Ele pegava duas gavetas de um guarda-roupa da casa dele, e íamos pra casa de um amigo chamado Ageu. Ele ficava fazendo percussão em gavetas. Um dia me trouxe um violão, foi o primeiro em que peguei. Um violão velho, azul. Alguém emprestou ao Chico. Ele disse que eu poderia ficar com o violão até o cara pedir de volta, era muito generoso."

CHICO SCIENCE

Aderson também é músico. Chegou a estudar no Centro de Educação Musical de Olinda (Cemo), mas não terminou o curso. Ele conta que Chico também estudou música, embora não saiba onde, ou com quem, já que isso se deu quando os dois tornaram-se adolescentes e passaram a ter menos contato. Marques guarda até hoje um caderno de partituras que Chico Science lhe deu. Aventa até a hipótese de que os versos "Cadê as notas que estavam aqui?/ Eu não preciso delas/Basta deixar tudo soando bem aos ouvidos", do "Monólogo ao Pé do Ouvido", referem-se à sua desistência de aprender a ler e escrever música por partituras:

"Ele começou a estudar, não me lembro onde, acho que nessa época realmente o nosso caminho já tinha se dividido. E em um dos encontros assim, esporádicos, na rua, eu estava estudando no Cemo. Na verdade, no primeiro ano. A minha direção era estudar baixo, contrabaixo... o baixo mesmo, baixo elétrico. Eu sempre tive muita fascinação por instrumentos. E, sabendo disso, ele foi em casa, pegou esse livro de linhas de pauta, onde a gente escreve as notas, enfim, e me deu. Nesse caderno de partituras tem letras incompletas, coisas feitas por Chico naquela época. No final dos anos 80, eu acho. É lá para trás, ele beirando os seus 20 anos de idade, eu acho."

Por sinal, foi para colaborar com o pai que Chiquinho fez uma de suas primeiras gravações, se não a primeira: um jingle para a campanha de seu Francisco a vereador de Olinda. Era comum se falar em política na casa da família França, revela Goretti:

"Antes de ser candidato, meu pai foi do movimento sindical. Se candidatou na base do 'desta vez vai', porque ele tinha sido candidato antes, mas não se elegeu. Éramos todos jovens, adolescentes, Chico começou a gravar coisas pra campanha. No quarto deles tinha uma caixa enorme. Ele fez um buraco na caixa, colocou a cabeça embaixo, acho que pra se proteger dos ruídos da rua, da vizinhança, para poder gravar."

Chico gravou umas fitas com uns jingles, e isso serviu pra campanha. "Povo de Olinda, quer votar com confiança?/ Para vereador, vote em Francisco França", dizia a letra do jingle. Curioso é que, anos depois, a primeira gravação profissional de Chico Science foi um jingle para a campanha do

CRIANÇA DE DOMINGO

petista Humberto Costa à prefeitura do Recife, em 1992. Um jingle criado por Otto (foi assim que se conheceram). Por sua vez, a última ida dele a um estúdio, no início de 1997, foi também para fazer um jingle para o governo do Estado, produzido e criado por Zé da Flauta (ex-Quinteto Violado e da banda de Alceu Valença), para a agência de publicidade Propeg.

Embora não tivesse uma história de artistas na família, Chico cresceu escutando muita música, e com a diversidade de estilos e gêneros que se escutava até a monocultura musical imperar nos meios de comunicação – primeiro a axé music e depois sertanejos, pagodeiros e por aí em diante. Goretti ressalta que essa rica formação musical do irmão mais novo o influenciaria mais tarde, quando passou a compor e a criar sua alquimia sonora:

"A casa da gente era muito musical. Os meus irmãos, os dois mais velhos, gostavam muito de música. Mais MPB, a MPB do Nordeste. Da Bahia para cima. A gente curtia muito Caetano, Gil, Novos Baianos, Moraes Moreira, também o pessoal do Ceará, Fagner, Ednardo, Belchior. Alceu Valença e Geraldo Azevedo, então, eram nossos ídolos. Chico cresceu nesse ambiente e, além disso, meu pai tinha uma coisa muito musical, e os nossos avós também.

"A gente ia muito pro interior. Meus pais são de Surubim, no Agreste de Pernambuco, então a gente tinha muito contato com a tradição musical de raiz, principalmente coco, dança de roda que era muito comum na região em que eles nasceram. Minha mãe contou que o meu avô levava os violeiros para fazer festas na casa dele. Apesar dos meus pais não tocarem nenhum instrumento, tinham uma certa musicalidade na veia. E a gente bebeu muito disso, porque ia passar as férias no interior e participava de todas essas tradições. Junto com isso, como a gente morava no litoral, tinha a tradição da ciranda, que também é música nordestina de raiz, então você tem tudo isso que eu acho que serve de aporte pra ele, pra obra dele depois."

Acrescente-se a isso o fato de que poucas regiões do país abrigam tantas manifestações da cultura popular quanto Pernambuco. A Zona da Mata é pródiga em brinquedos em que música e dança caminham juntas. Ciranda,

CHICO SCIENCE

cavalo-marinho, maracatu de baque solto e, mais recentemente, o frevo rural. Muitos brincantes deixaram as cidades da Zona da Mata, Sul e Norte, para uma melhora de vida, e se estabeleceram nas periferias dos municípios que formam a Grande Recife. Foi assim, por exemplo, que a ciranda veio da região da cana de açúcar para o litoral, levando muita gente a supor que é uma manifestação de praia.

Chico Science, como morador de periferia, cresceu vendo manifestações feito o Acorda Povo, espécie de arrastão que sai pelas ruas na madrugada, tradição junina que se manteve nos subúrbios. Seu pai, como vereador de Olinda, mantinha contato com os mestres da cultura popular e conseguia subsídios para seus brinquedos. Um deles era o Mestre Salustiano da Rabeca, que se tornou muito popular no Recife na era do manguebeat. Ele morava na Cidade Tabajara, nos arredores de Olinda, numa área quase rural, onde comandava cavalo-marinho e maracatu de baque solto. Chico Science, que costumava visitar a Ilumiara Zumbi, praça construída para a apresentação dos maracatus rurais e outros brinquedos, comandados pelo Mestre Salu, armazenou essas informações na cabeça. Até que um dia elas aflorariam e seriam reprocessadas na alquimia sonora que ele empreenderia com a Nação Zumbi.

Chico, por sinal, confirmou essa poderosa influência da cultura popular na citada entrevista a Luiz Claudio Garrido:

"Quando eu era mais novo, lá pelos 12 anos, dançava ciranda. A ciranda veio do interior para o litoral. Meus pais tinham uma ciranda. Elas geralmente eram feitas na frente dos botecos ou nas mercearias da região. Os caras pagavam aos tocadores da ciranda para chamar mais clientes para as barraquinhas. Isso foi proliferando cada vez mais e chegando ao litoral. Então eu já dancei ciranda na praia, no bairro, e vi os maracatus também. Assisti na minha infância os maracatus fazendo o 'acorda povo' que acontece na época de São João. Lá pela meia-noite, as pessoas saem cantando 'Acorda povo/acorda povo/ Que o galo cantou/ São João já acordou.' Então eu vi todas essas coisas que nos ensinaram como folclore, manifestação já passada, mas que não é bem dessa maneira que você tem que ver. Existem ritmos ali que podem ser aproveitados e você pode aprender e tocar, porque é da sua terra, é do Brasil, é coisa que você entende. É a tua língua."

Chico Science precisou reiterar esclarecimentos semelhantes ao dessa entrevista, dado o quase total desconhecimento dos jornalistas fora de Pernambuco (e até mesmo pernambucanos) em relação ao conjunto de gêneros da cultura popular que ele abrigou na música que fazia com a Nação Zumbi.

Em 1996, já na reta final da divulgação e turnê do álbum *Afrociberdelia*, voltou a discorrer sobre suas raízes numa entrevista ao programa *Toda Música*:

"Morei 25 anos em Olinda. Não só em Olinda, como no Recife, a gente sempre absorveu essas coisas, no dia a dia. Meus pais são do interior do estado, observei muitas coisas, a bolinha que se parece com o cavalo-marinho, a ciranda nas praças, nós vivíamos com essas coisas no bairro, no Centro da cidade, na escola. A cultura popular ainda é uma coisa forte no lugar."

O CARANGUEJO

Quando Chiquinho era criança, vendedores de caranguejos ainda faziam parte da paisagem urbana do Recife e cidades vizinhas. Começariam a desaparecer com a especulação imobiliária que, a partir dos anos 70, engoliria com avidez os manguezais da Região Metropolitana da capital pernambucana, o que se acelerou nas décadas seguintes. Nos tempos atuais veem-se poucos vendedores de caranguejo pelas ruas do Recife, embora o crustáceo continue frequentando os cardápios dos bares da região. As pessoas ainda saem para comer caranguejos, e há muitos bares em que o crustáceo é a especialidade da casa.

Por sinal, o texto original do manifesto mangue, o *Caranguejo com Cérebro*, divulgado em 1992, que passou a ser considerado o marco zero do manguebeat, continha observações sobre o avanço das incorporadoras nos manguezais (trecho depois excluído da redação final). Ei-lo: "Os poucos manguezais que ainda existem na cidade do Recife, principalmente às margens dos rios Jordão e Pina, estão em vias de extinção. Segundo um estudo realizado recentemente pela professora Cristiane Farrapeira, entre 1975 e 1976 houve uma redução de cerca de 25% dos manguezais da bacia do Pina. A devastação resultou numa perda de quase seis quilômetros quadrados de manguezais em apenas 11 anos. A especulação imobiliária foi responsável por quase 70% da área desmatada na bacia do Pina. No trecho correspondente ao atual Shopping Center Recife (...)."

CHICO SCIENCE

O Recife e as cidades que o circundam têm boa parte dos seus bairros surgidos sobre aterros em área de mangue. A capital é uma cidade que se expandiu pelos manguezais, alagados e pauis, com fartura de siris, caranguejos e mariscos, que serviam para reforçar o esquálido cardápio dos mais pobres. Estes, por sua vez, também esticavam o orçamento vendendo-os, em cordas em que se amarravam em média dez caranguejos. Os crustáceos também eram copiosamente consumidos pelos mais abonados, em suculentas e aromáticas caranguejadas, em residências, bares e restaurantes. Gordos guaiamuns e aratus, cozidos no sal, reforçados com o pirão ao leite de coco e regados a cerveja, ou a bate-bate de maracujá, até os anos 60 a bebida típica do Recife e de Pernambuco. O bate-bate, talvez pela influência das novelas importadas do Sudeste, que influenciaram, e influenciam, o linguajar regional, acabou sendo chamado de batida.

O caranguejo está presente tanto no folclore quanto na música urbana da Grande Recife. Uma das canções que descrevem com precisão a relação do morador dos mocambos fincados à beira-mangue e os crustáceos é "O Vendedor de Caranguejo", do baiano Waldeck Macedo, ou Gordurinha (apelido que ganhou pela sua extrema magreza). A canção certamente foi inspirada pela passagem dele pelo Recife na primeira metade da década de 50 (atuou na Rádio Jornal do Commercio e na Rádio Tamandaré, porém era mais conhecido como comediante). Tanto é assim que "O Vendedor de Caranguejo" foi lançada pelo trio vocal recifense Os Cancioneiros, em 1957, em *Ritmos do Nordeste*, LP de dez polegadas com o selo Mocambo, da gravadora Rozenblit. Foi inicialmente um sucesso paroquial. Em 1959, estourou nacionalmente com o paraense Ary Lobo, pela RCA.

Numa conversa casual com Chico Science, o autor deste livro sugeriu que ele gravasse "O Vendedor de Caranguejo". Não gravou. Saquei que ele não gostava muito de cantar músicas de terceiros, apreciava as citações, quando estas tinham afinidade com uma composição sua. No entanto, "O Vendedor de Caranguejo" foi cantada por Chico no concerto que a Nação Zumbi dividiu com Gilberto Gil no Central Park, no festival Summer Stage, em 1995 (puxada pelo baiano). Quando eu trabalhava no

CRIANÇA DE DOMINGO

texto de *Do Frevo ao Manguebeat*, lançado em 2000 pela Editora 34, fui conversar com Goretti França, no apartamento em que morava, nas Graças, Zona Norte do Recife, e onde Chico ficava quando estava na cidade. Ela me mostrou vários cadernos, desses que se vendem em papelarias, todos recheados de escritos do irmão, poemas, frases, anotações variadas. Era um criador compulsivo. Num deles estavam os versos completos de outra música sobre a qual falamos com Science, "Eu Vou Pra Lua", do compositor recifense Luiz de França, lançada por Genival Lacerda, mas sucesso com o citado Ary Lobo. Os versos estavam escritos com a caligrafia firme, na bem legível letra de fôrma de Chico, com atualizações, já que o original tem siglas de entidades públicas que não existiam há muitos anos. "O Vendedor de Caranguejo" seria gravada por Gilberto Gil em 1997. Parte desses cadernos, em 2023, foram disponibilizados por Louise, filha de Science, e Goretti no site www.acervochicoscience.com.br.

A CIDADE DOS MANGUES

Desde os anos 30, o médico e nutrólogo Josué de Castro (1908/1973) detectou a importância dos mangues e de sua fauna em relação às milhares de pessoas que habitavam os mocambos às margens dos manguezais, uma peculiar interação ser humano versus caranguejo. Com a Lei Áurea, os escravos libertos deixaram a zona dos canaviais e vieram tentar a vida na capital. No entanto, em sua imensa maioria analfabetos, sem especialização, só foram aproveitados em serviços braçais, domésticos, biscates etc. Para morar, a opção era erigir mocambos em áreas ribeirinhas, de mangues e alagados. Essas comunidades sofreram um inchaço com a paulatina industrialização da fabricação de açúcar, os engenhos passando à categoria de fogo morto (desativados) para dar vez às usinas. Os trabalhadores dos engenhos emigraram para o Recife. Relação descrita exemplarmente por ele no livro *Documentário do Nordeste*, de 1937:

"Os mangues do Capibaribe são o paraíso do caranguejo. Se a terra foi feita pro homem, com tudo para bem servi-lo, também o mangue foi feito pro caranguejo. Tudo aí é, foi, ou está para ser, caranguejo, inclusive a lama e o homem que vive nela. A lama misturada com urina, excrementos e outros resíduos que a maré traz, quando ainda não é caranguejo, vai ser. O caranguejo nasce nela, vive dela. Cresce comendo lama, engordando com as porcarias dela. Fazendo com lama a carninha branca de suas patas e a geleia esverdeada de suas vísceras pegajosas. Por outro lado, o povo daí vive de pegar caranguejo, chupar-lhe as patas, comer e lamber os seus cascos até

CRIANÇA DE DOMINGO

que fiquem limpos como um copo. E com a sua carne feita de lama fazer a carne do seu corpo e a carne do corpo dos seus filhos. São cem mil indivíduos, cem mil cidadãos feitos de carne de caranguejo. O que o organismo rejeita, volta como detrito para a lama do mangue, para virar caranguejo outra vez". No pouco que leu de Josué de Castro, Chico apreendeu essa relação humanos versus crustáceos, e a repete ao explicar ao jornalista Luís Antônio Giron, da *Folha de S. Paulo*, em 1994, quando divulgava o álbum *Da Lama ao Caos*:

"Na imagem de Josué somos caranguejos com cérebro, como os pescadores que ele descreveu no livro *Homens e Caranguejos*. Eles pescam e comem caranguejos para depois excretá-los, num ciclo caótico. Fazemos uma música caótica."

O cinturão de manguezais que circunda a cidade não poderia deixar de ser notado por escritores, poetas e músicos. Em 1969, Alceu Valença, se iniciando como compositor, participou do I Festival Nordestino de Música Popular, com duas músicas. Uma se intitulava "Acalanto para Isabela", e outra, "Barramangue", parceria com Áureo Bradley (que mais tarde enveredaria pela política partidária). A letra abordava a luta pela sobrevivência dos que tiravam a subsistência dos mangues. A estrofe inicial: "Lá no mangue/ Nasceu mais um José/O destino já traçado/ Há muito perdeu a fé". "Barramangue" não foi classificada, e continua inédita.

Nascido numa família de classe média, morando num casarão no Derby, cujo quintal dava para o Capibaribe, Josué de Castro contava que em épocas de maré muito alta, os caranguejos, assim como acontecia na Rua do Girassol em Rio Doce, entravam casa adentro. Mas deixemos o cientista para adiante, quando comentaremos as supostas influências de sua obra em Chico Science, em particular, e no manguebeat, em geral.

MULHERES

"Amo todas as mulheres. Todas as essências nelas se encontram. Minha presença é sua pura magia. Minha ausência é sua pura estabilidade, e minha própria perdição." (anotação num dos cadernos disponíveis no Acervo Chico Science.)

Alguns amigos dizem que ele foi o que os americanos chamam de "womanizer", grosso modo, mulherengo em português, porém sem o que a tradução tem de pejorativo. Com as mulheres, Chico era envolvente, galanteador, gentil e apaixonado. É assim que amigos, amigas, ex-namoradas o definem. Segundo Goretti França, o irmão se apaixonava com facilidade. Antes de sair de casa naquele começo de noite de domingo de 2 de fevereiro de 1997, Chico cantou para ela uma nova composição, feita para a sua paixão da época, Sharline, a quem fora visitar na França, na sua última viagem de férias. A família da moça era pernambucana mas morava em Paris. A música permanece inédita e chama-se "Sambar". A letra está num dos cadernos disponíveis no Acervo Chico Science:

"Um dia o amor apareceu/ Não sei de onde ele nasceu/ Mas foi a melhor coisa que senti/ Quando te vi sambar/ Quando te vi sambar/ Quando te vi sambar/ Eu sambaria o mundo todo/ só pra encontrar você."

Quem teve participação nessa sua ida à França foi o empresário Paulo André, pois Chico estaria com o que nos tempos atuais se chama de *burnout*, exaurido de tanto trabalho:

CRIANÇA DE DOMINGO

"Os dois últimos meses de show foram outubro e novembro de 1996. Chico vinha cansado do processo do *Afrociberdelia* e das turnês. A gravadora segurou o *Afrociberdelia*, porque 'Manguetown', o primeiro single, não tocou. Muita demanda de show, eu segurando pra ter o disco na rua. O lançamento culminou com a turnê, a Sony queria que a gente cancelasse, nos negamos a cancelar. Na volta da turnê, no Brasil, em outubro foram oito shows, em novembro foram nove, dá um a cada três dias. Chico dizia o tempo inteiro, 'Eu tô cansado, eu tô cansado'. Eu pedi que ele se segurasse até o vencimento do contrato do apartamento que a gente alugou em Santa Teresa, em dezembro de 1995, pra gravar *Afrociberdelia*. O contrato se encerrava no final de novembro. Eu disse que era entregar o apartamento, e voltava todo mundo pro Recife. Lá a gente toca no carnaval e ganha uma grana boa. Essa intensidade de trabalho, nove shows em novembro, levantou uma graninha para todos. Mas Lúcio Maia ficou puto. Não queria parar no verão porque tinha show pra fazer. Ele comentou com Chico: 'Tu vai viajar de férias, e a gente fica aqui parado'. Eu disse que era o maior incentivador de Chico parar. Ele estava apaixonado por Sharline, a menina de Paris, que conheceu no Recife, saiu com ela, ficou encantado, apaixonado, arreado os quatro pneus por ela.

"O outro momento foi a realização de um sonho. Rodrigo Santos, um amigo meu, que tem uma situação financeira muito boa, ia pra Courchevel, uma badalada estação de esqui, na França, estava indo com a namorada e uma turma. Um dia Chico viu na casa de Rodrigo, na avenida Boa Viagem, um clipe dos Beastie Boys (de 'Mullethead', música de 1994), os quatro descendo de snowboard, e ele disse que um dia iria fazer aquilo. Eu disse que acreditava que sim, e que ele só não faria isso se não quisesse. Quando eu soube da viagem de Rodrigo, Chico já estava com passagem comprada pra França. Eu perguntei se ele queria realizar o sonho de andar de snowboard, disse que ele poderia realizar. Expliquei que Rodrigo estava indo, possuía roupa apropriada, equipamento, e ele já fez, não é de primeira viagem. Chico foi. Tem as fotos, feitas por Rodrigo. Chico não sabia que estava se despedindo da vida."

37

CHICO SCIENCE

Mas não foi a única viagem a lazer de Chico. Em 1995, ele tirou uma folga e foi para os Estados Unidos com o produtor Eduardo Bid. Passaram uns dias em Los Angeles e Nova York, a grana para a viagem veio de uma daquelas surpresas proporcionadas pelo acaso. Chico Science foi com Paulo André Pires ao Nas Nuvens, na época em que estava sendo gravado o disco *Rei*, o tributo a Roberto Carlos, no qual Chico Science & Nação Zumbi participou com "Todos Estão Surdos". Marina Lima encontrava-se no estúdio gravando sua faixa pro disco ("Por Isso Corro Demais") e exultou quando viu Chico, o nome do momento na música brasileira. Enquanto conversavam, Marina disse que ia começar a gravar um disco, e adoraria ter uma música de Chico no repertório. Ele prometeu que daria. Paulo André tem até hoje o papel em que Marina anotou o número dela e o do seu empresário. Uns meses depois, Paulo estava em casa e o telefone tocou. Ele mesmo atendeu. Era a secretária de Marina Lima perguntando se Chico tinha feito a música.

"Eu disse que logo retornaria. Falei com Chico, ele disse que o que tinha de música pronta era para o *Afrociberdelia*. Eu ainda argumentei que seria foda, pro bolso dele, Marina era muito conhecida. Mas ele não topou ceder música, tanto que o *Afrociberdelia* tem 20 faixas. Então quando Marina foi gravar, botou uma vinhetinha de 'A Cidade'. Numa faixa cantava os versos 'A cidade não para/ A cidade só cresce'. Chico ganhou, de adiantamento da editora, cinco mil reais. Deu pra pagar a passagem e comprar uns dois mil dólares. Foi assim que ele foi de férias pros Estados Unidos com Bid", conta Paulo.

Voltando ao Chico supostamente um "Casanova", Alda Marques, que o conheceu desde garotinho na Rua do Girassol em Rio Doce, diz que não se lembra dele dando em cima das garotas no começo da adolescência:

"Teve umas namoradinhas, mas era tranquilo nisso, acho que a formação que dona Rita passou aos filhos foi muito rígida."

Alda só se lembra de uma namorada de Chico:

"Uma menina, Leda, que estudou comigo. Eu achava ele muito comportado. Tinha uma menina aqui que era doida por Chiquinho, Angela,

CRIANÇA DE DOMINGO

mas não fazia seu tipo. Ele cantava uma música e dedicava a Leda". Ela cantarola um trecho de "Frisson", de Tunai e Sérgio Natureza ("Você caiu do céu/ Um anjo lindo apareceu/ Com olhos de cristal/ Me enfeitiçou").

Chico parecia não ficar à vontade em falar de sexo, pelo menos em público. Na entrevista que concedeu ao programa *Ensaio*, em 1996, foi-lhe perguntado como perdera a virgindade (convenhamos, uma pergunta meio inconveniente para um artista que só gravou duas canções com o amor por tema, mesmo assim de maneira nada convencional). Chico desconversou:

"Minha primeira experiência sexual não foi no mangue, foi bem ingênuo, alguma bolinada nas garotas do bairro, as primeiras experiências."

Nos seus escritos no acervo há pouca referência a sexo, mas ele tinha, como se diz em Pernambuco, uma conversa de derrubar avião. Nos anos 90, a tietagem feminina era muito forte e ousada. Cobri muito show, festival, backstage, e testemunhei muito assédio de fãs, querendo a todo custo chegar junto dos ídolos. Em seu livro, Paulo André conta, com sutileza, escapadelas dos mangueboys na Europa, Chico Science entre eles.

Duas namoradas, porém, marcaram sua vida. Ana Brandão, que o conheceu antes de Chico ter o "França" substituído pelo "Science" no sobrenome. Aliás, bem antes. Ela ainda era adolescente, e o tratava pelo nome com que ele era chamado pela família: Chiquinho. Foi testemunha dos primeiros passos de Chico na música. A outra, Maria Duda Belém, que o conheceu como um astro emergente, já como líder da Nação Zumbi, no período em que começava sua ascensão nacional. Dois relacionamentos fortes, com naturais turbulências. Dois amores, dois momentos distintos do mangueboy.

Quando conheceu Chiquinho, Ana Brandão, ou Aninha, como era conhecida pelos amigos de rua e de colégio, estava com 17 anos, ele com 22. Era 1988, Chiquinho já estava com a Orla Orbe, cujo viés para o rock brasileiro daquela década não era exatamente a linha musical olindense, cidade com um viés que abraçou o reggae desde os anos 80, e ainda com resquícios do underground dos anos 70, também rotulado psicodelia pernambucana. A Orla Orbe era rock nacional. Quando entrevistei Ana Brandão, ela fez

39

CHICO SCIENCE

questão de ressaltar que, se eu quisesse falar de Chico Science, ela só sabia de Francisco de Assis França. Era exatamente em torno desse Chico que pretendia dirigir a conversa.

"Nos conhecemos na escola em que estudávamos. Eles foram tocar na feira de ciências do Colégio Bairro Novo. Ele estudava à noite. Acho que pré-vestibular, e estava na Orla Orbe. Nos olhamos, e uns amigos em comum nos passaram o bizu um do outro (bizu é expressão da época em Pernambuco, o mesmo que 'dar o serviço'). Depois desse dia, nos encontramos na formatura da minha irmã. E ele me chamou pra dançar. Demorou muito pra acontecer o namoro. Eu o via como um amigo. Era um cara muito legal, solícito, gentil."

Rolou um pedido de namoro, não aceito por ela, que depois repensaria a proposta e ligaria para Chiquinho, que começara a trabalhar na Emprel (Empresa Municipal de Informática).

"Daí vem uma situação que, talvez, tenha revelado na música 'Risoflora'. Ele ficou de ir na minha casa depois de uma apresentação ali perto. Eu morava na Rua do Bonfim, no sítio histórico. Ele me deixou na calçada esperando, e não veio. Quando apareceu, dias depois, deu uma desculpa esfarrapada."

Chico Science fazia a corte à moda antiga. Mesmo ainda sem namorar com Ana, frequentava a casa dela. Muitas vezes saía do trabalho e ia direto à Rua do Bonfim, situada numa área mais cultuada de Olinda, de muitos bares, habitada por artistas de várias áreas das artes. Fazia o tipo "namorinho de portão", título de uma composição de Tom Zé, dos versos "Um rapaz direitinho/ Deste jeito não tem mais". Chiquinho e Aninha mantinham longas conversas nesses encontros. Naquele tempo ele já fermentava as elucubrações sonoras e poéticas que inovariam a música brasileira dali a cinco anos, mas ainda continuava curtindo o Brock, embora com um viés para bandas que não seguiam a cartilha do pop radiofônico:

"Ele transpirava música. Chico era tão charmoso e sedutor que nem tínhamos nos conhecido direito e ele fez uma música pra mim, chamada 'Continuação'. Um trecho da letra: 'Já não consigo parar/ são tantas coisas no ar/ Às vezes acho que não vou sentir sua paixão/ E nos relógios as horas vão em vão/ E as nossas vidas não passam de continuação'", conta Ana Brandão.

A canção entrou no repertório da Orla Orbe e nunca foi gravada. Segundo Fernando Augusto, um dos fundadores do grupo, trata-se de um pop rock no estilo de Os Paralamas do Sucesso.

Ana conhecia também outros amigos dele que tocavam na banda, Fernando e Helder.

"Eu jogava basquete e alguns dos integrantes, que eram alunos de lá do CBN, também jogavam, mais uma razão para ir assistir às apresentações da Orla Orbe. Shows, reuniões, bares, boates. Só em ensaios é que eu não ia", conta Aninha.

Os dois engataram um namoro sério depois que Chiquinho voltou de umas férias em São Paulo, em junho de 1989. Chiquinho dividia-se entre a namorada e a banda de rock, já a Loustal. Então Aninha engravidou. Estava com 18 anos.

"Ele sempre me acompanhava em exames, consultas etc. No dia que foi marcado para buscarmos o resultado do exame de gravidez, fui até a Emprel encontrar com Chico, para, de lá, irmos pegar o resultado. O que eu não sabia é que ele, muito ansioso, já havia ido buscar o exame. Fingiu que não tinha visto o resultado e, na porta do consultório, disse: 'Corto Maltese vem aí!'"

Sim, ele achava que seria um menino, que se chamaria Corto Maltese. Prestaria uma homenagem a um personagem de um HQ de que ele gostava muito, criado por Hugo Pratt. Contudo, nasceu uma mocinha. Da mesma forma, ele pôde fazer uma homenagem dupla. Louise é o nome de uma também personagem de Hugo Pratt e de uma canção da banda The Human League. Ele adorava cantar pra ela.

Chico e Ana decidiram morar juntos. Alugaram um apartamento no Janga. Mas foi o começo do fim do relacionamento:

"Durou pouquíssimo tempo. Minha imaturidade, na época, não me permitiu ter a mesma visão de futuro que ele. Aos seis meses de gravidez, nos separamos. Foi difícil, porque eu ainda era louca por Chico. Acho que ele já estava na Loustal. Nos afastamos um pouco, mas nos víamos sempre que um chamava o outro."

Então, o tempo acelerou. Chiquinho virou Chico Science. Vieram a Lamento Negro, a Loustal, chegou Chico Science & Nação Zumbi. Para Aninha ele seria sempre Chiquinho, mas concorda plenamente com o sobrenome Science.

"Não tem definição melhor para tudo que ele fazia. Um alquimista, um cientista. Mas então nos víamos pouco e nos falávamos por telefone."

Ela diz que sentiu que ele ia ser grande no dia em que ele não pôde, devido a compromissos, comparecer ao aniversário de dois anos de Louise:

"Era lindo o amor dele por ela, mas tinha um show no mesmo dia. Sempre que podia, levava ela aos shows. Continuamos amigos. A amizade dele era um esteio para mim. Era meu conselheiro."

No fatídico dia 2 de fevereiro de 1997, Aninha Brandão estava em casa, recuperando-se de uma dengue, quando soube do acidente com Chiquinho:

"Assistia à TV, o programa *Sai de Baixo*, quando vi a notícia. Fiquei em choque. Uma amiga me contou, ligou, demorei a acreditar. Fui ao IML. Foi surreal."

Quase 40 anos depois de conhecer Chiquinho, quase 30 da morte de Chico Science, Aninha Brandão acompanha a carreira de cantora e atriz de Louise, ou Lula, sua filha com Chiquinho, que a incentivou desde que ela ainda era criança:

"Quando foi morar em São Paulo, eu a acompanhei. Fiquei na cidade apenas enquanto ela se adaptava. Numa das matérias sobre Chico escreveram algo tipo que fui um namorico dele na periferia. Hoje sou, com muito orgulho, moradora da periferia de Rio Doce."

Arrisco uma última pergunta:

"Você seria a Risoflora, musa inspiradora de uma das canções de *Da Lama ao Caos*?"

E Aninha:

"Não, mas ninguém vai saber quem é."

CRIANÇA DE DOMINGO

Gilmar Bola 8, colega de trabalho, amigo e confidente de Chico, revela que ele viveu momentos de angústia quando soube da gravidez da namorada. Por gostar dela, e também pela sua formação familiar, sentia-se no dever de casar com ela. Porém, Gilmar revela que chegou a vê-lo chorar, em sua sala na Emprel. Acha que estava investindo tudo na carreira, na qual apostava todas as fichas. O casamento poderia mudar o rumo de sua vida.

"Risoflora" foi composta na Emprel. Gilmar Bola 8 se lembra bem de quando Chico escreveu a letra, numa folha de papel de computador, daqueles picotados nas bordas. Uma das poucas canções românticas que ele compôs, ou pelo menos gravou. Até os tempos atuais, há quem teça conjecturas sobre quem seria a musa inspiradora. Bem, ela atende pelo nome de Maria Eduarda Belém, a Duda, namorada de Chico Science entre 1992 e 1994, exatamente no período em que ele se tornou nome nacional. E novamente Bola 8 confirmando:

"Chico fazia muita música no almoxarifado. Foi lá que ele fez 'Risoflora'. Tiveram uma discussão grande, ele e Duda. Me mostrou a música que fez pra ela na Emprel."

Maria Eduarda Belém conheceu Chico Science numa festa no Edifício Capibaribe, na Rua da Aurora, toca dos caranguejos com cérebro:

"Fui lá com Ângela Prysthon, já encontramos o pessoal lá embaixo no edifício. Os moradores reclamaram do barulho, e eles desceram. Foi no mesmo ano daquela festa, Mangue Feliz, que rolou na Galeria Joana D'Arc. Foi nessa noite no Capibaribe que conheci Chico. A gente namorou mais ou menos durante dois anos. Foi o primeiro namorado que dormiu lá em casa, em quartos separados. A gente saía à noite e como ele morava muito longe, meu pai deixou que dormisse em casa. Ele morou um tempo na Rua da Aurora, com os meninos, mas quando Fred entregou o apartamento, voltou a morar em Rio Doce, na casa da família."

Com uma diferença de oito anos na idade, Duda vê Chico também como uma espécie de mentor, sobretudo musical:

"Na minha casa se escutava MPB, eu saía com meu pai pra comprar discos. Com Chico passei a conhecer hip-hop, funk, Kraftwerk. A gente

CHICO SCIENCE

ia no Atitude Noturna, que ficava no porão de uma casa na Dom Bosco, tinha um DJ austríaco lá que tocava coisas bem novas, como o Happy Mondays."

Didáticas foram também as reuniões nos apartamentos dos mangue-boys, onde se tocava de tudo. Mas, observem, era um Clube do Bolinha. De manguegirls, só as namoradas dos mangueboys e eventuais amigas que as acompanhavam:

"Era bem daquela época, bem machista, dos meninos. Chico nunca pensou em chamar meninas pra cantar, nem que só pra fazer backing vocals. Algumas garotas participavam dessas reuniões, como Mônica Fontana, que era mulher de Helder, às vezes Denise, irmã de Mabuse."

Duda atribui ao machismo o fato de não ser bem-vinda sua presença nas duas viagens que fez com Chico Science & Nação Zumbi, para o Rio de Janeiro:

"Uma foi para assinatura do contrato. Eles eram muito verdes. Li o contrato, eu sabia alguma coisa, meu pai era advogado. Havia cláusulas leoninas, duas delas se contradiziam. Dei meus pitacos porque Chico tinha confiança em mim, mas Jujuba, que ainda era o empresário, ficou muito incomodado. Depois, fui para um show no Circo Voador no Rio. Paulo André já estava com o grupo, e eu dava uma força. Fui eu que apanhei com o Mestre Salu aqueles trajes de caboclo de lança que Chico usou."

Os dois formavam um casal que circulava muito na noite do Recife, sobretudo nos locais descolados. De vez em quando havia uns barracos. Segundo Duda, Chico era muito ciumento. Mas do Chico "Casanova", ela confessa que só sabe de ouvir falar:

"Todos falam que ele era mulherengo, mas comigo nunca soube de nada. Depois apareceram outras moças. Ele era meio tímido", confessa.

Porém, conta que ganhou dele uma camiseta Hering, customizada, em que Chico, talvez por brincadeira, revelava a sua queda pelas mulheres:

"Essa camiseta, branca, ele cortou a gola, e conseguiu colocar na parte da frente, não sei bem como, bonequinhas de pano, várias, e no meio um bonequinho, um harém. Dei de presente a Louise."

CRIANÇA DE DOMINGO

Chico costumava mostrar a Duda as letras que estava fazendo, novas músicas:

"Me lembro bem de 'Rios, Pontes e Overdrives', que escreveu num ônibus. Ele tinha esse costume de escrever em ônibus. Mas quando nos conhecemos, tinha muitas das músicas do primeiro disco prontas. Na primeira fita que gravaram, já tem algumas. O que foi mudando foi o arranjo. Chico não sabia ler música, mas era um grande arranjador."

O namoro acabou antes da gravação do *Afrociberdelia*. Duda mudou-se para São Paulo. Casou com um argentino, com quem teve um filho. Deu a ele o nome de Francisco, homenagem ao ex-namorado. Francisco de Duda mora em Buenos Aires.

Voltando a "Risoflora", o título da música, há muitas Risofloras pelo país, por causa do título que Chico imaginou para a canção que dedicou à sua musa. Duda conserva uma caixinha (o diminutivo é dela) com escritos de Chico, poemas, frases, e a letra da música "misteriosa". Mas são preciosidades particulares e intransferíveis. Dos poucos objetos do namorado que permaneceram com ela está um anel preto, que ele usava no polegar. Ela deu de presente ao filho quando ele completou 19 anos. Mais de 30 anos depois, ela guarda sua história com carinho, e instada a falar a respeito, o faz com moderação.

POP E DO POVO

Chico, sem falsa modéstia, estava ciente da contribuição que dava para atrair atenção para a música dos folguedos que até então desfrutavam de pouca visibilidade. Chegava à classe média diluída em textos de teatro, poemas, prosa. Pelo final dos anos 70, um grupo de então jovens jornalistas pernambucanos, que atuava na imprensa alternativa da cidade, denunciou o uso que intelectuais faziam da cultura popular sem o devido crédito aos artistas do povo. Ariano Suassuna foi um dos alvos. Mostraram que o texto da peça *O Homem da Vaca e O Poder da Fortuna* era praticamente igual ao do folheto de cordel homônimo, de Francisco Sales Arêda, no qual se inspirou. Chico fazia questão de direcionar os holofotes para os artistas em cuja fonte bebia.

"Então, essas coisas vêm à tona graças à nossa música, ao trabalho de nossa geração. Para mim é fantástico trabalhar com isso, me sinto satisfeitíssimo em falar essa língua, um trabalho de resgate de todas essas coisas conectadas a uma visão pop mundial de música e não essa coisa resumida de cultura popular só ali. A cirandinha fica ali, o Mestre Salustiano vai tá ali fazendo seu maracatu."

Ele assumiu para si a função de reprocessar suas raízes, com ritmos das mais diversas procedências. Em sua última turnê europeia, constatou o intercâmbio entre músicos de nacionalidades e culturas diferentes, num mundo que se globalizava rapidamente, já com o auxílio da internet:

"Estou mexendo com maracatu rural, baque virado, embolada, coco, ciranda. Estou mexendo com essas coisas brasileiras, afro-brasileiras, como

CRIANÇA DE DOMINGO

mexeria com qualquer tipo de ritmo, soul funk, hip-hop, rock, que se espalham no Brasil, com influência árabe, africana. Em 'Etnia' falo dessas coisas. Hoje em dia você vê paquistanês com americano, londrino com marroquino, tudo tirando som. Já tocamos em festivais diferentes, com bandas *mainstream*, e estamos lá falando em português, na língua brasileira."

Geralmente se resume a música de Chico Science como resultado do seu encontro com o grupo de samba-reggae Lamento Negro, e a troca de informações de que participou com os garotos classe média em calorosas reuniões em apartamentos, primeiro no bairro das Graças, depois na Rua da Aurora, região central do Recife. O guitarrista Lúcio Maia realça numa entrevista que não existe "música mangue" e conta que um garoto veio lhe dizer que fazia manguebeat. Ele confessa que não sabia do que se tratava. Ressalta também que ninguém pensava inicialmente que estivessem articulando um movimento, o que atribui à criação da imprensa. O que, de certa forma, eles assumiram, mas somente depois do manifesto, do qual nos ocuparemos mais adiante. Aliás, com raras exceções, os movimentos são geracionais. Nascem de um grupo de pessoas que, em determinada época, são condicionadas por fatores característicos do seu tempo, o chamado *zeitgeist*, literalmente, "espírito do tempo".

Uma geração buscando uma ruptura com o passado. Basicamente isso resume os movimentos, cujos integrantes nunca se arvoram como tal. A Semana da Arte Moderna foi tornada movimento pela imprensa, o mesmo aconteceu com a bossa nova, com a jovem guarda e com o tropicalismo. Esse último, que, supostamente, teria exercido influência no manguebeat, tampouco começou como movimento. Era, sim, uma tentativa de tirar a MPB do beco sem saída estético em que se meteu quando se politizou, passou a ser música com mensagem e não evoluiu harmonicamente. Definido como uma nova antropofagia, o tropicalismo foi ligado ao modernismo, assim como o movimento mangue a Josué de Castro, por acaso. Caetano Veloso confessou que, até 1968, nunca tinha lido Oswald de Andrade. Foi apresentado à sua obra numa conversa com José Agrippino de Paula e Rogério Duarte, no bar Cervantes, no Leme (conhecido por servir o melhor sanduíche do Rio). Duarte comentava sobre literatura e citou Mário e Oswald de Andrade: "Eu que, a essa altura, conhecia pouco de Mário e nada de Oswald, não poderia imaginar que este último seria o ponto de união entre todos os tropicalistas e seus mais antagônicos admiradores", escreveu Caetano Veloso no livro *Verdade Tropical*. Os tropicalistas foram em parte responsáveis pela revalorização de Oswald de Andrade, que tem versos citados na letra de "Geleia Geral", parceria de Torquato Neto com Gilberto Gil.

Algo igual aconteceu com Josué de Castro depois de ser citado em duas canções de Chico Science, "Da Lama ao Caos" e "Cidadão do Mundo". Embora o próprio Chico tenha revelado mais de uma vez que não era leitor de Josué de Castro, passou-se a enfatizar a influência do cientista social na sua música, o que levou a, nos anos a seguir, tornar-se quase obrigatória a associação entre os dois recifenses. Em 1997, dois meses depois da morte do mangueboy, essa correlação foi acentuada pelo cineasta Sílvio Tendler ao comentar sobre seus projetos de cinema em entrevista ao *Estado de S. Paulo*. Ele citou dois documentários sobre brasileiros influentes, Castro Alves e Josué de Castro. Estava concluindo um filme sobre o poeta baiano. Dois anos antes, lançara *Josué de Castro – Cidadão do Mundo*. Tendler apontava gerações a quem o médico teria influenciado: "Josué de Castro interessa a todos que se preocupam com temas como a fome, a exclusão social e a defesa do meio ambiente. *Geografia da Fome*, além de livro de cabeceira de Che Guevara, foi obra fundamental na vida de Glauber Rocha. (O cineasta e escritor) Orlando Senna, que conviveu de perto com Glauber, me atestou isso. Na base do 'Manifesto da Estética da Fome', que norteou o Cinema Novo, está o livro de Josué. Chegando aos nossos dias, meu vídeo mostra a terceira geração de brasileiros influenciada por Josué: a turma do mangue-beat. Chico Science, que morreu prematuramente, depõe lembrando que era menino de mangue, um office-boy, que recebeu ecos de *Geografia da Fome*, por isso fez a música 'Da Lama ao Caos', que cedeu para a trilha do vídeo (...)". No doc são mostradas imagens de "Da Lama ao Caos", ao vivo, com Chico Science & Nação Zumbi, em 1994.

CRIANÇA DE DOMINGO

Assim como o "manguebeat" teria sido criação da imprensa, o nome Tropicália, ou Tropicalismo, foi sugerido pelo cineasta Luis Carlos Barreto e reforçado pelo jornalista Nelson Motta, numa bem-humorada matéria de página inteira no *Jornal do Brasil*. Tomaram emprestado o "Tropicália" a uma obra conceitual de Hélio Oiticica. Passando pelo Recife, em maio de 1968, Caetano Veloso concedeu uma curta entrevista ao repórter de plantão no aeroporto dos Guararapes, ao ser perguntado o que era o tropicalismo. Respondeu que nem ele mesmo entendia, concluindo com uma explicação vaga: "Mas se trata de movimento que vai vingar, pois é de rebeldia a tudo que é quadrado". Na coluna de Léa Pabst, no *Diário de Pernambuco*, ele se estendeu mais em seu comentário sobre o que seria a Tropicália: "Na verdade, o tropicalismo é apenas um momento da trajetória do nosso pensamento, e nada mais, entende? Quer dizer, nós vínhamos pensando antes, continuamos pensando e, em dado momento da manifestação deste pensamento, ganhou nome ou apelido. Mas não quer se fechar nele. Não nega o nome, mas independe dele, como bossa nova e outras denominações da música e da forma como a apresentamos."

Os tropicalistas hesitaram em assumir o rótulo, chegaram a temer que o movimento fosse prejudicado pelas matérias, nos jornais cariocas, que visavam mais ao humor do que à análise daquela nova direção tomada pela MPB. No início de 1968, quando tropicalismo era o tema mais recorrente na discussão sobre cultura no país, o baiano José Carlos Capinam, um dos principais letristas do grupo, queixou-se dessas abordagens, num comentário no início do ano: "Há uma tendência em transformar em rótulo tudo que é apresentado com muita seriedade, qualquer explicação sobre este ou aquele movimento, quando é feita seriamente, logo vira álibi, uma compreensão rígida das coisas e, assim, um preconceito. O que acontece no final é que, em vez de ser aceito como inovador, como uma abertura para novos caminhos, vira modelo, rótulo, pega tudo na base da influência, e não na base da criação, que é o que a gente quer." Um comentário que poderia ter sido feito por Chico Science, Fred 04 ou outro mangueboy.

CHICO SCIENCE

Todos esses "movimentos" foram influenciados por manifestações culturais estrangeiras. O modernismo pelo futurismo (principalmente) – não por acaso, no começo dos anos 20, havia um bloco carnavalesco no Recife chamado Corações Futuristas; a bossa nova, pelo jazz da costa oeste americana; o tropicalismo, pelos Beatles e uns poucos novos nomes do rock inglês e americano; e o manguebeat pelo rap, o funk, o thrash metal, o grunge, as tendências que pipocavam quase que semanalmente em Londres. Artistas que visavam a ruptura com o status quo incentivados pelas rupturas externas. Chico Science está para o manguebeat assim como João Gilberto para a bossa nova. Se seus caminhos não tivessem se cruzado com os amigos que conheceria quando se envolveu com a música, estes possivelmente seguiriam o caminho da arte, mas por vias e parâmetros diferentes. Tom Jobim seria reconhecido como um dos mais importantes compositores de música popular do século 20, mas não como um dos pais da bossa nova, nem sua música seria assim denominada (e nem tudo que fez é bossa), não fosse a interpretação e a forma de tocar e harmonizar de João Gilberto. Basta lembrar que "Chega de Saudade", com que o baiano deflagrou o "movimento" da bossa, em 1958, era originalmente um choro, e como tal foi gravado por Elizeth Cardoso, alguns meses antes. Pode-se dizer o mesmo de Fred 04 com a Mundo Livre S/A, e outros grupos do Recife e Olinda nos anos 90.

Esses movimentos citados suscitaram polêmicas. É célebre o embate na revista *Senhor* (a dos anos 60) entre o crítico José Ramos Tinhorão e mais alguns que se apegavam à música brasileira com que estavam acostumados. Tinhorão foi o adversário mais figadal da bossa nova e seus exegetas, assim como também foi do tropicalismo, que provocou debates nos mais diversos nichos relacionados à cultura. Curiosamente, não houve polêmicas quando surgiu o manguebeat, porque os jornalistas de cultura de então já não alimentavam o ranço antiamericano, surgido nos anos 60 ao redor do mundo pelas intervenções militares em países do terceiro mundo e pela guerra do Vietnã. Esses jornalistas curtiam rock tanto quanto MPB, reggae e o que mais viesse. Aceitaram pois a música dos mangueboys, mas demoraram para decodificá-la, sobretudo a de Chico Science & Nação Zumbi.

CRIANÇA DE DOMINGO

Um bom exemplo é uma matéria de Pedro Só publicada em janeiro de 1994, no segundo número da efêmera revista *General*. O jornalista enfatizava a maneira como Chico pronunciava "tranqilo" em vez de "tranquilo". A conversa aconteceu no estúdio Nas Nuvens, no Jardim Botânico, onde Chico e a Nação Zumbi gravavam com o produtor Liminha o que seria *Da Lama ao Caos*. O buxixo no meio musical da cidade era cada vez maior. Mas poucos tinham ideia do que era o som dos mangueboys, como nesta matéria, em que Pedro Só definia a música da banda como "uma saudável confusão de ritmos tradicionais e alienígenas: pop, hip-hop, funk e outras influências exóticas temperadas com a raiz forte de maracatus, cocos e embaladas, sem esquecer a bastardia do samba-reggae". Assim como grande parte dos jornalistas, Pedro Só acentuava a influência do samba-reggae que, reforçamos, não fazia parte das playlists, ou mixtapes, escutadas pelo núcleo do manguebeat. Era tocado, e apenas no início, pelo Lamento Negro, que, como veremos, também ia de afoxé, ijexá e outros ritmos de raízes africanas. Depois de citar mais um "tranqilo" (grafado como "tranquilo"), Pedro continuava a matéria, o manifesto do movimento: Caranguejos com Cérebro falava da realidade virtual, teoria do caos e modernidades diversas: "Mas vá perguntar a Chico o que ele entende de matemática quântica... 'Não saco porra nenhuma, mas me interesso'. Caos de Chico está mais para aquilo que Bezerra da Silva e os dacunhas (*sic*) franceses da retaguarda chamam de 'le caô'. Ele não passou de 50 páginas de leitura sobre o assunto. 'Não me aprofundo nestas coisas', admite, antes de emendar um blá-blá sobre o grande barato de se antenar. Na verdade, sua parabólica coletiva. 'Tenho muitos amigos. Eles vão me dando os toques, e a gente desenvolve', conta."

As pessoas não entendiam que Chico Science revestia-se de pura e forte intuição. Não precisava ler compêndios sobre a teoria do caos, bastavam-lhe as conversas sobre o tema nas reuniões dos mangueboys, passar a vista num artigo numa revista, para ele apreender do que se tratava, e empregá-la em seu trabalho.

CIDADE PARADA?

No citado manifesto do movimento mangue alertava-se para a necessidade de se desobstruir as veias infartadas do Recife. Helder Vasconcelos e Mabuse afirmam que naquela época não acontecia nada no Recife. A cidade estaria estagnada. Não acontecia nada para as pretensões deles e de sua turma, de uma geração que cresceu na ditadura e saiu dela com fome de informação, na ânsia de estar a par do que acontecia lá fora, em época de mudanças, abertura para novos horizontes estéticos. Na segunda metade dos anos 80 houve uma reviravolta na cultura pop, o rap surgiu como uma nova força, sem ligação com o rock dos 70, punk ou pós-punk. Surgem os DJs como protagonistas, um novo tipo de músico, o rap, a princípio uma cultura marginal, que também explodiu como produto comercial. Se nos centros maiores do país essas informações ainda chegavam tímidas, influenciavam um contingente reduzido de artistas, no Recife o mercado continuava no passado, predominava ainda o rock nacional de Legião Urbana, Kid Abelha, Paralamas etc. Havia nichos de reggae, mas ainda correndo por fora quanto ao rap. Realmente, para quem curtia os mangueboys não acontecia nada, a turma estava *pari passu* com as transformações culturais que se processavam no exterior, que não aconteciam apenas no rock. A cibernética, embora de acesso limitado, já influía nas artes plásticas, cinema, literatura e, claro, música. Mas, como aponta Jorge du Peixe:

CRIANÇA DE DOMINGO

"Naquela época, tudo estava aparecendo. O uso da tecnologia estava no começo, caso da internet. A rede não era o que é hoje. Era tudo meio calçado em visões da ficção científica. Hoje só falta carro voador."

O manguebeat seria pioneiro em empregar essa nova ferramenta, embora ainda de maneira incipiente, na sua música. Chico Science, embora soubesse de computadores de forma empírica, estava ciente de sua importância e quase sempre os citava em entrevistas. Fez isso, por exemplo, numa conversa com Pedro Alexandre Sanches, da *Folha de S. Paulo*, no dia 22 de maio de 1996, durante a roda de divulgação do *Afrociberdelia*. O jornalista indagou sua relação pessoal com o computador: "Não faz muito parte do meu cotidiano. Já naveguei uma vez pela internet. Entrei, fucei, olhei. Estamos em breve abrindo nossa homepage. Falamos dessas coisas mais pela necessidade de que elas estejam no nosso dia a dia. Nós também temos direito de acesso à tecnologia. Isso não é facilitado pela incapacidade política do Brasil."

Se não havia uma estagnação cultural no Recife, o que era oferecido ainda seguia moldes do passado. A classe média mais abastada frequentava boates, como a Overpoint; os mais jovens, uma casa noturna enorme, chamada Balacuda. Os bairros praianos da zona sul, Boa Viagem, Piedade e Candeias (estes dois na vizinha Jaboatão dos Guararapes) deixaram de ser concentração de bares e boates badaladas, que passaram para a zona norte. Salientando-se que essa região do Recife abriga alguns dos mais seletos bairros de classe média alta da cidade, com mais casas do que edifícios residenciais. Locais mais propícios para instalar esses estabelecimentos.

Porém, em vez de queixas, o obstinado Chico Science tratou de criar o espaço para sua música e suas pretensões estéticas. Como relembrou o amigo de infância Aderson, ele e Chiquinho iam para os bailes dos jovens de mais idade e exibiam-se dançando funk no meio do salão. Inibição não constava do temperamento de Chico, quando queria se expressar: o fazia indiferente ao que pudessem pensar as pessoas. Renato L., numa entrevista para uma dissertação acadêmica de Loyane Quintela, para a Universidade de Brasília, lembrava que o Recife havia passado batido pela onda do rock

CHICO SCIENCE

que existiu em algumas capitais do país nos anos 80, Rio, São Paulo, Porto Alegre, um pouco menos em Belo Horizonte. Não foi o que aconteceu com outras cenas musicais em décadas anteriores. Na época do iê-iê-iê, a cidade abrigou uma movimentada cena de intérpretes e conjuntos e revelou nomes no cenário nacional, como Reginaldo Rossi ou Katia Cylene. Almir Bezerra, vocalista de The Fevers, é recifense, como também é Michael Sullivan, que foi vocalista dos Fevers e de Renato e Seus Bluecaps. Na primeira metade dos anos 70, um segmento de músicos, muitos ex-militantes do iê-iê-iê, influenciado pelo tropicalismo e pela contracultura, criou uma cena psicodélica no Recife, gravando discos com uma liberdade pioneira no país, graças à disponibilidade do estúdio da gravadora Rozenblit, já afundada em crise. Nem um pouco comerciais, os discos tiveram vendas mínimas na época. Mas seriam hipervalorizados a partir de 2000.

Uma diferença básica entre o rock nacional dos anos 60 e o dos anos 80: o nível socioeconômico dos músicos. Enquanto a grande maioria da turma do iê-iê-iê vinha da periferia, de classe média baixa, como era o caso de Reginaldo Rossi, os roqueiros dos anos 80, com poucas exceções, saíram de, digamos, "boas famílias". Filhos de funcionários públicos graduados, militares de alta patente, diplomatas, em condições financeiras que lhes permitiam adquirir equipamentos importados, de viajar ao exterior, com acesso a discos importados e a gravar nos estúdios mais modernos do país. Na época da jovem guarda, os conjuntos tocavam quase sempre com guitarras, amplificadores e microfones de fabricação nacional. Na década de 80, os equipamentos evoluíram, sobretudo os teclados, inacessíveis para os músicos de uma cidade como o Recife. O violão era o instrumento mais comum na cena musical de então, enquanto guitarras e teclados baratos formavam o equipamento de bandas. A maioria apelava para os bailes a fim de garantir o leite das crianças. Grupos como Alcanos, Paulo Tony e Eletrobanda, Os Karetas, entre outros, formaram uma cena pouco lembrada, animando bailes com um repertório que combinava covers com canções autorais. Se houvesse um investimento, maior divulgação de gravadora, e a imprensa desse-lhes maior espaço, talvez tivesse surgido na capital pernambucana

CRIANÇA DE DOMINGO

uma música popular que se espalharia pelo Brasil como aconteceu em Salvador com a axé music. Quase todas as bandas dessa cena lançaram discos por gravadoras do Sudeste, ou pela local Polydisc. Uma delas, Os Karetas, emplacou o primeiro reggae pernambucano nas paradas de alguns estados do Nordeste, uma canção intitulada "Vento Norte". Alguns desses grupos ainda existem, como os Alcanos, mas são ignorados pela mídia, portanto pouco conhecidos no estado. Foram parte das ilhas musicais que existiam no Recife dos anos 80.

Por ser o escritor Ariano Suassuna, na época em que surgiu o manguebeat, secretário de Cultura do estado, fazem-se correlações entre aquele movimento e o armorial, que também reprocessava gêneros nordestinos, dando-lhes um tratamento, uma roupagem de música erudita. Se bem que tal prática antecedia o que se convencionou rotular de música armorial, a chamada música clássica fundamentada nas manifestações musicais nordestinas dos anos 40. Vem do movimento nacionalista na música erudita brasileira, integrada por maestros e compositores como Camargo Guarnieri ou César Guerra-Peixe. O carioca César Guerra-Peixe, particularmente, exerceu influência involuntária no movimento, quando, no início dos anos 50, veio dirigir uma das orquestras da Rádio Jornal do Commercio. No tempo livre, passou a dar aulas de arranjo e orquestração. Entre seus alunos havia futuros autores do armorial, Clóvis Pereira, Jarbas Maciel e Lourenço da Fonseca Barbosa, ou Capiba, mais conhecido pelos bem-sucedidos frevos, ou canções como "Maria Bethânia" ou "A Mesma Rosa Amarela" (com o poeta Carlos Penna Filho). Capiba começou a compor peças eruditas em 1946. Nessa área, aprimorou-se com Guerra-Peixe. Antes de contribuir com o movimento armorial, já era parceiro de Suassuna, com quem concorreu a festivais da MPB nos anos 60.

No entanto, quando eclodiu o manguebeat, se escutavam apenas ecos da música armorial em Pernambuco. Músicos locais, que integraram o movimento no início, claro, continuavam fiéis à estética. Os dois principais braços do movimento, a Orquestra Armorial de Câmara e o Quinteto Armorial, não existiam mais. A partir de 1969, Ariano Suassuna tornou o

CHICO SCIENCE

armorial praticamente oficializado no Recife, quando ele dirigia o Departamento de Extensão Cultural da UFPE, depois a secretaria de Cultura da prefeitura do Recife. Como secretário de Cultura do estado (de 1994 a 1998) no governo Miguel Arraes, o cenário estava bastante diversificado, o armorial fora pulverizado, sentiam-se suas influências em balés, teatro, na música, mas não obedecendo a cânones estabelecidos por Ariano Suassuna. O violonista Antônio Madureira, armorial de primeira hora, continuava em atividade e era um destaque na cena instrumental pernambucana. Aliás, a família Madureira, oriunda do Rio Grande do Norte, mas estabelecida no Recife, até os dias atuais faz música de inspiração armorial (Antônio Madureira integrou o Quinteto Armorial), e André Madureira foi o criador, apadrinhado por Ariano Suassuna, do Balé Popular do Recife, nascido em 1977 e ainda em atividade.

Portanto, quando o manguebeat tornou-se a cena musical mais badalada não apenas pernambucana, mas brasileira, não houve o confronto de que tanto se falou na imprensa. Até hoje está presente em textos, teorias, análises sobre o tema. Ariano Suassuna apenas continuava fiel às suas convicções nacionalistas xiitas, mas não demonstrava especial implicância ou má vontade em relação ao manguebeat, como tanto se escreveu, se escreve e se teoriza em artigos e trabalhos acadêmicos. A queda de braço cultural tem origem numa declaração virulenta de Ariano Suassuna em uma entrevista, logo quando soube da existência dos mangueboys, e a conversa que teve com Chico Science, publicada no *Diário de Pernambuco*, conduzida pela repórter Ivana Moura. Ariano questionou por que Chico não mudava o "Science" por "Ciência". Pergunta que foi destacada da matéria, amplificada e disseminada país afora. Não se deu relevância ao fato de que a Fundarpe, órgão cultural ligado à secretaria dirigida por Ariano Suassuna, bancou as passagens de Chico Science & Nação Zumbi à Europa e EUA, em 1995.

Ariano, numa entrevista publicada na revista *Caros Amigos*, realizada por um grupo de jornalistas pernambucanos, comentou que só falava sobre manguebeat porque lhe perguntavam. Mas que o tema não estava entre suas preocupações. Mesmo assim, ainda achava que o armorial exercia

CRIANÇA DE DOMINGO

influência sobre as novas gerações da música pernambucana. Disse isso na citada entrevista, mencionando especificamente o grupo Mestre Ambrósio: "Veja bem, não tenho mania de grandeza, não, mas isso que chamam a cena musical pernambucana moderna nasceu com o Quinteto Armorial, não foi? Então, não é à toa que Antonio Nóbrega tocava rabeca, e Siba toca também. Siba é do Mestre Ambrósio, não é? Isso foi uma vitória do Movimento Armorial, chamar a atenção para esse tipo de música. A MPB brasileira era uma música feita não pelo povo, mas pela classe média, não é? Os grandes nomes da MPB são todos da classe média como nós. Agora, chamar a atenção para os tocadores de rabeca e de viola, quem chamou foi o Movimento Armorial". Ledo engano do criador de *O Auto da Compadecida*. Siba, que tocava numa banda de rock, antes da Mestre Ambrósio, foi levado ao cavalo-marinho, e consequentemente à rabeca, por um americano, John Murphy, de quem foi assistente, como estudante da Universidade Federal de Pernambuco. Murphy veio fazer um trabalho de doutorado, com pesquisa de campo na Zona da Mata Norte, centrada no cavalo-marinho, manifestação que Siba Veloso até então ignorava. Sua guinada estética deu-se não por influência do armorial mas, ironicamente, por causa do etnólogo americano.

Em 1987, ano em que Chico Science criou a Orla Orbe, sua primeira banda, foi lançado o último dos discos do ciclo armorial, filho temporão do movimento, o Trio Romançal, formado por Walmir Chagas, Antúlio Madureira e Antero Madureira. Ironicamente, o armorial Walmir Chagas faz o véio de pastoril que aparece na abertura do clipe oficial de "A Cidade", de Chico Science & Nação Zumbi.

Quanto às influências do tropicalismo, em Chico Science e nos demais nomes do manguebeat, essa só não é de todo inexistente porque Chico Science & Nação Zumbi incluíram em alguns shows "A Hora e a Vez do Cabelo Nascer", mesmo assim uma música pós-tropicalista, do álbum *Os Mutantes e seus Cometas no País do Baurets*, de 1972 (Arnaldo/Sergio/Rita/Liminha), e sampleou trechos de músicas de Caetano Veloso. Chico até esclareceu que incluiu a música dos Mutantes no repertório da Nação Zum-

CHICO SCIENCE

bi (cantada em show no Circo Voador) não como uma homenagem aos Mutantes, mas a Kurt Cobain, cuja morte foi anunciada, por Paulo André Pires, no palco do segundo Abril Pro Rock, em 5 de abril de 1994, que teria Chico Science & Nação Zumbi como principal atração.

Nessa noite, o jornalista que vos escreve recebeu, do divulgador da Sony Music, o disco *Da Lama ao Caos*. Levei para o camarim do grupo, cujos integrantes não tinham visto o disco ainda. "Fiquei chocado com a morte dele, muitos fãs da Nação Zumbi no Recife ouviam Nirvana. Soube que, quando esteve no Brasil, Cobain deixou uma carta para o Arnaldo, daí eu ter escolhido a música", esclareceu o mangueboy ao jornalista Antônio Carlos Miguel, de *O Globo*.

A Tropicália trazia o rock em sua música muito mais como intenção, basta conferir o repertório dos álbuns dos artistas do movimento lançado em 1968. Com exceção dos Mutantes, que já era um grupo de rock antes de ser recrutado para esse universo, quase não existe a tão decantada antropofagia no disco-manifesto do movimento, *Tropicália ou Panis et Circensis*. A única faixa que se aproxima disso é "Baby", de Caetano Veloso, um rock balada, um iê-iê-iê romântico. O que levou a Tropicália a suscitar polêmicas e rachas na MPB foram as letras modernas, arejadas, não lineares, que fugiam do lugar comum, e a utilização da guitarra elétrica, identificada com o imperialismo americano e com o rock, que a esquerda considerava instrumento de colonização cultural para alienar politicamente o jovem brasileiro. Contra a guitarra se fez até passeata em 1967, liderada por Elis Regina. Soube-se depois que foi uma tentativa estratégica da TV Record para levantar a audiência do programa *O Fino*, que Elis Regina apresentava na emissora. Aliás, guitarra na música brasileira nem era novidade. Era empregada desde os anos 40. Na década seguinte foi incorporada aos grupos que tocavam nas casas noturnas, e em gravações. Foi usada inclusive na bossa nova, por Roberto Menescal. Claro, usavam-se os modelos apropriados ao jazz, que deu nosso primeiro grande nome internacional no instrumento, Bola Sete (o carioca Djalma de Andrade, 1923-1987), influência assumida em Carlos Santana. Por fim, mas não menos importante, os discos tropi-

CRIANÇA DE DOMINGO

calistas não frequentavam as noitadas musicais dos mangueboys em formação, a não ser Jorge Ben (ainda sem o Jor), que foi circunstancialmente, e por breve tempo, tropicalista, mas basicamente o *Tábua de Esmeralda*, no qual Fred 04 era fissurado.

MÚSICA MANGUE

Com exceção de Chico Science & Nação Zumbi, cujas letras tinham como *leitmotiv* o ecossistema do mangue e suas correlações, nenhuma outra banda dos 90 no Recife ou Olinda fazia um som que se possa rotular "mangue". Alguns grupos ensaiaram algo nessa linha, como o Via Sat, cujo líder Pácua, integrante do Lamento Negro, integrou uma das formações iniciais do que seria o CSNZ:

"Quando o Via Sat apareceu com o primeiro CD, parecia um pouco com a Nação, pois os músicos em sua grande maioria eram do Lamento Negro, e o criador das primeiras batidas da Nação Zumbi tocava comigo, no caso, Maureliano. Então somos contemporâneos. E fomentadores disso tudo. Só não falamos que era mangue, ou outra coisa, pois fazer aquele som para a gente era normal. E fomos dentro do estilo criado na favela, criamos um subestilo com tambores tocados mais rápido, quebrado, e vários flans, com performance forte criada por mim, um misto de punk com a capoeira", esclarece Pácua (Ailton Tenório), cujo grupo completou 30 anos em 2023, com quatro discos gravados.

OS CAMINHOS DE CHICO

Antes de chegar ao Lamento Negro, Chico passou por vários estágios na sua formação, condensados no que resolveu batizar de mangue, manguebit, ou manguebeat, como a imprensa disseminou (talvez por conta de um revisor que supôs que o "bit" na verdade era "beat", batida). Quase sempre o nome do movimento aparecia nos jornais pernambucanos como manguebeat, e essa nomenclatura acabou prevalecendo. Lembrando que, no longínquo 1991, a cibernética ainda era assunto ao alcance de uma minoria, para a maioria tinha a ver com a ficção científica. A imprensa não estava familiarizada com termos como bit, pixel ou interface. Parafraseando a canção da Mundo Livre S/A, as máquinas ainda não faziam arte, a imensa maioria dos artistas fazia dinheiro, mas de maneira analógica.

Chico Science passou por cinco momentos importantes até chegar à Nação Zumbi, também praticados com turmas diferentes. O primeiro vai da infância ao começo da adolescência: época de brincadeiras, de armazenar nos desvãos da memória informações que retornariam a ele quando começou a compor; o segundo, o de b-boy, quando estreitou a amizade com Jorge du Peixe, que também morava em Rio Doce, mas não frequentava a rua da 2ª Etapa, onde a família França morava. Os dois formaram a Legião Hip Hop, uma das várias turmas de hip-hop da Grande Recife. O terceiro momento é com a Orla Orbe, sua estreia como frontman de uma banda; o quarto, com a Bom Tom Radio, um trio "tecnopobre" seminal para o que seria o CSNZ e que teve duração fugaz. Logo surgiu a Loustal, quando

CHICO SCIENCE

Chico passou a integrar uma turma de jovens de sua faixa etária, de classe média, assim como ele, procurando antenar-se com o que acontecia pelo mundo em cultura pop. Por fim, o quinto, ao aceitar o convite para ir ao Daruê Malungo conferir um ensaio do Lamento Negro. Este parágrafo, aliás, é muito importante para mostrar uma versão mais fiel do movimento mangue. Em geral, acredita-se que Chico Science começou a cantar com o Lamento Negro e decidiu adicionar instrumentos elétricos à sua formação.

Na música de Chico Science com a Nação Zumbi ressoavam todos esses estágios, um amálgama dessas fases. A maioria das canções dos dois discos gravados pela Nação Zumbi estava pronta quando o grupo adentrou o Nas Nuvens, sob a batuta do produtor Liminha. Elas foram testadas diante do público desde o final dos anos 80. Só do Bom Tom Radio são quatro: "Maracatu de Tiro Certeiro" (com Jorge du Peixe) e "A Cidade" foram parar em *Da Lama ao Caos*, enquanto o disco seguinte, *Afrociberdelia*, trazia "Samba de Lado" e "O Encontro de Isaac Asimov com Santos Dumont no Céu" (com Jorge du Peixe e Mabuse). Esta última, por sinal, surgiu de outra composição, chamada "Matadouro Público".

No estágio inicial, ele ainda era o Chiquinho, de dona Rita e seu Francisco França, saindo da adolescência. Criança levada, comunicativa, atenta ao que acontecia ao seu redor. Numa rua de casas geminadas, num tempo em que os aparelhos de som modernizavam-se e tornavam-se relativamente acessíveis, quase toda família possuía o seu. Escutavam-se todos os estilos musicais. Chico absorveu o que ia escutando. Por isso reverenciava, por exemplo, o Quinteto Violado, que fez grande sucesso quando ele era criança. O mesmo para Alceu Valença, que começou a tocar bastante no rádio no final de década de 70, quando ele entrava na adolescência. Claro, e a música de carnaval, a qual pernambucano algum conseguia ignorar, mesmo não sendo da folia.

Seu Francisco estabelecia os 18 anos como prazo para os filhos começarem a trabalhar. O caçula foi balconista de loja de tintas, depois passou a ser entregador de carteiras de saúde num órgão municipal, na Rua Direita, no bairro do São José. Um emprego que seria de suma importância para o

CRIANÇA DE DOMINGO

manguebeat. Foi ali que Chico Science e Jorge du Peixe foram apresentados por um amigo comum.

"Tinha uma associação, um clube de mães, perto da minha casa na quarta etapa de Rio Doce. Chico morava na segunda. Aos sábados, ali rolava uma danceteria. Eu ia pra lá dançar break, e via Chico dançando. Eu entrava na roda pra dançar, mas os caras saíam, havia um certo recalque ali, porque eu sabia quebrar e eles não sabiam. Eu tinha um cabelo afro, estava com 15 pra 16 anos, depois conheci um cara chamado Sérgio Mofado. Ele disse que ia me levar no Centro para conhecer um amigo dele que fazia rap. Fomos na Rua Direita, numa clínica de radiologia. Chico estava lá, numa mesa, a sala vazia, entregando carteira de saúde. Seu Francisco era vereador na época e lhe arrumou aquele emprego. Eu entro na sala, ele diz: 'Tu é aquele boy cabeludo que dança break'. Aí a gente começou a amizade. Passamos a fuçar discos e fizemos o primeiro rap juntos, batendo num birô, naquela sala vazia, escrevemos aquela música chamada 'Negros'. Depois fizemos a música na casa de Mabuse, já no Bom Tom Radio", conta Jorge du Peixe.

Os dois futuros mangueboys, assim como inúmeros garotos da periferia, se identificaram com o rap, com a dança e com a cultura hip-hop em geral, o que também aconteceu com os adolescentes de Peixinhos que mais tarde formariam o Lamento Negro. Certamente porque era uma, digamos, arte também saída da periferia, criada por negros americanos, no Bronx. Assim como aconteceu no Recife de meados dos 80 aos anos iniciais dos 90, a intenção era diversão e arte, e para se chegar a essas variantes promoviam festas. Reza a lenda que foi numa festinha, em agosto de 1973, que o jamaicano-americano Clive Campbell, o DH Kool Herc, plantou a semente do hip-hop. Ele e a irmã Cindy armaram a festa a fim de faturar algum dinheiro para recomeçar as aulas com roupas novas. Alugaram um salão de recepção na Avenida Sedgwick, no Bronx, batizaram a festa de Back to School Party. Herc montou um repertório de funk, no estilo James Brown, usou dois toca-discos, emulando os DJs que tocavam nas primeiras discotecas. Daí partiu para mexer na estrutura das músicas, isolar as bases instru-

CHICO SCIENCE

mentais, enfatizando as batidas da bateria, tocando dois discos ao mesmo tempo, e alongando as batidas, ou break.

Claro, como outras invenções, não apenas no campo da música, também no rap uma gama de experiências e descobertas convergiu para um mesmo ponto, resultando em algo novo. O certo é que, ao longo da década, a música feita por negros americanos foi encaminhando-se para um estilo original, diferente, com a ajuda dos avanços tecnológicos. No início dos anos 80, o rap saiu da periferia de Nova York, também de Los Angeles, para se espalhar pelos Estados Unidos, e logo pelo mundo, quando as grandes gravadoras constataram que os rappers estavam dando lucro aos selos independentes.

A turma de Rio Doce e da periferia da Região Metropolitana da capital pernambucana fuçava lojas de discos à procura de LPs de Grand Master Flash, Eric B & Rakim, Kurtis Blow e outros. Para adquirir esses vinis, tanto Chico quanto du Peixe apanhavam até livros das coleções que decoravam estantes em suas casas para vender a donos de sebos de livros. Chiquinho, conta dona Rita, era estudioso. Chegou a fazer cursinho, mas no dia do vestibular perdeu a hora. Não entraria na faculdade; seu interesse era a música, muito mais do que a mãe e os demais parentes imaginariam. O interesse pelo rap o levou a integrar um dos primeiros grupos de b-boys do Recife, cultura a que aderiu com entusiasmo. Com Jorge du Peixe, criou o grupo Legião Hip Hop:

"Mais um nome dado por mim. Loustal, Orla Orbe, Legião Hip Hop. A formação foi feita por nós. Fomos conhecendo a rapaziada que dançava, e formamos para combater com a Rock Master Crew, que era de Camaragibe", conta du Peixe.

Por volta de 1984, foram proliferando as crews. Por essa época surgiram a UBI (União dos b-boys Independentes) e Recife City Breakers, que se enfrentavam em rodas de break dance no Recife, com exibições em locais como o Parque 13 de Maio, na Boa Vista, na Sete de Setembro e em outros pontos da Região Central do Recife. Também no Bairro do Recife, ou como o chama o recifense, o Recife Antigo, na Rua da Moeda, onde hoje está uma estátua de Chico Science, num pedestal, parecendo pairar no ar,

CRIANÇA DE DOMINGO

bem ao lado onde funcionou o bar Pina de Copacabana, aberto pelo agitador cultural Roger de Renor (citado no refrão de "Macô"). Esse bar, cujo nome vem de um verso de Otto, no disco *Samba pra Burro*, foi aberto depois de Roger cerrar as portas do lendário bar A Soparia, no Pina, zona sul do Recife, que se tornou o epicentro do manguebeat. Pelo palco da Soparia passaram praticamente todos os músicos que fizeram a capital pernambucana ferver na década de 90.

As rodas de break aconteciam igualmente na periferia, em Centros Sociais Urbanos (CSU) e clubes como o Atlético Clube de Amadores, em Afogados; dos Rodoviários, na Imbiribeira; em Rio Doce, na Praça do Rodão; no Pina e pelo centro do Recife, no Camelodrómo, na Avenida Dantas Barreto ou na Praça Maciel Pinheiro, Rua do Hospício, ambos na Boa Vista, no Parque 13 de Maio. O espaço público tornava-se palco para os hoppers. Fábio Luna, mais conhecido como Spider, ressalta que no caso da Região Metropolitana do Recife, o início foi a dança, e nem se sabia do hip-hop. Fábio é considerado o pioneiro no break no Recife, que, de uma hora pra outra, virou notícia na imprensa da cidade, escrita por pessoas que ignoravam ser a dança só uma das peças embutidas no hip-hop.

Goretti França lembra a fase b-boy do irmão: "Chiquinho tinha um negócio, um gravador tipo um rádio, umas roupas tipo agasalho, azul, com uma lista do lado, uma camiseta branca, era sempre a mesma roupa, botava o rádio para tocar, ficava fazendo umas piruetas pelo chão. Ia pro centro da cidade, ou para outros lugares, encontrar pessoas que também dançavam nessas rodas de break".

Foi o início de um fenômeno que se disseminou nas décadas seguintes pelo país, sobretudo nas grandes cidades: o da música negra e periférica emergindo à superfície. Chico Science curtia rock, mas suas preferências caíam sobre a black music. Não apenas americana, mas igualmente africana, jamaicana, com ênfase para a cultura hip-hop, que traduzia os anseios e problemas da periferia de metrópoles como Nova York e Los Angeles, que eram basicamente os mesmos das periferias de um país feito o Brasil. Claro, já tomara conhecimento dos primeiros rappers de São Paulo.

CHICO SCIENCE

A break dance, ou b-boying, dança de rua surgida nos EUA na década de 70, parte da cultura hip-hop, foi recebida inicialmente no Brasil como se fosse mais uma dança da moda, feito o twist, o huly-gully. Começou a aparecer na imprensa por volta de 1982, sem que a ligassem ao rap. Citavam-na como uma invenção de Michael Jackson, cujo mastodôntico sucesso do álbum *Thriller*, lançado naquele ano, tornou o astro o mais badalado da música popular no planeta. Enquanto a imprensa noticiava, sem se aprofundar, o que considerava apenas mais um modismo saído da periferia das grandes cidades, a garotada curtia rap e dançava o break, não apenas como simples diversão, mas como estilo de vida.

Em 1984, aconteceu o primeiro festival de break dance no Recife, sob protesto do deputado Murilo Mendonça (MDB): "No momento tudo gira em torno do break mas, a pretexto disto, surge por trás o desejo de aliciamento cultural, certamente uma forma inteligente de desviar a juventude das coisas sérias, sobretudo da missão de preparar-se para assumir o comando do país", comentário do citado parlamentar à reportagem de um jornal recifense, o extinto *Diário da Manhã* (setembro de 1984).

E realmente foi, em parte, uma dança da moda. Programas de TV promoviam concurso de break dance, gravadoras lançavam discos para se dançar o break. Há até um LP, da RGE, com break para crianças, o *Baby Break*. Quatro adolescentes formaram o primeiro grupo de break brasileiro, o Black Juniors, com disco lançado pela mesma companhia. Psicólogos analisavam o break, e alertava-se para os perigos da coreografia: "A badalada dança do momento, o 'breack' (*sic*), baseada em inúmeras contorções, pode causar problemas graves aos seus curtidores, como paralisia definitiva. Essa dança se proliferou no Brasil entre os adolescentes e tem causado acidentes graves, levando muitos jovens ao pronto-socorro devido às acrobacias malucas" (*Diário da Manhã*, janeiro de 1985). Falava-se da dança, mas se ignorava a música, ou a grafitagem, dois elementos da cultura hip-hop, também já praticados pelos b-boys na Região Metropolitana da capital pernambucana.

Chico Science foi se aprofundando na cultura hip-hop depois que se tornou amigo de Jorge du Peixe, que trabalhava então na Vasp (Viação Aérea

CRIANÇA DE DOMINGO

de São Paulo), no Aeroporto dos Guararapes. Na verdade, os dois foram se aprofundando. Naquela época, revistas e livros sobre música importados só se compravam na loja da rede de livrarias Sodiler, no aeroporto. As revistas eram disputadíssimas. Nos anos 80, na Sodiler recifense não chegavam mais de três exemplares de publicações como *Rolling Stone*, *Spin*, *Trouser Press*, *Melody Maker* ou *New Musical Express*, e custavam caro. Os b-boys liam na livraria mesmo. Quando du Peixe dava plantão à noite, Chico Science ia por lá para conversar, e às vezes dormia na sala vip da Vasp.

Essa intrínseca relação de Chico com o hip-hop até hoje é subestimada por aqui. Teve muito mais influência na música que ele criou com a Nação Zumbi do que imagina a vã filosofia, o que, aliás, já começava no nome artístico que primeiro adotou, Chico Vulgo. Os rappers da chamada old school não usavam nome de batismo, ou pseudônimos de roqueiros ou artista pop. Citei anteriormente, por exemplo, Eric B. O "B" remontava aos tempos de Malcolm X, dos Panteras Negras. O sobrenome dos negros vinha do branco escravocrata. O sobrenome de Malcolm era Little, quando se tornou ativista o renegou e passou a usar o "X" (mais tarde, convertido ao islamismo, mudou o nome para el-Hajj Malik el-Shabazz). Os rappers foram além. Criaram uma, digamos, bossa, para o nome artístico. Bastante sonoras, KRS-One, Kool Moe Dee, Biz Markie, 2Pac, alguns deles. Chico, nos seus blocos de anotações de 1990 e parte de 1991, assinava como Chico Vulgo.

Havia nele também influência do noticiário policial, que costumava dizer o nome de batismo de um bandido, acrescentando o apelido pelo qual era conhecido, o "vulgo", um bom exemplo: Everaldo Belo da Silva, vulgo Galeguinho do Coque, célebre assaltante que agia na Grande Recife nos anos 70, citado na letra de "Banditismo Por Uma Questão de Classe", faixa do álbum *Da Lama ao Caos*.

Essa influência dos programas policiais é também aventada por Goretti França:

"Foi bem na era do Bom Tom Radio quando ele resolveu usar o vulgo. Depois, na Loustal, que era parecida com a formação da Orla Orbe, e as músicas tinham uma coisa assim mais pop, depois é que entrou na coisa da Nação. Não sei de onde ele tirou o vulgo. Mas na reportagem policial isso era uma coisa comum, os repórteres policiais de rádio citavam o bandido fulano, vulgo Biu do Olho Verde, acho que foi meio um trocadilho com essa coisa, tudo elemento urbano. Coisa que se escutava no rádio. É provável que o vulgo venha daí. Francisco vulgo Chico, ou Chico Vulgo. Acredito que vem daí."

Voltando ao hip-hop, a imprensa pernambucana ocupava-se de break dance como se ocupou do rock and roll no final dos anos 50, quando o gênero realmente pegou no Brasil. Em 1959, no Recife, uma manchete no Diário de Pernambuco afirmava categoricamente: "O rock and roll não tem vez na terra do frevo". Em 1984, o frevo já não estava tão badalado assim para que guardiões da tradicional música pernambucana temessem o advento do break. "Depois de conquistar as ruas de Nova York e São Paulo, o break chega à discoteca carioca, e brevemente estará aqui no Recife. Atualmente o break é o grande hit do momento: a onda, o quebrado, o choque, o pêndulo, a minhoca e o deslizamento" (do Diário de Pernambuco, em 1984).

"Só ligavam a história a Michael Jackson. Eu trabalhava no aeroporto, depois que tinha parado de dançar. Chegavam umas revistas, alemãs, americanas, o hip-hop já estava disseminado pelo mundo, o hip-hop, break, grafite. Era a única maneira de conectar. Final de 70 começo de 80, Grand Master Flash, Afrika Bambaataa, Michael Jackson só reproduziu o moonwalk, que era um passo do break", comenta o ex-b-boy Jorge José Carneiro de Lira, o Jorge du Peixe, que, além de praticante de break, também desenhava.

Um quadrinho que criou, cujo roteiro era a violência das quebradas da periferia, acabou num rap adaptado por Chico Science. Gilmar Bola 8 lembra que a primeira música autoral que Chico Science cantou com o Lamento Negro, quando começou a frequentar os ensaios, foi exatamente "Maracatu de Tiro Certeiro", e que seria uma das faixas do álbum de estreia do CSNZ.

O rapper Fábio Luna, conhecido como Spider, rapper de primeira hora na Grande Recife, foi fundador, no início da década de 80, do The Brothers of Break que, em 1983, tornou-se Rock Master Crew. Jorge du Peixe reconhece a importância de Fábio Luna, que ele chama de Fábio Aranha. Diz que foi através dele que conheceu muitos astros do rap americano, como L.LCool J ou Curtis Blow. Ao contrário do rock indie inglês, lançado por gravadoras nanicas, os discos dos rappers passavam de mão em mão, na maioria das vezes em cassetes. Alguns anos mais tarde, Fábio formou o grupo Spider e Incógnita Rap, um dos principais do gênero da era mangue-beat, junto com Faces do Subúrbio, e tocou na edição do Abril Pro Rock de 1999. O que poucos sabem é que, quando Canhoto foi tirado da Nação Zumbi, ele fora um dos cotados para ser o novo integrante. O hip-hop pernambucano se desenvolveu paralelo ao manguebeat, assim como a cena de heavy metal/hardcore, e continuou pelo século 21 afora. Nesta terceira década dos anos 2000, tornou-se uma das mais atuantes do país, com forte presença feminina. O Rock Master Crew é a única equipe que continua na ativa, completando 40 anos em 2023.

Chico alimentou a ideia de entrar para uma banda de rock enquanto ainda estava na Legião Hip Hop, que, segundo os b-boys contemporâneos, era uma das crews com o maior número de integrantes. A Orla Orbe, fundada por ele em 1987, não tinha a menor afinidade com o rap, seguia uma linha pop, influenciada pelo Brock. Porém, nas suas apresentações, Science, de repente, apresentava uns passos de break. Uma das raras fotos em que está com a indumentária de b-boy, e dançando break, foi tirada na Misty, a boate GLS, que abrigou a primeira festa hip-hop do Recife, isto é, que envolvia todos os seus elementos e não apenas a dança. Havia MCs, DJs, Spider era um deles, grafiteiros e o break. Chico Science esteve lá como dublê de vocalista de rock com a Orla Orbe, e como dançarino de break. A Legião Hip Hop durou cerca de dois anos, mas sua influência continuou com Chico e com Jorge du Peixe, que até se tornar um dos batuqueiros da Nação Zumbi era um dos principais grafiteiros do hip-hop da Grande Recife.

JORGE MAUTNER

Quando Chico Science & Nação Zumbi virou atração nacional, havia uma dificuldade em enquadrar, rotular aquele estilo musical. "Maracatu atômico" era a definição imprecisa, mas que soava bem, para defini-lo. Foi assim, involuntariamente, que Jorge Mautner entrou na história do manguebeat, não apenas porque o título de sua canção (em parceria com Nelson Jacobina) foi empregado em dezenas de matérias sobre CSNZ, mas por ter sido gravada pelo grupo para o álbum *Afrociberdelia*. Em 2011, Jorge Mautner veio a Pernambuco, onde promoveu o encontro dele com o mestre Zé Duda, na zona da mata do estado. Um encontro que virou o doc *Maracatu Atômico – Kaosnavial*, de Afonso Oliveira e Marcelo Pedroso, lançado em 2012. Curioso é que Zé Duda era mestre de maracatu rural, o Estrela de Ouro, de Aliança, e o maracatu ao qual Mautner se referia na canção era o de baque virado (o único que ele conhecia, e pouco). Num papo na Livraria da Travessa, no Leblon, Jorge Mautner me contou que viu um maracatu pela primeira vez em 1954, aos 13 anos, nos festejos dos 400 anos de São Paulo, e ficou muito impressionado. Mas a bem da verdade, de maracatu, a sua (de Nelson Jacobina) música tinha apenas o título. Engenhosamente, Chico Science empregou o ritmo do maracatu de baque solto na introdução do arranjo de "Maracatu Atômico", uma das primeiras vezes, senão a primeira, em que foi usado na música popular. Segundo Jorge Davidson, então diretor musical da Sony Music, a inclusão de "Maracatu Atômico" no

CRIANÇA DE DOMINGO

Afrociberdelia foi sugestão dele, depois de escutar as músicas do disco e não detectar ali nenhum hit em potencial.

Embora tenha extrapolado tantas horas de estúdio, o CSNZ não gravou "Maracatu Atômico" no Nas Nuvens. Haviam dado o disco por terminado, quando receberam uma ligação de Jorge Davidson que queria saber se a música de Mautner fora incluída no repertório. O grupo gravou no estúdio Mosh, em São Paulo. Em princípio rolou um bloqueio, Chico não conseguia dar as coordenadas para a banda, até que recorreu a Gilmar Bola 8. Na entrevista que fiz com ele para o livro, Gilmar conta que arriscou uma levada no tambor (demonstrou batucando na mesa do restaurante em que estávamos), e Chico exultou com um "É isso". Em pouco tempo, a música estava pronta.

Ver os três remixes de "Maracatu Atômico" como faixas extras do *Afrociberdelia* foi uma grande decepção para Chico Science, que chegou a chorar consolado pela irmã. A inclusão dos remixes foi decidida pela gravadora, sem consultar Chico, o produtor Eduardo Bid e muito menos qualquer um dos integrantes do CSNZ. Porém a inclusão da música de Mautner/Jacobina se provou mercadologicamente acertada. "Maracatu Atômico" foi o hit do segundo álbum do grupo. Pouco tempo depois do lançamento de *Afrociberdelia*, em entrevista ao *Toda Música*, Chico Science foi mais uma vez conciliatório quando o entrevistador perguntou sobre a sua versão de "Maracatu Atômico": "Era uma música que nós estávamos a fim de gravar, fazer uma releitura dela, por causa do título. A letra tem essa coisa da lisergia, o lado mais psicodélico, a chuva, arranha-céus, as estrelas, uma poesia que tem tantas coisas juntas, uma psicologia social também, tem muito a ver com a gente, ficamos a fim de gravar, fizemos uma versão cool, sônica, um jeito diferente de cantar, achávamos legal para trabalhar ele, rolou o manamauê. Já tinha sido imortalizada por Gilberto Gil, e ficou ótima. Menos os três remixes no final, mas aquela salada toda não atrapalhou o disco, não chega a ser um grande problema", ponderou.

Na entrevista que fiz com ele quando do lançamento de *Afrociberdelia*, Chico foi menos diplomático: "A gente já havia pensado em fazer uma

CHICO SCIENCE

versão dela, e decidimos depois que o pessoal da gravadora deu a ideia de regravar uma música antiga. Ela tem essa coisa de maracatu no nome e um ar psicodélico na letra, 'e tem gotas tão lindas, que até dá vontade de comê--las'. Foi um desafio fazer essa versão depois da de Gil, assim resolvemos fazer uma coisa mais lenta, misturando o maracatu rural com o de baque virado. O único sampler nessa faixa é um apito que aparece o tempo inteiro, como um refrão. Fizemos uma versão só, as outras só escutamos com o disco pronto. Ninguém avisou a gente desse remix, achei falta de respeito, nem considero como parte do trabalho."

Ele próprio trabalharia, em Nova York, em mais um remix de "Maracatu Atômico" com o DJ Soul Slinger e Beco Dranoff para um disco da série Red Hot AIDS: o *Red Hot + Rio* seria uma homenagem à bossa nova, mas entre clássicos da BN há nomes que nada tinham a ver com o gênero, Chico Science & Nação Zumbi com DJ Soul Slinger, em "Maracatu Atômico", Ivo Meirelles & Funk 'n' Lata, com "Sambadrome". Fora da caixa, mas em boas companhias: Sting, Money Mark, David Byrne & Marisa Monte, Astrud Gilberto & George Michael, entre outros.

Chico Science imprimia sua marca ao que cantava, e foi mestre na recriação de canções de terceiros, vendo nelas atributos inusitados, imprimindo-lhes sua marca. Fez isso também com "Todos Estão Surdos" (Roberto e Erasmo Carlos) no disco-tributo *Rei*, e com "Criança de Domingo", de Cadão Volpato e Ricardo Salvagni, do Fellini, uma das bandas cujos LPs rodavam no toca-discos das reuniões em que o manguebeat foi arquitetado: "Admiro muito Cadão Volpato. Colocamos 'Criança de Domingo', ficou meio feito um aboio, loa de maracatu (cantarola com voz empostada), 'Eu sábado vou rodar', e ficou diferente, mas tem uma levada pop ali atrás, nós curtimos."

Na verdade, "Criança de Domingo" não é do Fellini, mas sim do projeto Funziona Senza Vapore. Quer dizer, é quase do Fellini, pois participavam três integrantes da banda: Cadão Volpato (voz), Ricardo Salvagni (baixo, programação) e Jair Marcos (guitarra), com a cantora Stela Campos. O quarteto gravou as canções para um disco que permaneceu inédito por dez

CRIANÇA DE DOMINGO

anos. A paulista Stela Campos foi uma das muitas pessoas de outras cidades, ligadas à música, atraídas ao Recife pela agitação da cidade nos anos 90. Ela trouxe consigo um cassete com a música do Funziona Senza Vapore, que viralizou entre os mangueboys. Houve até uma festa em torno da fita, com Stela e Chico Science como DJs, no bar Panquecas, do Espinheiro, bairro de classe média do Recife. Ela atuou no manguebeat com uma banda chamada Lara Hanouska, e passou a ser conhecida por esse nome.

Paulistana que sabia muito pouco do Nordeste, Stela Campos contou que se surpreendeu quando conheceu os mangueboys e manguegirls recifenses, pela voracidade que tinham pela informação, e pela informação que acumulavam sobre o que acontecia pelo mundo, numa época em que não havia internet ou celular.

"Mesmo em São Paulo, não era fácil encontrar os discos da Fellini, que já tinha acabado havia algum tempo. Mas Chico tinha todos os discos do grupo. Eles sabiam das últimas novidades da música que se fazia lá fora. Acho que isso acontecia exatamente pela dificuldade com que essas novidades chegavam ao Recife. Então era o cassete que era trocado, um amigo que morava no exterior, ou viajava, e eles encomendavam discos."

EU SOU DO HIP

Chico Science & Nação Zumbi não é o grupo que promoveu a mistura de maracatu com rock, funk e outros ritmos, como é sempre definido. E sim, basicamente, uma banda de rap empregando ferramentas do maracatu, corrige Jorge du Peixe.

"Chico Science & Nação Zumbi nasceu calcada no hip-hop. Por mais que tenham dito que já tinha sido feito rock and roll com maracatu, não fizeram nos moldes, no jeito da gente. De botar os tambores como se fossem loops orgânicos, tocando o maracatu de baque de arrodeio, para não chamar de loop. Não fosse o hip-hop, essa perspectiva de samplear e usar outros sons, Chico Science & Nação Zumbi não seria o que foi. *Da Lama ao Caos* é um disco de hip-hop brasileiro, com maracatu, mas a gente nunca foi um grupo de maracatu. A gente usou música sem tambor. Tinha elementos de maracatu, de coco, samba de roda, ciranda, totalmente calcado na ideia de samplear, pegar sons emprestados e fazer uso. A música da gente tinha similaridades com os dois baques de maracatu. A gente pegava determinados bits, o próprio maracatu atômico, é uma alusão, reverência ao maracatu, mas não tem aquela batida, é mais um groove. Jorge Mautner foi ver isso quando? Jorge Ben já fazia samba de maracatu bem antes", analisa du Peixe.

Ele aponta Gonzaguinha como um insuspeito antecessor do maracatu de arrodeio do CSNZ, com a música "Erva Rasteira", de 1976 (do álbum *Começaria Tudo Outra Vez*):

CRIANÇA DE DOMINGO

"Eu não conhecia a música. Ouvi outro dia a versão de Gonzaguinha e me assombrei. Nem Chico Science fez assim. Os dois últimos compassos têm levada de afoxé, mas a música é um maracatu com uma linha de baixo que parece com a linha de baixo de Dengue", ressalta.

Curioso é que "Erva Rasteira" destoa do estilo, na época mais romântico, abolerado, neo-samba-canção de Gonzaga Jr. Pelas visitas mais constantes a Pernambuco, onde Luiz Gonzaga voltara a morar, ele conheceu os ritmos da cultura popular do estado, não apenas nas regiões rurais, Zona da Mata, como também da capital. No mesmo álbum tem, não por acaso, um afoxé, "Chão, Pó e Poeira", com a percussão bem à frente do vocal. Em 1976, Chico Science ainda era Chiquinho, estava com dez anos.

ORLA ORBE

A Orla Orbe foi a primeira banda de que Chico Science, ainda Francisco França, Francisco Assis, ou Chiquinho, participou, estreando como vocalista e, aos poucos, compositor. O grupo surgiu no Colégio de Bairro Novo, onde alguns dos integrantes estudavam. Um dos guitarristas era Lúcio Maia, futuro Nação Zumbi. O guitarra base chamava-se Fernando Augusto, que anos depois ainda participaria de um grupo, o RC70. Muito mais por diletantismo, tocando o repertório de Roberto Carlos da década de 70. Tivemos uma conversa com ele para este livro, em seu gabinete, na Escola EREM Professor Ernesto Silva, em Rio Doce, da qual é diretor, e onde estudou Jorge du Peixe:

"Chico, eu conheci no colégio em Olinda, ele estudava à noite. Já com aquela ânsia musical dele nos anos 80. Chico vivia pensando música o tempo inteiro. Eu comecei tocando violão cedo, ouvia aquelas coisas todas, muito Roberto Carlos, quando veio a efervescência do rock anos 80, a turma conversava muito sobre o que ouvia por rádio, disco de vinil, fita. Formei com uns amigos o grupo Excrache Social, antes de conhecer Chico. Depois que nós nos conhecemos, a gente se encontrava no ônibus e a conversa era música. Aí ele começou a frequentar os ensaios da banda, ali no Bairro Novo, na casa do baterista. Chico nem tinha acesso ao ensaio. Havia uns caras mais elitistas no grupo, que não eram de Rio Doce. E ele não entrava. Passava por lá esperando que chamassem, porém o pessoal não dava abertura. Às vezes Chico ficava olhando pelo muro. Pra você ver,

CRIANÇA DE DOMINGO

anos depois os caras ficam dizendo que foram seus amigos, que conviveram com ele."

E aqui merece um esclarecimento sobre as desigualdades sociais de Olinda. Patrimônio da Humanidade, cidade monumento, a Marim dos Caetés, como também a chamam, Olinda é um município problemático, pobre, que cresceu desordenadamente, com ocupações pela periferia. Com poucos bairros de classe média, a cidade é admirada pela área histórica, das mais antigas do país, de muitas igrejas e edificações que se aproximam dos cinco séculos. Tem também um viés musical que pode ser constatado quando se transita pelas suas ruas e ladeiras, de muitos bares e botequins. Alceu Valença tem um casarão na cidade histórica. Vivem em Olinda muitos artistas plásticos, cineastas, enfim, pessoas ligadas à arte e à cultura. Mas é uma parte ínfima do território da cidade. O turista que superlota o centro colonial durante o carnaval permanece nele, ignorando o restante de Olinda e seus desníveis sociais, e volta, pois, maravilhado. Com razão, o carnaval olindense realmente é um dos melhores do país. Chico Science foi um folião fervoroso e, ironicamente, sofreu o acidente que o vitimou quando ia brincar em Olinda no domingo da semana pré-carnavalesca.

Chico França, assim como seu colega Fernando, da Orla Orbe, morava em um dos bairros olindenses mais populosos e mais carentes. O guitarrista Lúcio Maia era de Casa Caiada, bairro vizinho, porém majoritariamente de classe média. Alexandre Dengue, futuro baixista da Nação Zumbi, também morava em Casa Caiada. Ambos estudavam no Dom Bosco, colégio particular. A pouca receptividade com que os integrantes do Excrache Social receberam Chico Science quando este tentou se aproximar da turma provavelmente tinha a ver com o fato de os ensaios acontecerem inicialmente na casa de um dos integrantes do grupo em Bairro Novo, também de maioria classe média, mais próximo do Centro de Olinda, a parte histórica. Mas, safo, Chico conseguia circular por todos os nichos. Não por acaso, o manguebeat foi o primeiro movimento artístico do Recife (na verdade Recife/Olinda e outros municípios da região metropolitana) a reunir negros e brancos, gente de bairros nobres,

CHICO SCIENCE

da periferia e dos morros. A elite pernambucana, sobretudo a dos barões da cana-de-açúcar, não se misturava com gente da dita classe social menos favorecida. Nomes como Gilberto Freyre, João Cabral de Melo Neto, Joaquim Nabuco, para citar apenas essa trinca, saíram todos do baronato dos engenhos e das usinas. O manguebeat reunia gente dos mais diversos estratos sociais, sua originalidade derivava muito desse amálgama, as informações se cruzando e sendo reprocessadas.

O grupo Excrache Social não durou muito. Quando terminou, Fernando Augusto aproximou-se mais de Chico, de Lúcio Maia e também de um garoto chamado Vinícius Sette.

"Os caras do Bairro Novo continuaram e criaram o grupo Liberdade Provisória. Ficamos os de Rio Doce, com Lúcio, que era de Casa Caiada e tinha condições melhores. Morava numa casa confortável, com um quintal grande onde havia um local pra curtir música e pra ensaiar. Decidimos formar uma banda. Chico veio com o nome Orla Orbe, em volta do mundo. Eu lembrei que havia uma banda no Recife chamada Urbi et Orbi, ele explicou que não tinha a ver, Urbi et Orbi era coisa da Igreja Católica, do papa. Sabia das coisas", comenta Fernando Augusto, que é professor de História.

Vinícius Sette conta sua versão da origem da Orla Orbe:

"Fernando morava perto de mim, e andávamos juntos para todo lado. Ele estava se chegando com um pessoal de Casa Caiada, filhos de um juiz, que formaram uma banda, a Excrache Social. Essa banda tinha outros vocalistas e o Fernando ficou como o terceiro vocal. Eu ia assistir aos ensaios e percebia que o Fernando não tinha muita vez, por se tratar de uma coisa bem familiar. Daí resolvemos montar uma banda, em princípio eu, Fernando e o Elder, um power trio. E, em conversa com o Chico, que passou a frequentar nossa turma, ele disse que queria participar. Então aí nasceu a Orla Orbe, ideia do Chico, após tentarmos vários nomes. Começamos a ensaiar na minha casa. Passamos a tocar juntos com o Excrache Social, apesar deles não gostarem muito, por achar que éramos da periferia. Não tínhamos nada, os instrumentos eram todos improvisados ou emprestados."

CRIANÇA DE DOMINGO

Os dois irmãos da Excrache Social eram filhos de um juiz federal, depois desembargador, Petrúcio Ferreira. Moravam num casarão de muros altos. Esse juiz tornou-se muito badalado em Pernambuco quando atuou num caso conhecido nacionalmente, o "Escândalo da mandioca", que envolveu malversação de dinheiro público e até o assassinato de um procurador de Justiça.

Nesse mesmo ano, em 1987, o Chico, ou Chico Vulgo, conseguiu uma apresentação no festival de Biai, patrocinado por um vereador de Rio Doce, até os tempos atuais atuante na cidade. Fernando relembra aquela estreia da banda tocando em público:

"Tocamos pra umas 3 mil pessoas. Foi a primeira apresentação da Orla Orbe, com apenas 28 dias de formada, e já com o Lúcio Maia, que havia saído do Excrache por convite meu e de Chico. Lembro que durante uma quermesse da Paróquia de Casa Caiada, ele se dizia insatisfeito como terceiro guitarrista do Excrache. No começo tocávamos as músicas dos outros: Legião Urbana, Paralamas, Capital Inicial, Ira!, entre outros, e nisso tínhamos um fã-clube das nossas amigas, namoradas e amigos – entre eles o Dengue, que ainda não tocava."

Um esclarecimento que afasta a hipótese, presente em vários textos sobre o manguebeat, de que a Orla Orbe fosse uma banda de rap.

Volta Fernando Augusto:

"A nossa estrutura era muito precária. Só Lúcio tinha uma boa guitarra, com pedais. Minha guitarra era muito fraca. Contrabaixo, não tínhamos. O nosso baixista, Élder, construiu um nem sei como. Pra bateria a gente improvisou um bumbo da banda marcial da escolinha que pertencia à minha mãe. Isso foi em 1986 ou 1987, por aí", relata.

De outro bairro, outro colégio, Fernando conta que conheceu Rui, vocalista da Excrache Social, na praia de Casa Caiada, a mais frequentada de Olinda. Através de Rui conheceu Lúcio Maia.

"Quando ele me convidou pra formar uma banda, disse que tinha um guitarrista e ia trazer um músico mais experiente, chamado Cláudio Amorim, que era mais velho do que a gente. Foi Cláudio que nos deu noções de

CHICO SCIENCE

canto, dos tons, essas coisas. Esse núcleo era muito embrionário, tudo muito garoto, não tinha noção, o que a gente queria era só fazer uma bandinha de garagem", pondera.

Conforme ele já lembrou, Chico ainda não fazia parte da banda. Vinha "peruar" os ensaios, mas a maioria dos meninos não lhe dava atenção. Segundo Fernando, porque eram burguesinhos de Casa Caiada.

Foi aí que Chico França começou a botar as unhas de fora. Já conhecia bem Fernando Augusto e reforçou a amizade com Lúcio Maia, Vinícius e Elder, que não ofereceram resistência quando ele, sem nenhuma experiência, assumiu a liderança da Orla Orbe, como vocalista e compositor.

"Começamos a ensaiar na casa de Vinícius, na Rua Concriz, em Rio Doce. Depois passamos os ensaios pra Caverna, um quarto que havia no quintal da casa de Lúcio. No Excrache Social, Cláudio Amorim tocava a guitarra solo, eu e Rui fazíamos os vocais, Lúcio tocava guitarra base, e um cara chamado Valério fazia o baixo. Com a Orla Orbe, Lúcio passou para a guitarra solo, e eu fiquei na guitarra base. Elder, como falei, no baixo, feito na madeira, bem artesanal, nem sei como funcionava. A bateria com aquele bumbo da escola da minha mãe, um microfone péssimo. Acho que a banda só continuou pela vontade que a gente tinha de ser artista, de fazer música", pondera Fernando Augusto.

Curioso é que Chico entrou na banda sem saber tocar nenhum instrumento. Lúcio Maia relembra que estava sem tocar em nenhuma banda, quando recebeu uma ligação de Chico o convidando para tocar num grupo que ele estava formando:

"Eu disse que topava, mas perguntei o que ele ia fazer, se não tocava nada. Me disse que ia ser o cantor."

Porém, Chico tampouco tinha experiência como vocalista, nem os amigos o consideravam o ideal para assumir o microfone da banda:

"Havia uma concorrência interna pela posição de vocalista principal da banda, e nós achávamos mesmo que o Chico cantava mal. Por outro lado, ele tinha ideias legais, e era, sem dúvida, melhor no palco", pondera Vinícius Sette.

CRIANÇA DE DOMINGO

Segundo Fernando, na Orla Orbe, Chico Science plantou as primeiras sementes do que seria o manguebeat:

"Chico chegava com umas letras que a gente achava estranhas. Minha formação, a de Lúcio, do próprio Vinícius, era o rock básico. No meu caso Paralamas, Titãs, Plebe Rude... Chico chegava com umas ideias avançadas, e a gente estranhava. Eram uns apitos, raps, os movimentos da dança do break. O próprio Lúcio morria de rir com o jeitão dele, que chegava com discos de rap, progressivo, funk. É nisso em que eu bato forte. Que o que seria chamado de mangue começou conosco, não foi com manifesto, ou o Lamento Negro. O embrião de tudo foi conosco, não é para desmascarar ninguém, que isso não é uma guerra. Mas fomos nós de fato o embrião, com a Orla Orbe. Jorge entrou na música muito depois, era designer, desenhava. Dengue vinha assistir aos ensaios, gostava de música, de rock, mas também não tocava nenhum instrumento. A gente já compunha. Eu completei uma música que Chico fez pra Aninha, que seria sua esposa. Nos tornamos parceiros. O começo foi com a gente", reforça.

Vinícius corrobora a afirmação de Fernando Augusto:

"No Natal de 1988, quando estávamos reunidos numa festinha, Chico resolveu, de maneira espontânea, nos sugerir a criação de um movimento chamado Mangue, explicando que o Bambaataa havia criado o Bang nos EUA e que iríamos criar o nosso também. A risada foi geral! Lúcio Maia, com 15 anos, sorriu e disse que Mangue era coisa de pobre e que ninguém ia querer saber da gente. Mesmo assim, Chico começou a introduzir elementos regionais na música do grupo, como ciranda, embolada, coco, e internacionais, como funk, rap e reggae. O que desagradou alguns integrantes da Orla Orbe. Segundo eles, isso afastaria nosso público."

Lúcio Maia, que num futuro próximo seria tão fundamental na formatação do som do CSNZ quanto os tambores, cujos tons graves contrastavam harmoniosamente com seus riffs pesados punks ou de thrash metal, quando conheceu Chico Science já curtia rock. E rock pesado como Kiss, Nazareth e Ted Nugent:

CHICO SCIENCE

"Com uns 13 pra 14 anos, comprei a minha primeira guitarra. Em 1985, foi tempo do Rock in Rio, estava vendo Iron Maiden na TV, Ozzy, todas aquelas bandas que eram fodas na época, e estavam no Brasil tocando. Eu e Dengue começamos a ficar mais amigos, porque tínhamos um gosto musical parecido, fingia que ia pra casa estudar, porque éramos da mesma escola, e ficava ouvindo Slayer", confessa.

Lúcio prossegue:

"Nesse período perto dos 15, 16 anos foi quando conheci Chico. Eu tinha uma banda e um dos guitarristas da banda morava perto da casa dele, e levou ele pros ensaios. Mas ele não tocava nada, só fazia assistir. Passou a frequentar os ensaios. De repente a banda acabou, fiquei um tempo sem tocar. Chico ligou pra mim dizendo que tava montando uma banda, e perguntou se eu não queria entrar. Eu não estava fazendo nada, e aceitei. Até pensei: que será que ele faria na banda, já que não tocava nada? Seria o cantor. A gente começou a trabalhar juntos. Quando conheci Chico ele tinha outra perspectiva da música. Ouvia outro lado que eu não ouvia, e não tinha interesse em ouvir. Aquela parada da black music americana, eu era muito centrado no metal, muito roqueiro, aquela coisa da rebeldia. Ele ficava querendo que eu ouvisse James Brown, mas aí é foda, cara, eu pensava muito na guitarra. Mas ele me chamou atenção dizendo que essas guitarras do funk não eram fáceis de tocar, não. E estava certo, porque o funk era uma construção rítmica puramente, todos os instrumentos são basicamente percussivos. James Brown, e toda aquela linha, que explodiu com o soul music americano. Era tudo percussivo. Quando fui ouvir aquelas guitarras vi que era verdade, tinha uma ciência que não era fácil. Assim como o reggae todo mundo acha que é fácil, mas é uma ciência que levou muito tempo pra se destilar.

"Então comecei a perceber essa coisa mais rítmica da guitarra, isso abriu um leque muito absurdo de influência, comecei a ouvir de tudo. Muito som africano, King Sunny Adé, tendências diferentes, muito jazz, coisa que não ouvia. Acho que é muito mais questão da presença da aura do instrumento. Procuro não me deslocar da banda, fazer parte dela da melhor maneira pos-

CRIANÇA DE DOMINGO

sível. Minha guitarra dentro da banda precisa ser presente. A gente tinha uma bateria dividida em cinco pessoas, sempre me dei bem mais sozinho, quando tenho que dividir fico mais empacado. Justamente porque formatei uma ideia de banda, uma guitarra estar fazendo tudo, englobando todas as influências. Nunca entrei numa viagem de querer tocar rápido. Existe uma gama enorme de técnica de instrumento, a internet está cheia disso." (Divagações de Lúcio Maia ao autor, para um caderno especial sobre manguebeat, em relação ao direcionamento que tomou a partir da convivência com Chico Science.)

Na época da Orla Orbe, últimos anos da década de 80, havia escassez de espaços para os músicos, tanto os do Recife quanto os de Olinda e municípios circunvizinhos, que dependiam muito dos eventos esparsos promovidos pelas prefeituras. Mas até para isso era necessário já ser um pouco conhecido, ou conhecer pessoas que produziam os shows para as prefeituras, ou para o estado. Para grupos da periferia, com músicos muito jovens, desconhecidos, as dificuldades tornavam-se ainda maiores, confirma Fernando Augusto.

"A banda ensaiava, mas não tinha show, nem nada. Porém Chico era compenetrado, disciplinado, perseverante. Eu estava naquela mais por causa das namoradinhas, que admiravam o cara tocar numa banda. Chico era muito focado, centrado. Ele regulava até a nossa postura. A gente ia pro alto da Sé paquerar, e ele reclamando da gente, dizendo que não podíamos ficar como menino de bairro suburbano, que nós éramos músicos de uma banda. A gente levava na brincadeira. A banda tinha eu na guitarra base, e backing vocals, Chico só cantava, Lúcio fazia a guitarra solo, Elder, o baixo, e Vinícius, bateria. Chico passou a chegar com umas letras, eu também compunha umas coisas. Então começamos a incluir músicas nossas no repertório, além de músicas do Capital Inicial, Paralamas, Ira! Chico tinha uma pegada diferente, enquanto a gente era mais pop e rock. Lúcio, por exemplo, tinha influência daquelas bandas do Rock in Rio, AC/DC e aqueles grupos pesados que tocaram em 1985. Eu curtia Paralamas, Chico também era do rock, mas o ritmo, a pegada, eram diferentes", conta Augusto.

CHICO SCIENCE

O rock oitentista brasileiro que Chico curtia realmente tinha outra pegada, com um viés para as paulistanas Ira! e Fellini, ambas fora da curva do pop nacional de então.

Chico começou a escrever letras para a Orla Orbe, cujo repertório era basicamente o das bandas do anos 80. Engatou então as parcerias iniciais com Fernando Augusto:

"A primeira música que fizemos juntos chama-se 'Continuação', com uma letra que ele escreveu pra Aninha, sua namorada, que seria mãe da filha dele. Eu coloquei a melodia. Essa música está numa demo que fizemos. Resolvemos gravar uma fita, com Hubert, um alemão que tinha um estúdio ali por perto do Shopping Center Recife em Boa Viagem. Foi o único contato nosso com estúdio profissional. Chico arrumou tudo, e fomos lá. A gente meio perdido, tudo provinciano, só Lúcio era mais desenrolado. Gravamos essa demo que até hoje tenho guardada. Porém, difícil era fazer show."

Dona Rita, mãe de Chico Science, foi assistir à estreia da Orla Orbe, o primeiro show que viu do filho, em Rio Doce, e conta que a desenvoltura dele no palco a surpreendeu. Não o imaginava como artista:

"Mas não achava que ele ia ser cantor, achava que fosse apenas uma coisa de amigos da vila que não ia durar muito", diz, embora ela reconheça que Chiquinho tivesse uma queda para as artes, lembrando uma vez em que num evento teatral numa igreja do bairro, o garoto fez uma elogiada e desinibida imitação de Silvio Santos.

Um show que Fernando ressalta aconteceu em Boa Viagem, no Espaço Arte Viva. Um avanço para um grupo desconhecido, do longínquo Rio Doce, tocar na Zona Sul do Recife. O Espaço Arte Viva, na Avenida Conselheiro Aguiar, em BV, criado em 1985, inicialmente era uma escola de dança, depois foi aberta para shows de bandas de rock. Ressaltando-se que, naqueles últimos anos da década de 80, desencadeou-se um surto de novos grupos de pop/rock no Recife, formados por músicos muito jovens. Alguns desses grupos tocaram no Arte Viva, formados por volta de 1986/1987: Van Filosofia, A Banda, Sétima Arte, Esparta, Persona, Exocet, N.D.R. Lourdes Rossiter, a diretora do Arte Viva, fazia uma divulgação eficaz do

CRIANÇA DE DOMINGO

seu espaço, era bem relacionada na imprensa, e os shows que promovia quase sempre eram noticiados nos cadernos culturais dos jornais da capital.

Graças a essa abertura na mídia, a apresentação da Orla Orbe no Arte Viva ganhou fotolegenda na edição do *Diário de Pernambuco* de 2 de fevereiro de 1988, na coluna Artes Cênicas, assinada por Valdi Coutinho. Foi a primeira foto de Chico publicada num jornal, com o nome de Francisco Assis. A primeira como Chico Science seria estampada em 1991, no Caderno C do *Jornal do Commercio*. O textinho da nota:

"A banda olindense Orla Orbe fará um show musical, próxima quinta-feira, no Espaço Arte Viva, em Boa Viagem, denominado Terceiro Mundo. Fugindo dos padrões estabelecidos e trabalhando um rock mesclado, a banda faz fusão do rock bem miscigenado, numa verdadeira etnia (*sic*) de ritmos. A Orla Orbe é formada por Lúcio Maia (guitarra-solo), Fernando (guitarra-base e backing), Elder Williams (baixo), Vinícius Sette (bateria) e Francisco Assis (vocal)."

Na foto, enquanto os demais fazem pose de músicos de banda, de perfil, cara fechada, Chico aparece como se estivesse em movimento, corpo curvado, meio caboclo de lança. A banda voltou a aparecer no *Diário de Pernambuco*, numa matéria da mesma coluna, com a programação da quinta-feira, dia do show (em 4 de fevereiro de 1988), com direito a uma foto maior. Nessa foto, curiosamente, aparece ao fundo a antena parabólica da TV Universitária, detalhe ressaltado por Vinícius Sette. Sem esquecer que o jornalista já aponta para as fusões de ritmos praticadas pela banda.

"Estivemos também no Arte Viva para uma reunião sobre um festival de rock. Tem uma foto, dessa reunião, lá, com a Orla Orbe e outros músicos, acho que Mendigos da Corte. Nesse show passamos a tarde subindo degraus, carregando o equipamento nas costas, o salão ficava num primeiro andar. Levamos o material num chevettezinho cor de laranja, dirigido por Chico, que pertencia ao pai dele. A gente chamava o carro de abóbora móvel. Teve uma apresentação marcada para a TV Universitária, que não aconteceu porque faltou luz. Fizemos um show lá pro lado de Paratibe (em Paulista, cidade vizinha à Olinda), e no programa de Reginaldo Rossi, na

CHICO SCIENCE

TV Pernambuco, que foi ao ar num sábado. Já procurei muito, mas nunca encontrei imagens dessa apresentação. Quando começamos a tocar, Chico botou o capuz do moletom e dançou break. Reginaldo disse alto: 'Olhaí o pessoal de Olinda'. A gente cantando música pop, e Chico no break. Fizemos também um show na escola da gente, numa quadra enorme, um som horroroso, Chico esculhambando a qualidade do som, ninguém escutava nada", detalha Fernando Augusto.

Vinícius acrescenta mais um. A Orla Orbe abriu um show do cantor Cássio Sette, no Nosso Teatro, no Recife. Cássio é da geração da música pernambucana que entrou em cena no final dos anos 70, início dos 80, contemporâneo de Lenine, Geraldo Maia, Lula Queiroga, Zeh Rocha, entre outros, e ainda em atividade. Diz Cássio:

"Eu morava em Rio Doce, a duas ruas de Chico, mas só o conheci por causa de Vinícius, que é meu primo. Quando abriram o meu show, eles eram muito jovens. Chico visitava a casa de outro primo meu. Teve uma vez que Lúcio me chamou pra fazer uma banda com ele pra tocar na noite. Fizemos dois ensaios. Num desses, Chico chegou e cantou também. Teve uma noite que saí com eles de carro, Chico, Vinícius, o baixista, Lúcio Maia, eram muito rebeldes. A gente estava vindo de Rio Doce, e quando passamos na frente do quartel do Exército de Casa Caiada, eles gritaram 'Filhos da puta'. Tiraram uma onda, né? Eu não sei se os caras que estavam na guarita ouviram, devem ter ouvido, porque eles gritaram mais algumas coisas. Eu morri de medo."

Cássio Sette foi testemunha das habilidades de Chico Science como b-boy:

"Eu frequentava os bailes na terceira etapa de Rio Doce. Tinha uns momentos de funk. E Chico dançava break. Lembro de ter visto ele dançando, era um bom dançarino."

Aderson, que fazia dupla com Chiquinho, confirma:

"A gente dançava bem, fomos até convidados para uma exibição num colégio no Bairro Novo, mas neste caso ainda não era o break, mas disco music e funk", esclarece.

IRA!

O grupo paulistano Ira!, como foi dito, era um dos preferidos de Chico Science, que pegou o contato de Nasi, o vocalista, por intermédio de Jorge du Peixe, num desses felizes acasos:

"Teve um show no Centro de Convenções, com o Tokyo, Ira! e Zero. Fui direto do trabalho, no outro dia voltei pro aeroporto com uma ressaca do caralho, o show atrasou muito para começar. Trabalhava à tarde, a Vasp estava de greve. Me lembro que vi Nasi passando no saguão do aeroporto, pra lá e pra cá. Eu chamei ele, que foi ao balcão. Comentei que tinha um amigo meu que fazia rap, Chico, e que era fã do Ira! Ele me deu o telefone dele. Falei de várias bandas de hip-hop, ele sacou que eu sabia do que estava falando. Passei o telefone de Nasi para Chico, ele endoidou. A partir dali, passou a ligar pros caras. Veio para São Paulo e ficou na casa de André Jung. Voltou da viagem obstinado. De volta ao Recife, pirou: ou fazia a banda ou endoidava, essa ida pra São Paulo foi crucial."

As três bandas foram escaladas para o I Rock in Festival, realizado no Teatro Guararapes, em 20 de setembro de 1986. A título de curiosidade, o guitarrista da Tokyo era Eduardo Bid, futuro coprodutor do segundo disco do Chico Science & Nação Zumbi. Jorge du Peixe e Chico Science (ainda Chico França) foram ao teatro para assistir ao Ira!

Chico pretendia incluir "O Advogado do Diabo" (Marcos Valadão/André Jung) no segundo disco do CSNZ. A música é do álbum *Psicoacústica* (1988), um dos mais elogiados do Ira!, que tem uma levada meio de mara-

CHICO SCIENCE

catu, provavelmente criada por André Jung. O baterista, nascido no Recife, é irmão do ex-ministro da defesa, Raul Jungmann. Nasi conta que viu Chico Science & Nação Zumbi tocando a música no primeiro show que fizeram em São Paulo, em 1993:

"Fui convidado por Chico pra ver o show no Aeroanta. Eles tocaram uma versão de 'O Advogado do Diabo', com os tambores da Nação, eu fiquei chapado. Foi demais mesmo. O que a gente insinuou com o pandeiro, fazendo uma levada que lembrasse um pouco o maracatu, eles transportaram para os tambores do maracatu. Isso me marcou muito profundamente."

Chico tinha uma fixação por essa canção. Num dos seus cadernos de anotações, "O Advogado do Diabo" está entre as músicas do repertório do disco *Da Lama ao Caos*, e há uma gravação dela, de estúdio, com a Loustal.

Fernando Augusto relembra essa paixão de Chico pelo grupo paulista:

"A gente escutava muito o Ira!, principalmente aquele disco que tem a música 'Feliz Aniversário' (na verdade, 'Envelheço na Cidade'). Chico era tão fã que escreveu uma carta para Nasi. E ele respondeu. Chico chegou que parecia doido. Parou o ensaio. Ele gritou que Nasi tinha respondido. Leu a carta para a gente. Quando tirou férias do trabalho, foi a São Paulo e procurou o vocalista do Ira! Conheceram-se pessoalmente. Conheceu nessa viagem também um cara bem jovem, das quebradas paulistanas, chamava--se Thaíde, um dos pioneiros do rap no Brasil. Disse que o Ira! faria um show no Recife, e apareceriam pra ver um show da gente. Duvidamos disso. Então o grupo veio, e deu um show no teatro do Centro de Convenções. Chico foi assistir ao show, e a gente foi tocar no Espaço Oásis, que ficava ali por perto do antigo Quatro Rodas (hotel que pertencia ao grupo Quatro Rodas, localizado à beira-mar em Olinda). Era até meu aniversário. A banda já estava tocando quando pararam dois táxis diante do bar. Meu irmão, a gente tremeu na base. Dos carros desceram Chico, Edgard Scandurra, Nasi e duas meninas de São Paulo. Tocamos 'Feliz Aniversário'. Disse a Scandurra que era meu aniversário, e pedi que ele me desse o prazer de tocar com a gente. Ele pegou minha guitarra, elogiou o instrumento, claro que só por gentileza, colocou a correia no pescoço e tocou a guitarra com as

CRIANÇA DE DOMINGO

cordas invertidas, é canhoto, e mandou ver 'Feliz Aniversário'. Tinha pouca gente no bar, era uma quinta-feira. Os outros integrantes do grupo também vieram, e foram para a beira-mar com as meninas. Nasi e Scandurra permaneceram com a gente. Conversamos, lembro que Nasi falava de revolução, de Lenine. Foi o auge da Orla Orbe."

A história bate com a ida de Chico a São Paulo, onde realmente conheceu Nasi, que confirma ter recebido Science na casa dele (embora confesse que depois desses anos todos sua memória está meio difusa):

"Mas também aquela foi uma época muito louca minha."

O encontro com Thaíde também confere, porque Nasi produziu um LP de Thaíde e DJ Hum, dos primeiros lançamentos de disco de rap no Brasil. Mas a memória de Fernando é tão difusa quanto a de Nasi, já que o show aconteceu em 1991, quando a Orla Orbe não mais existia. O próprio Nasi confirmou que o pessoal do Ira! foi com Chico Science para ver a Loustal e a Mundo Livre S/A. O que é corroborado por Fred 04, da Mundo Livre, que se lembra da canja de Nasi e Scandurra, fechada com "My Generation", de The Who.

Paulo André Pires, o produtor do Abril Pro Rock e do Chico Science & Nação Zumbi, com a qual começou a trabalhar pouco antes da gravação de *Da Lama ao Caos*, se lembra bem desse show do Ira!:

"Eu tinha uma loja de discos – a Rock Xpress – e fazia umas tardes de autógrafo lá. Vendi ingresso pro show do Ira!, no Teatro Guararapes, em 1991, e o Chico conhecia o Nasi. O Nasi tinha produzido o Thaíde e DJ Hum na segunda metade dos anos 80 e o Chico era Chico Vulgo, um MC. Ele tinha umas letras de rap, e procurou Nasi, tentou fazer uma conexão. À noite eu fui ao show, e Chico estava nos bastidores insistindo muito para a galera ir ver a banda dele, Loustal, que tinha o Lúcio na guitarra, o Dengue no baixo e outro baterista, acho que era o Vinícius, e o Chico. A gente se esbarrava nos bares assim, na boemia cultural, mas de ver no palco, esta é a primeira memória que eu tenho dele."

A testemunha ocular dali a dois anos e alguns meses seria empresário de Chico Science & Nação Zumbi.

CHICO SCIENCE

Já Vinícius Sette, que tocou nessa noite com a Loustal, discorda de Fernando Augusto, de que foi show da Orla Orbe.

"Eu fui com Chico para o show do Ira!. Com certeza foi a Loustal. Fernando e Elder apareceram por lá, mas não tocaram. Scandurra pediu a guitarra Golden de Lúcio, e ele ficou com vergonha de emprestar, por se tratar de uma guitarra barata. Lúcio falou: 'É uma Golden, safadinha'. E Scandurra disse: 'Mas é a do coração'."

Por essa época, Chico traria para seus grupos dois futuros integrantes do CSNZ: Jorge du Peixe, que fez parte do Bom Tom Radio, e Alexandre Dengue, que aprendeu a tocar contrabaixo e entrou para a Loustal. Já Fernando Augusto diz que foi Lúcio Maia quem sugeriu a entrada de Dengue na Loustal, como baixista, depois que Élder deixou o grupo.

A conversão de Dengue de curtidor de música para músico é longa e tortuosa, conforme ele contou no podcast do Hominis Canidae. Jorge du Peixe, numa conversa que tivemos na sala da minha casa, falou que Dengue tivera uma banda antes da Loustal, que ele não conheceu. Realmente, Dengue participou de um grupo chamado Corpo Quente, especializado em lambada, a febre musical do momento, iniciada em 1988, com Beto Barbosa. Foi incensada mundialmente com o Kaoma, grupo criado na França, por dois empresários que escutaram a lambada na praia de Trancoso, na Bahia, e formaram uma banda com músicos franceses, africanos e brasileiros. O Kaoma estourou em 1989, com "Chorando se Foi", batizada de "Lambada". Tanto "Adocica" quanto "Lambada" estavam no repertório da primeira banda em que Dengue tocou. Ele revelou como se tornou baixista, algo com que nunca sequer sonhou:

"Não foi uma decisão minha. As coisas vão acontecendo. Sempre gostei de música, mas a relação era outra. Não tinha vontade de tocar um instrumento, achava que ia fazer faculdade, mas não sabia de quê. Do nada apareceu um baixo na minha mão, quando tinha 18 anos. Sempre fui focado na música, mas como ouvinte. Tocar e compor foi uma questão de meses, uma coisa estranha. Eu já ia aos ensaios dos caras. Antes da Nação Zumbi, houve a Orla Orbe e a Loustal. Da Orla, eu ia pros ensaios. Meu

CRIANÇA DE DOMINGO

lance era ouvir, achava massa ter uma turma que tocava. Não passava pela minha cabeça pegar um instrumento. Na Loustal eu já entrei pra tocar. Nesse meio-tempo, a gente tá falando de 1989. Em 1990 eu já andava com os caras", diz Dengue.

O baixo realmente se encaixa na teoria do caos.

"Um amigo meu, Gustavo, de Jardim Atlântico (bairro de Olinda), ligou pra mim um dia e falou: 'Tu toca alguma coisa?' A gente curtia muito música e disse que recentemente tinha aprendido duas notas no violão. Ele disse: 'Tu pode vir aqui em casa? A gente vai fazer um som e precisa de um cara que toque baixo'. Eu sabia duas notas, lá menor e sol (cantarola 'Pra Não Dizer Que Não Falei das Flores', de Geraldo Vandré). Fui lá, ele me deu um baixo, e comecei a tocar, com base nas duas notas. Esse cara tinha algo de turco ou árabe, vivia de rolo. Comprava uma bicicleta, trocava num carro, depois aparecia com dez camisas, era só rolo. Armou uma banda de lambada que ia tocar para uns japoneses que vinham de férias para Olinda no São João. Então eu fui ser baixista dessa banda. Como as músicas eram muito fáceis, 'Adocica', 'Preta', eram essas duas notas. Os caras vieram e se hospedaram em Olinda, num bar que era da irmã do baterista, Ariano. A gente foi pegando as músicas, umas 18, tudo fácil. Gustavo, Ariano, o baterista já tocava bem, eu peguei a bomba. Pra mim foi uma diversão tocar na banda Corpo Quente. Os japas encheram a lata, piraram no bar, que ficava lá em Casa Caiada. Eu tinha um amigo, Remi, que dançava muito. Veio ele mais uma menina, se não me engano sua irmã, e dançaram. Arranjaram outra menina pra cantar, Lilian, depois mudou o nome, virou cantora de lambada. Cantava e dançava muito. Comecei a tocar do nada. Fiz dois shows com a banda, mas aí não pintou mais nada. Começaram a espalhar no bairro, nas escolas, que eu estava tocando. Com o cachê que ganhei nesses shows comprei um baixo do pai de Lilian, um baixo todo frankenstein. Quando fomos para aquela excursão maluca, em 1993, a gente fez o *Programa Livre* e o *Fanzine*, do Marcelo Rubens Paiva, eu tocando com esse baixo."

"Divergências de ideias, gostos e performances fizeram com que a banda criasse grupos. De um lado estava Fernando e Elder. Do outro, eu, Lúcio

CHICO SCIENCE

e Chico. No começo de 1991, Chico anuncia a saída da banda, em seguida Lúcio e eu. Era o fim da Orla Orbe. Três meses depois eu, Lúcio e Chico continuávamos muito próximos e na mesma vibe. Íamos pra shows, festas, eventos musicais, resolvemos que iríamos montar outra banda e precisávamos de um cara para o baixo. Cogitou-se colocar o Jorge, que era um cara legal que acompanhava a banda, era uma espécie de mentor do Chico com relação a estilos, e tinham gostos em comum. Mas ele era muito ocupado e não tocava nenhum instrumento. Fizemos um ensaio na Caverna, que era nosso estúdio no fundo do quintal da casa do Lúcio. Aí pensamos no Dengue, que pediu uma semana pra pegar as músicas. Assim surgia a Loustal, em homenagem ao cartunista francês. Chico, Lúcio, Dengue e eu", conta Vinícius Sette.

Os outros integrantes da Orla Orbe tomaram seus rumos. Élder, segundo Vinícius, tornou-se evangélico e teria deixado a música. Depois da Orla Orbe, Fernando Augusto e Élder Williams formaram uma banda chamada Veludo Azul, porém sem repertório próprio. No show de estreia, no Pátio de São Pedro, apresentaram um repertório com canções de Cazuza.

Enquanto isso Chico emergia cada vez mais na música. Fernando, que se dedicou aos estudos na faculdade, diz que passou a ver muito pouco os ex-integrantes da Orla Orbe.

"Uma vez, eu já era professor, ia num ônibus e encontrei Chico. Me contou que estava com um grupo de Peixinhos, o Lamento Negro, com quem fazia um tipo de laboratório. Por essa época sua companhia mais constante era Jorge du Peixe."

"A gente procurava vinil pelos sebos, trocava ideias com o povo que ouvia hip-hop, música negra, pessoas de outros estados. A fita cassete era um cartucho de informações, gravações com um chiado maior do que a música gravada de ondas curtas, mas era um cartucho de informação. A gente sempre foi ávido de informações", confirma du Peixe, então desenhista, designer, ainda funcionário da Vasp, da qual somente sairia em 1992.

Na meia dúzia de gravações feitas com a Orla Orbe, ainda não são perceptíveis sonoridades do mangue. No entanto, Fernando lembra que Chico

CRIANÇA DE DOMINGO

aparecia com certas ideias inusitadas. Numa música, ele botou o som de um apito de cuscuz, aceito com estranheza pelos companheiros de banda. Uma explicação para os não recifenses: esse apito, cujo silvo lembra o de guardas de trânsito, é usado por vendedores ambulantes de um tipo de cuscuz, de origem africana, que remonta aos tempos do cativeiro, quando havia os chamados escravos de ganho, que vendiam quitutes nas ruas e entregavam a renda para os seus senhores. Uns poucos desses vendedores de cuscuz ainda circulam pelo Recife. Chico, ressaltam os amigos mais próximos, salvava no HD da memória o que ia vendo pelas ruas. Começou, por exemplo, a compor "A Cidade" num trajeto de ônibus indo de Olinda para o Centro.

A psicanalista, ensaísta e escritora Maria Rita Kehl, do time da intelectualidade bem-conceituada do país, foi dos poucos nomes desse círculo a se ocupar do manguebeat, mais especificamente de Chico Science & Nação Zumbi, e ressalta a originalidade da temática abordada nas letras do grupo. Embora o social esteja presente nas letras, a maioria de Science, elas se ocupam do espaço público em que o próprio autor está inserido. Enquanto rappers ocupavam-se de denúncias, da violência policial, Chico Science descrevia o espaço pelo qual se locomovia, o que via no cotidiano, a paisagem:

"Chico Science e o grupo Nação Zumbi, fenômeno musical da década de 90, não representam exatamente um pensamento crítico; eles seriam antes os representantes do próprio objeto do que até hoje tem sido o pensamento crítico na MPB; um objeto que começa a se manifestar, que deixa de ser objeto do discurso de outros poetas para se tornar sujeito. De objetos da crítica a sujeitos da criação de linguagem, os meninos pobres das grandes cidades brasileiras começam a produzir um lugar diferenciado para a expressão de sua experiência. Até recentemente, os compositores politizados da classe média se preocupavam com a miséria, com a exclusão, com a marginalidade, com a condição do outro, que era retratada ou denunciada em suas canções. O que se ouve hoje, através do manguebeat, é o som da própria marginalidade. O som do outro. Talvez o que se busque aqui seja uma espécie de inclusão pela palavra, pelo ritmo e, sobretudo, pela batida muito particular, bastante agressiva, que é marca forte de sua presença no país. É

CHICO SCIENCE

como se eles dissessem: 'Escutem, estamos aqui na cena'. Não é uma análise das condições em que eles vivem, é um modo de eles se incluírem na cena."

Em um dos muitos, e talvez o melhor, livros lançados no exterior sobre o manguebeat em geral, e Chico Science em especial, *Maracatu Atomico: Tradition, Modernity and Postmodernity in the Mangue* (Routledge, 2002), Philip Galinsky, o autor, enfatiza a importância de Science transcendendo à sua própria música e contribuindo para a inclusão social de artistas da periferia:

"Cumprindo o papel de herói cultural local, Chico pavimentou para jovens das classes menos favorecidas do Recife o caminho para participar da cena musical que ele ajudou a criar. Além do que, em meio à miséria socioeconômica, ele alimentou uma renovação na autoestima dos pernambucanos e brasileiros em geral e, enquanto sua banda viajava pelo Brasil, Europa e Estados Unidos, colocaram Pernambuco – um dos estados brasileiros musicalmente mais abundantes – no mapa da música mundial."

Um entusiasta da maior importância para a aceitação do manguebeat no exterior foi Jon Pareles, editor de música do *New York Times*, autor da matéria sobre a estreia do CSNZ nos EUA, no festival Summer Stage, em Nova York, em 1995. No ano seguinte, ele assistiu a mais uma apresentação do grupo, dessa vez com a Mundo Livre S/A e a Banda de Pífanos, de Caruaru:

"A música brasileira tem um novo centro: Recife, em Pernambuco. No sábado à noite, Pernambuco veio para o Prospect Park Band Shell, num celebrado concerto no Brooklyn que foi parte do Festival de Música Brasileira. A programação tripla incluiu um grupo de forró tradicional, a Banda de Pífanos, e as duas principais bandas de rock do Recife: Chico Science & Nação Zumbi e Mundo Livre S/A. No Recife surgiu o manguebeat, espantoso movimento assim batizado pelas áreas de mangue, onde a fertilidade da lama abriga de tudo. Fiel ao sincretismo brasileiro, o manguebeat mescla local e internacional, velho e novo. Ritmos como o maracatu combinado com hard rock e hip-hop. O segundo álbum de Chico Science é intitulado *Afrociberdelia* (Chaos/Sony Music Brasil), e na música que abre seu repertório, ele se posiciona: 'Pernambuco debaixo dos pés e minha mente na imensidão'. A Nação Zumbi é banda de rock e de percussão. Consegue sua explosiva batida de três surdos, tambores feitos para tocar maracatu, mas que acompanham acordes poderosos. É rap, gritos e canto. Chico Science torna sua voz rouca ou gutural, comanda o palco, move-se com gestos do hip-hop, mexendo os cotovelos, empertigado, e move os pés em passos de danças tradicionais. A guitarra incendiária parece fundir trovões e raios."

Em relação às letras, ressaltadas por Maria Rita Kehl, um dos mais enfáticos exemplos de como Chico Science cantou seu universo particular é a impactante expressão "Chila, relê, domilindró", usada em "Cidadão do Mundo", no *Afrociberdelia* ("cidadão do mundo" era um epíteto conferido a Josué de Castro). No site Acervo Chico Science (https://acervochicoscience. com.br/), organizado por Louise França e Goretti França, respectivamente, filha e irmã de Chico Science, foi disponibilizada parte dos seus cadernos de anotações. Neles pode-se constatar o quanto o cotidiano foi inspiração para ele:

"Ah, quantas vezes fui do subúrbio à cidade em coletivos, com pausas no caminho para sugar e depois espirrar a população impregnada nos pontos. É, quantas vezes já fui do subúrbio à cidade. Olhando garotas, vitrines, discos e os gritos soltos das ruas em direção ao público. Artistas ambulantes, vendendo ou armando. Passava toda a tarde andando pela cidade. Isso, quando se está cansado de nada fazer ou não puder fazer nada pra valer, nada como ir à cidade, e olhar os patos, podes crer." (Anotação de 2 de fevereiro de 1991, assinada como Chico Vulgo.)

Era como se fosse ao Centro do Recife fazer pesquisa de campo. Fez muito isso com Jorge du Peixe.

Numa entrevista no programa *Ensaio*, dirigido por Fernando Faro, na TV Cultura, Chico cita essa influência das ruas na sua música:

"Trazemos muito essa coisa de rua, linguagem urbana, de bairro, essa vibração que tem nos subúrbios que se estendem pelos ombros dos desbravadores de novas eras. Essa linguagem de bairro, ônibus vai, ônibus vem, do subúrbio pro centro, do centro pro subúrbio, essa atomicidade do bairro, dos garotos."

CHICO SCIENCE

Acrescente-se a esse viés do observador do cotidiano, das pessoas, o fato de o Recife ser uma cidade extremamente musical. O que foi ratificado em novembro de 2021, quando a capital pernambucana passou a integrar a Rede de Cidades Criativas da Organização das Nações Unidas para a Educação, a Ciência e a Cultura (Unesco), que concedeu-lhe o título de Cidade da Música. É igualmente a terra dos mascates, vendedores ambulantes circulam pelas ruas oferecendo suas mercadorias empregando instrumentos, ou cantando algo assemelhado a um jingle, os famosos pregões do Recife, registrados por Naná Vasconcelos em disco, e pelo cantor e folclorista Gilvan Chaves (1919-1986).

O vendedor do cavaco chinês, uma espécie de biscoito, com um sabor que lembra casquinha de sorvete, por exemplo, chama atenção dos possíveis fregueses tocando um triângulo. Luiz Gonzaga contava que foi de um vendedor desses que tirou a ideia do tripé sanfona, zabumba e triângulo, o instrumental básico do forró. Há ambulantes que chamam a atenção dos eventuais fregueses cantando pregões, muitos deles usados na música popular. O "Chora menino pra comprar pitomba", que abre o frevo de bloco, embora mais aproximado da marcha-rancho "No Cordão da Saideira", de Edu Lobo (1967), é um pregão das ruas recifenses. Naná Vasconcelos, no álbum *Zumbi* (1983), toca uma faixa chamada "Pregões de Rua".

Nas letras que escreveu, Chico colocou muito do que testemunhava pelas ruas do Recife.

"É uma questão da atitude de sair para a rua, e abraçar, e ter um pouco de senso musical para trabalhar todos esses elementos aí. De qualquer região do país pode surgir uma coisa nova e legal, interessante para o mundo." (Comentário de Chico Science em 1996, quando divulgava o disco *Afrociberdelia*.)

Reiterado na citada entrevista ao programa *Toda Música*, no mesmo ano: "Embolada, barulho dos camelôs na rua, as falas, os sons urbanos de que a embolada faz parte, o coco, Jackson do Pandeiro tem muito isso. Nós procuramos essas coisas na nossa cidade para fazer as nossas canções. A atitude do povo, fazer uma releitura dessas coisas. Dá pra fazer muita coisa com essa cultura de rua, essa cultura urbana."

CRIANÇA DE DOMINGO

O álbum *Da Lama ao Caos* é salpicado de frases e sons aleatórios que Chico captava nas ruas, como imitar um garoto numa verdureira: "Dona Maria me dá um mói de coentro?" ("mói" é corruptela de "molho", uma certa quantidade de alguma coisa, no Nordeste), muita coisa que se imagina que seja sampleada é o próprio Science que faz com a boca, o que nos foi mostrado por Liminha, que tocou pra gente a fita master do álbum.

Numa visita ao estúdio Nas Nuvens, no Jardim Botânico, Rio, a fim de entrevistá-lo para o documentário *Caranguejo Elétrico* (de 2014, de José Miglioli), do qual fui corroteirista, o solícito Liminha tocou para a equipe a fita master de *Da Lama ao Caos*, faixa por faixa, destacando passagens saídas das ideias de Chico Science. Ele costumava chegar ao estúdio com um "mói" de LPs para samplear trechos de músicas ou instrumentos. Todos os seus amigos apontam a quase obsessão de Science por samples, alguns o definem como um sample humano. Com o fim da Orla Orbe, Chico Vulgo tocava na Loustal, e continuou com as experiências testadas no relativamente curto tempo de vida da Bom Tom Radio, de 1987 a 1989. Não demoraria, e Jorge du Peixe, mesmo sem tocar nada, foi incluído na Loustal por Chico, para reforçar os vocais, mas depois apresentaria outros dotes, incluindo o de compositor. Logo depois da criação da Loustal, Chico conheceu Fred 04 e os músicos da Mundo Livre S/A. A empatia foi imediata, e as bandas passaram a trocar figurinhas.

"Passamos a tocar juntos pelo Recife e Olinda, ou onde desse. Onde estava a Loustal também estava a Mundo Livre e vice-versa. As duas bandas juntas começaram a ficar cada vez mais conhecidas na cidade e a participar de eventos com maior público. Nesse instante estávamos todos na universidade, eu trabalhava na Emprel e o Chico também, só que em setores e funções diferentes", continua Vinícius Sette, que exercia a função de técnico de software e eletrônica de computadores na área de desenvolvimento.

Coincidiu de Chico Science conhecer Fred 04, quando a Mundo Livre S/A, depois de uma parada sabática, voltava repaginada, não mais fazendo punk rock. Além de 04 e os irmãos Fábio (baixo) e Tony (bateria), Helder Vasconcelos, o futuro DJ Dolores, manejava os tapes, enquanto

CHICO SCIENCE

HD Mabuse fazia o scratches. Foi com essa formação que o grupo voltou aos palcos, na boate Misty, em junho de 1989. Três meses antes, em 2 de março, anunciava-se para o local a citada primeira festa hip-hop do Recife. A boate, inicialmente reduto gay, passou a ser frequentada por um público GLS (na época não se usava ainda a nomenclatura LGBTQIA+). Somente o fato de Chico conhecer o pessoal do hip-hop explica a presença da Orla Orbe nessa festa na Misty.

Chico tinha como uma de suas marcas de caráter a generosidade. Isso é bem exemplificado quando os mangueboys participaram do programa de Serginho Groisman, ainda na TV Cultura, em 1993, na primeira mangue-tour. Numa época em que os tambores do Olodum estavam em evidência, o CSNZ despertava mais atenção do que Mundo Livre S/A. Quando Groisman entrevistou Chico, considerando-o o líder da trupe, este convidou Fred 04, que estava na plateia, com os demais integrantes da banda, a participar da entrevista. Quando a Chico Science & Nação Zumbi foi para São Paulo fazer o primeiro show já como contratado da Sony Music, levou com ele a Devotos (então ainda com o "Ódio" no nome) para abrir o show.

O produtor Geraldinho Magalhães, quando conheceu Chico Science e os demais mangueboys, trabalhava com Lenine, que era de outra geração, mas tornou-se famoso nacionalmente a partir de 1993, com o álbum *Olho de Peixe*, dividido com Marcos Suzano, e um dos hits na radiola de fichas da Soparia. Quando o CSNZ foi gravar o segundo álbum, o empresário Paulo André convenceu a Sony Music que sairia mais em conta alugar um apartamento que acomodasse todo o grupo do que hospedá-los num hotel. Foi alugado um apartamento em Santa Teresa, próximo da Lapa. Chico e Geraldinho tornaram-se amigos de se visitarem e conversarem com frequência por telefone.

"Eu era empresário de Lenine e Suzano, mas enviesado para a MPB, a Nação mais para o pop rock, hip-hop, mas a gente era muito amigo. Fiquei até assombrado por um tempo, para não atender telefone tarde da noite. Porque Chico me ligava, com uma voz meio carregada, e dizia: 'É Chico, porra'. Quando ele estava em Santa Teresa, costumava frequentar um bar, que não existe mais, perto da minha casa, na Zona Sul. Ele ficava por lá, era o último a sair. Queria pegar um táxi, às vezes não conseguia, ou por ser um caboclo, um pardo de ascendência negra, ou por ir pra Santa Tereza, então ele me ligava, eu convidava pra ele dormir na minha casa. Isso aconteceu umas três ou quatro vezes."

Quem também se derrama em elogios a Chico Science e tece loas a seus laivos de generosidade é Cannibal, do trio de hardcore Devotos, que começou com o nome de Devotos do Ódio, inspirado num livro de José Louzeiro. O grupo foi contemporâneo de Chico, surgiu em 1988, mas trilhava outras searas sonoras. Cannibal, Neilton e Celo moravam num dos morros da Zona Norte do Recife, o Alto Zé do Pinho, aliás, continuam morando lá, e a banda mantém a mesma formação original. Cannibal relembrou Chico Science e sua convivência com o mangueboy:

"Chico fazia as coisas tão naturalmente que a gente só vem notar que faz falta depois de muito tempo, e vê que não tem outro igual. Existem vários artistas no mesmo patamar de reconhecimento, mas senti que ele era um cara muito antenado e preocupado em apresentar o que tinha em Pernambuco, que não vejo os grandes artistas fazerem. Quando aconteceu isso com a Devotos, vi que ele era um cara muito diferenciado. A gente é uma banda dentro do punk, e de repente Chico fala com Paulo André pra convidar a Devotos pra abrir o show do *Afrociberdelia* em São Paulo. Para a gente foi muito foda. Uma banda punk, hardcore, ver o surgimento do movimento mangue, sentindo a positividade daquilo, por ser tão abrangente musicalmente falando, porém a gente não se enxergava algum dia estar ali dentro, a não ser que alguém convidasse. E foi o que ele fez. Outra vez ele veio no Alto Zé do Pinho para convidar a gente para ser apresentado num programa de TV, que ele estava ciceroneando, com Fred 04, um programa de Lorena Calábria. De repente ele está no Alto Zé do Pinho apresentando a Devotos, isso no meio de umas 30 bandas de manguebeat em cada esquina da cidade. Tem o lance da amizade, do tratamento, trabalhamos juntos na época com Paulo André, e a gente conversava no escritório, a gente via que a admiração não era por ser artista, por ter banda, era pela personalidade,

CHICO SCIENCE

um do outro, o jeito de ser, nesse lado é que vejo em Chico uma pessoa súper necessária. Se estivesse vivo hoje, musicalmente, culturalmente, Pernambuco estaria um passo à frente, como ele diz na música."

O trio Devotos, depois de sua integração ao manguebeat, com mais exposição na mídia, tornou-se agente transformador do Alto Zé do Pinho que, até então, só aparecia na imprensa nas páginas policiais e nos programas que davam destaque a crimes. O morro passou a ser ligado à música, não apenas pela Devotos, mas por vários outros grupos surgidos no caminho aberto pela banda. Chico Science foi um entusiasta e incentivador da Devotos. Cannibal conta que, pelo final de 1996, Chico disse que nunca tinha feito um show no morro e sugeriu fazer uma apresentação da Nação Zumbi com a Devotos numa parceria que teria o nome de Estamos Por Cima. Revelou também que estava pretendendo abrir um selo, e que a Devotos seria a primeira banda que gravaria. Não deu tempo.

Voltando ao início daquela década. A Loustal recebeu influências dos novos sons que Chico Science escutava com a turma que frequentava o apartamento de Helder Vasconcelos, o DJ Dolores, então trabalhando como desenhista, ilustrador e designer. Informações que acompanhariam Science pelos dois discos que gravou com a Nação Zumbi. Em um dos cadernos de anotações de Chico disponibilizados no site citado, há um setlist incompleto da Loustal, com "Taxman", dos Beatles, e "Purple Haze", de Jimi Hendrix. Mas Chico parecia ser particularmente fã do The Who, do álbum conceitual *The Who Sell Out* (1967), que tem as canções intercaladas por jingles, tanto de verdade quanto alguns criados por Pete Townshend. Curiosamente, Chico tem jingles marcando sua história. A primeira gravação profissional que fez foi um jingle para a campanha do petista Humberto Costa (composto por Otto). A última vez que entrou num estúdio foi para cantar um jingle composto por Zé da Flauta, para o governo do estado, encomendado pela agência Propeg. Aliás, o jingle do candidato petista acabou sendo um hit no bar A Soparia.

Jorge du Peixe trabalhava na Vasp quando escreveu a letra de "Maracatu de Tiro Certeiro". O texto saiu durante o expediente, em dia de pouco movimento no balcão da companhia:

CRIANÇA DE DOMINGO

"Escrevi no aeroporto. A gente estava no Bom Tom Radio quando mostrei a letra a ele. É baseada numa história do quadrinista argentino Fontanarossa, de uma história de um personagem dele, Boogie o Seboso (Boogie El Aceitoso, no original), um assassino de aluguel. Nesse momento, ele estava na janela dando tiro em todo mundo. Um judeu, um negro, era bem grotesco, bizarro. Há uma passagem no quadrinho em que uma menina fala 'Há fumaça nos seus olhos, Boogie'. Quando entreguei a letra para Chico o título era 'Maracatu de Tiro Certeiro com Fumaça nos Olhos'. Queria que soasse meio cordel. Quando ele recebeu, disse que a letra era do caralho, parecia João Cabral de Melo Neto, uma certa violência, uma secura na letra. Ele perguntou: 'Posso botar o título só Maracatu de Tiro Certeiro?' Tem uma parte na letra que diz que tem gente que é como barro, que a um toque se quebra. Na minha letra, era 'tem gente que é como plástico'. Foi só isso que ele mudou na letra. Lembro que entreguei pra Chico vindo direto do aeroporto. Estava com ele e Mabuse, fomos tomar uma cerveja num bar de Casa Caiada. A gente se encontrava sempre, e via a intenção de Chico de mexer com música. O Bom Tom Radio foi a gênese, na casa de Mabuse surgiu muita ideia", conta du Peixe.

"A Cidade" foi composta na casa de Mabuse, canção que foi incluída no repertório do Bom Tom Radio, da Loustal, de Chico Science & Lamento Negro, por fim ganharia uma roupagem definitiva gravada nas sessões do CSNZ, na gravação do álbum *Da Lama ao Caos*. "A Cidade" deve ter sido completada na casa de Mabuse; Chico revelou que tinha feito a letra num ônibus.

"Maracatu de Tiro Certeiro" ganharia o arranjo que foi sendo burilado até se tornar o que foi gravado no álbum *Da Lama ao Caos*, durante ensaios com o Lamento Negro, no Daruê Malungo, para os quais os integrantes da Loustal tinham um pé atrás, exatamente por não aprovarem a música baiana, que provocou um racha no carnaval do Recife.

"Lúcio não era muito adepto do que o Lamento Negro fazia. Era uma coisa de samba-reggae que, confesso, também não me agradava. Na verdade, Chico queria a percussão do grupo. Quando comecei a ir aos ensaios, o Lamento tocava samba-reggae ainda, mas Chico puxava alguns deles para o lado do soul, do funk e do hip-hop", relembra Vinícius Sette, o ex-batera

CHICO SCIENCE

da Orla Orbe e da Loustal, que sairia do grupo quando esse estava prestes a se tornar Chico Science & Nação Zumbi.

Ao contrário de Chico e Gilmar, que ocupavam funções subalternas na Emprel, Vinícius Sette era técnico em informática, ganhava bem mais, pois lidava com computadores e programações, e não pretendia deixar o emprego para se dedicar à música, que até então não via como algo que fosse além de uma curtição com amigos.

"Os ensaios e compromissos foram ficando cada vez maiores, tocávamos em todo canto, mas a grana era pouca. Na verdade, ganhamos menos que gastávamos. Eu precisava de tempo pra estudar, e não dava pra conciliar os horários de trabalho com os ensaios e gravações da banda. A pressão para que eu largasse tudo e me dedicasse exclusivamente ao grupo crescia por parte dos integrantes da Loustal e principalmente por parte de Chico, que não entendia minha posição. Era trocar o certo pelo duvidoso. Bem, foi isso que eles fizeram e eu não. Prestes a uma apresentação num pub na Rua da Hora, decidi sair da banda e evitar as pressões do Chico e os comentários do Fred sobre minha falta de compromisso e que eu já não me encaixava na Loustal. Para suprir o meu lugar, Chico chama Cici, amigo do pessoal de Candeias, para me substituir no show desse pub. O Cici faz a apresentação, mas não é aprovado pela banda. Eles passam um tempo à procura de outro baterista, até que o Chico, já Science, decide mexer na Loustal."

Vinícius optou pelo trabalho, que lhe garantia o contracheque no final do mês, enquanto a Loustal ainda tinha o futuro incerto:

"Chico começou as experimentações com o Lamento Negro. Um dia ele e Lúcio foram à empresa em que eu trabalhava e perguntaram se minha decisão era definitiva. Respondi que sim, que não voltaria, mas nossa relação não seria afetada. Infelizmente o Chico não entendeu, ficou sem falar comigo por algum tempo. Nesse ínterim, ele reuniu alguns integrantes do Lamento Negro, banda de Peixinhos onde tocavam Gilmar, Gira, Toca, Canhoto, entre outros com que a Loustal tinha feito projetos. Numa tentativa de alavancar as carreiras, Chico funde Loustal e Lamento Negro. Com algumas exceções, eles largam tudo – universidade, trabalho, e vão para São

CRIANÇA DE DOMINGO

Paulo com a Mundo Livre de ônibus por não terem grana para levar todos e os equipamentos de avião. Passaram perrengue danado, mas foram recompensados ganhando visibilidade aos olhos de produtoras e gravadoras como Warner e a Sony Music", relembra Vinícius Sette, que há alguns anos mora no Porto, Portugal, onde continua a trabalhar com computadores.

No entanto, ele confessa que se arrependeu de ter saído da banda, quando começou toda a badalação em torno de CSNZ:

"Sou um cara sincero, fiquei com uma baita dor de cotovelo, mas apoiei até o fim, e sempre mantive o contato com a galera."

Por acaso, ele voltou a tocar com os ex-companheiros da Loustal, numa jam no bar de Roger de Renor, no Pina:

"Toquei na Soparia, com outra banda que formei após sair da Loustal, a Cabeças de Fósforo. Uma noite fizemos uma big Jam com Chico, Lúcio Maia e Dengue."

A convicção de Chico Science de que venceria com a sua música contagiou os companheiros de banda, sobretudo da Loustal. Contra a vontade do pai, Science primeiro pediu licença, mais tarde demissão, da Emprel. Lúcio Maia e Dengue, que tinham uma rota traçada, ou seja, de concluir seus cursos universitários e tocarem a vida munidos com os diplomas, também embarcaram no projeto de Chico. Gilmar Bola 8 seguiu os passos do malungo-mor e também saiu da Emprel. Os demais percussionistas do Lamento Negro que se agregaram ao que seria definido como Nação Zumbi, em 1993, não tinham muito a perder ao se dedicarem à música. Canhoto, que tocaria caixa na Nação Zumbi, por exemplo, trabalhou com a mãe recuperando sofás, depois, ainda adolescente, num curtume. Jorge du Peixe permaneceu pouco tempo à frente da Loustal, foi convidado por Science para tocar alfaia na Nação Zumbi.

"A Loustal fazia poucos shows, pois a NZ tomava muito tempo", resume.

Não tinha mesmo outra opção, porque os demais integrantes do grupo passaram a tocar com Chico Science e os percussionistas do Lamento Negro.

LAMENTO NEGRO

Chico Science tentou inserir suas viagens musicais e poéticas na Orla Orbe, mas não passavam de um embrião, que o grupo não conseguiu desenvolver. Continuou experimentando com o Bom Tom Radio e com a Loustal, mas ainda faltava algo para chegar ao big bang, ao elemento que deflagraria definitivamente a revolução que fermentava na cabeça. Na trinca de bandas anteriores, Chico foi desenvolvendo o que seria definido com a Nação Zumbi. Com elementos de suas várias fases, remontando ao tempo em que ainda era o Chiquinho de dona Rita, ou o Chico Tripa, nas brincadeiras da garotada da Rua do Girassol.

O big bang do manguebeat foram duas mãos batucando num birô. O que começou a acontecer em 1988, quando Gilmar Correa, o Chibata, ou Bola 8, como era conhecido em Peixinhos, periferia de Olinda, descolou um emprego de auxiliar de serviços gerais, ou contínuo, como se chamava então, numa firma que prestava serviço à Emprel, empresa de processamento de dados da prefeitura do Recife, onde coincidentemente também trabalhava o baterista Vinícius Sette. Quando o mandavam para alguma tarefa em que precisasse se deslocar de ônibus, ele ia à sala onde se entregavam os vales-transporte e tickets alimentação. O encarregado pela distribuição era um rapaz magrinho, falante, simpático, inquieto, Francisco França, ou Chico, como o chamavam os colegas de trabalho. Quase sempre que ia pegar vales, Gilmar chegava na sala e Chico estava batucando no birô.

CRIANÇA DE DOMINGO

"Um dia ele perguntou se eu gostava de música. Disse que sim. Perguntei o que ele escutava quando eu cheguei. Ele disse que era James Brown. Eu disse que conhecia. E contei que tinha uma banda de samba-reggae. Ele se espantou, samba-reggae? 'Sim, tu nunca viu o pessoal tocando lá no Alto da Sé?' Ele perguntou o nome, eu disse que era Lamento Negro, ele gostou. Falei que a gente ensaiava no Chão de Estrelas, que ele nem tinha ideia onde ficava. Me disse que o nome da banda dele era Loustal, que eu nem sabia ser um cartunista, achei um nome doido", rememora Gilmar Bola 8.

Naquele distante final da década de 80, a figura de Zumbi dos Palmares voltou à baila. Foi tema do "Kizomba Festa da Raça", samba de enredo da Vila Isabel, que levou o título do primeiro grupo naquele carnaval. Nesse mesmo ano foi criada a Fundação Cultural Palmares, com sede em Brasília. O 13 de maio foi questionado como data a ser festejada pelo fim do regime escravocrata no país, e foi instituído o Dia da Consciência Negra na mesma data do nascimento de Zumbi dos Palmares, 20 de novembro. A maioria surgidos ao longo dos anos 70, os blocos afro-baianos ganharam força na década de 80, tornaram-se importantes para o carnaval de Salvador, sobretudo o Grupo Cultural Olodum, que começou em 1979, como uma escola de tambores, e dez anos depois seria reconhecido internacionalmente, gravando com Paul Simon e Michael Jackson. Seu maior trunfo foi o samba-reggae, engenhosa levada híbrida do ritmo brasileiro com o jamaicano, cuja invenção é atribuída a Neguinho do Samba e Mestre Jackson. O samba-reggae passou a ser a grande novidade da música brasileira de raízes afro e foi adotado por um grupo de jovens de Peixinhos, também impactado com um ritmo até comum em Olinda, o afoxé, mais precisamente o grupo Alafin Oyó, no Varadouro, largo na entrada da cidade, próximo ao Mercado da Ribeira.

O grupo era ligado ao candomblé, mas praticava o ecumenismo e aceitava integrantes até sem religião. Claro que os garotos de Peixinhos já tinham visto grupos de afoxé, que desfilavam no Carnaval, mas não lhes deram especial atenção em meio a tantas orquestras de frevo, troças, blocos, batucadas que infestam a cidade nesse período. Ressaltando-se que a rica diversidade

CHICO SCIENCE

da cultura popular do carnaval do Recife e Olinda era pouco conhecida fora dos seus nichos na década de 80, inclusive o maracatu de baque virado, ou maracatu nação, talvez a mais antiga e mais africana entre as manifestações musicais negras brasileiras. O maracatu Estrela Brilhante de Igarassu era provavelmente de 1824, mas se tem conhecimento da prática do baque virado naquela região desde meados do século 18. O maracatu Leão Coroado tem registro de nascimento confirmado: é 1863. Mas nesse caso antiguidade não era posto. As nações de maracatu recebiam pouca atenção, mesmo nos préstitos carnavalescos. A exceção acontecia na segunda-feira de carnaval, quando era realizada a Noite dos Tambores Silenciosos, com nações de maracatu se reunindo diante da Igreja da Nossa Senhora do Terço, no Pátio do Terço, no São José, um dos bairros mais antigos do Recife. Reverenciam--se os ancestrais africanos trazidos para o Brasil como cativos. A cerimônia acontecia à meia-noite e era assistida por milhares de pessoas.

Coincidentemente, quando os rapazes de Peixinhos formavam o Lamento Negro, que incorporou os tambores do Olodum aos demais instrumentos de percussão, dois integrantes do Balé Popular do Recife (de inspiração armorial), Bernardino José e Amélia Veloso, formavam o Maracatu Nação Pernambuco, um grupo criado para exibições, montando espetáculos baseados na cultura popular pernambucana, enfatizando o maracatu nação, ou do baque virado, como tema. Recebendo ampla cobertura da imprensa, exatamente porque era algo novo na música local, já que o maracatu nação atuava em suas comunidades, vindo às ruas do Recife somente no carnaval, mesmo assim preso à passarela, na Avenida Dantas Barreto, com outras agremiações seguindo um roteiro determinado pela prefeitura. O MNP passou a fazer animadas apresentações aos domingos no Mercado Eufrásio Barbosa, no Varadouro, em Olinda. Essas domingueiras foram atraindo cada vez mais gente, em grande parte de jovens que até então não comungavam de afinidades com as manifestações da cultura popular, e indiretamente levando-os a se interessar pelos maracatus nação, a maioria dos quais têm sede na capital pernambucana. Ao contrário do maracatu rural, o de baque solto atuava na Zona da Mata do estado.

CRIANÇA DE DOMINGO

O que pouca gente fora de Peixinhos sabe é que o Lamento Negro, conforme conta Maia, um de seus fundadores, teve muito a ver com o Nação Pernambuco. O LN é sempre rotulado como um grupo de samba-reggae, mas esse foi apenas um dos ritmos afro que incorporou aos que tocava, até criar seu próprio batuque:

"A gente cantava a música do break, música do Alafin, o samba de Angola. Aí depois a gente começa a ouvir os bombos da música afro-baiana, do Ilê Ayê, Olodum, Muzenza, Araketu, aí já introduzimos os bombos em nossa batida. Aí a gente já tinha três ritmos. Depois começa a tocar maracatu, os baques de maracatu, o baque de Luanda e o baque de Martelo. E aí o Lamento Negro participou da fundação do Maracatu Nação Pernambuco. O maracatu de Bernardino foi construído pensado no balé afro, como não tinha batuqueiro, quem foi tocar foi o Lamento Negro, tocamos o baque de maracatu com Bernardino cantando. Isso foi na sede Vassourinhas. O Lamento Negro começou a botar mais ritmos pretos dentro da batida. Como a gente ia no xangô, pegamos de lá o coco de roda."

Nas matérias sobre Chico Science & Nação Zumbi geralmente a batida do grupo é rotulada de maracatu, um ritmo até mesmo nos tempos atuais muito pouco conhecido fora de Pernambuco, embora alfaias, denominação dos seus tambores, estejam espalhadas mundo afora. Num dos melhores livro sobre o gênero, *Maracatus do Recife*, do maestro César Guerra-Peixe, é dedicado um capítulo ao toque, ou baque, do maracatu nação:

"Nos maracatus antigos apenas dois toques são executados, o virado ou dobrado e o de Luanda. No primeiro admitem-se variações rítmicas, que servem para animar a música por alguns instantes, enquanto o entusiasmo é transmitido às dançadoras (...). No segundo toque as variações são recusadas, pois é sagrado e toda sua simplicidade deve permanecer respeitada."

Na enxurrada de matérias publicadas por todo o país sobre o movimento mangue, em geral, e o Chico Science & Nação Zumbi em particular, poucas citam o Lamento Negro, sem o qual provavelmente não tivesse existido a banda, cuja originalidade sonora estava no casamento de tambores com instrumentos elétricos. Os jovens de Peixinhos que o formaram, em

CHICO SCIENCE

1987, curtiam a mesma música black americana que atou a amizade entre Chico Science e Jorge du Peixe, conta Maia, numa entrevista para este livro.

"Antes do Lamento Negro a gente tinha uma equipe de som, a Dinamite. A gente ouvia música preta americana, James Brown, Afrika Bambaataa, Gerson King Combo, aí a turma começou a andar feito os caras, de cabelos black, roupa preta, e a ir pros bailes dançar break, em Rio Doce, no clube 10 de Novembro, do Totó, em vários locais. Certo dia, Nequinho, que era um dos nossos, que dançava black, foi pro Alafin Oyó (grupo de afoxé, com sede no Carmo, em Olinda), quando voltou, disse que viu uma jogada preta diferente da nossa. Fomos lá pra ver. Quando chegamos no Alafin ficamos encantados com os batuques e começamos a dançar break lá dentro, porque a gente não sabia o que era afoxé. A gente volta pra Peixinhos, já com o pensamento de formar um afoxé dentro do bairro, e funda o Lamento Negro. Como não tinha instrumento, o Daruê Malungo entrou nessa história, com Chau (ou Meia-Noite) nos emprestando os instrumentos. A gente trazia pra Peixinhos e depois voltava pro Daruê para entregar os instrumentos."

Teriam eles esbarrado com Chico ou Jorge du Peixe, nas quebradas onde havia disputas de break dance?

"Então, cara, a gente ia pra Rio Doce, ali eu acho que Chico já estava, mas como a gente não se conhecia, era como uma disputa de break, a gente não se ligava muito nos nomes, e poderia ser que a gente encontrasse Chico em algum momento desses", aventa Maia uma provável possibilidade dos caminhos dos dois mangueboys e dos batuqueiros do Lamento Negro terem participado das mesmas paradas de hip-hop, afinal, mesmo que fossem muitos na Região Metropolitana, eles participavam com frequência de duelos entre si.

Maia lembra que o primeiro grupo afro naqueles moldes não foi o Lamento Negro:

"Antes havia os Irmãos de África, que tocava samba-reggae diferente da gente, começava a desenvolver a batida do Lamento Negro. Naquela época em Olinda e no Recife viram uma febre dos blocos afro, tinha em Água Fria, Casa Amarela, na Linha do Tiro, todo mundo tocando a música dos

CRIANÇA DE DOMINGO

blocos afro da Bahia, por quê? Porque era música de protesto, para levantar a estima do povo negro. As escolas de samba do Rio vinham com outros temas. Os blocos afro da Bahia vinham falando que o negro era bonito."

O bairro de Peixinhos, em Olinda, surgido na década de 40, teve população majoritariamente formada por pessoas vindas do interior do estado, que traziam com elas a cultura de suas regiões. Assim, tornava-se praticamente impossível se viver em Pernambuco sem ter contato com as muitas manifestações de sua riquíssima cultura popular. É curioso como os jovens que formaram o Lamento Negro conheciam muito pouco da cultura popular pernambucana.

A admiração pelo Olodum nas comunidades periféricas brasileiras, e até mesmo em parte da classe média, devia-se certamente à relativa popularidade de astros da world music naquele final da década de 80, como o grupo sul-africano Ladysmith Black Mambazo, o senegalês Youssou n'Dour ou o malinês Salif Keita. A gravadora RCA passou a lançar no Brasil o catálogo da Celulloid, com muitos nomes da música africana e caribenha, uma delas o Kassav, banda de zouk, formada em Guadalupe, no Caribe, que passou pelo Recife, com show no Circo Voador. Com a movimentação de ativistas negros, houve uma maior conscientização de raça, porque os garotos pretos da periferia não se sentiam representados pelo rock nacional dos anos 80, predominantemente branco e de classe média abastada. Quando os blocos afro-baianos surgiram exaltando a negritude, criando sua própria mitologia e ideologia, arrebanharam um séquito de fãs na capital pernambucana e cidades da região metropolitana, conforme atesta Maia.

Os batuqueiros do Lamento Negro que tocavam com o Maracatu Nação Pernambuco talvez já tivessem notado a presença de Chico Science no Mercado Eufrásio Barbosa, do qual o futuro mangueboy foi assíduo frequentador das badaladas domingueiras que ali aconteciam. Numa dessas vezes, durante uma apresentação do Olodum, Science estava com Gilmar Bola 8 quando vislumbrou um gringo. Constatou, surpreso, que se tratava do roqueiro australiano Nick Cave, naquela época casado com uma brasileira e morando em São Paulo. Chico estava com uma cópia da fita demo

109

CHICO SCIENCE

gravada, com a finalidade de fazer um disco independente, com a Loustal, Mundo Livre S/A e os batuqueiros do Lamento Negro, e a presenteou ao roqueiro. Cave era cultuado pelos mangueboys, que formavam o núcleo do manguebit. Discos seus tinham recebido edições brasileiras, com selo da Stilleto. Paulo André Pires, empresário do CSNZ, conta que quando Chico mostrou o gringo a Gilmar, dizendo que era Nick Cave, o amigo deu de ombros: "E eu sei lá quem porra é Nick Cave?". O roqueiro recebeu a fita mas não deu muita atenção a Chico e Gilmar. Poucos anos depois, quem diria, o nome da Chico Science & Nação Zumbi e o de Nick Cave figurariam no cartaz com o line up do Forest Glade, um grande festival de rock na Áustria.

"A gente passou a ir muito no Alafin Oyó, o afoxé lá em Olinda. Os meninos tinham um som na associação chamado Estúdio 5, eram Cidinho, Martiniano, Maureliano. O pai de Maureliano trabalhava com madeira, fazia as caixas de som. Havia a Associação de Moradores da Vila da Cohab. A gente se reunia ali em frente e escutava muito a discoteca dos anos 80, black music. Então chegou uma hora em que descobrimos o afoxé. Na mesma época, Maureliano conheceu o Daruê Malungo, conheceu Gilson, o Meia-Noite, quando começamos a frequentar o Alafin Oyó. Nos intervalos da música ao vivo do afoxé, eles tocavam samba-reggae, o primeiro disco do Olodum. A gente ficava escutando e viajando, como é que era feito aquilo?", conta Gilmar Bola 8, um dos criadores do Lamento Negro.

Os integrantes da Loustal sabiam da cultura popular apenas o que viam ocasionalmente, quase sempre durante o carnaval. Da Zona da Mata apenas os maracatus rurais desfilavam no Recife. Mesmo assim, durante muitos anos foram discriminados, chegaram a ser vetadas no desfile das agremiações. Em 1976, por exemplo, foram excluídos do desfile que acontecia numa passarela na Avenida Dantas Barreto no Centro do Recife. Os mestres protestaram e garantiram que sairiam às ruas da capital se quisessem ou não os organizadores do carnaval. Acabaram sendo aceitos, porém como maracatus de segunda categoria, e sem direito à premiação. Enfim, em Pernambuco há dezenas de manifestações musicais tradicionais,

CRIANÇA DE DOMINGO

autos, como o cavalo-marinho, pantomimas feito os fesceninos pastoris profanos, criados pelo povo, nas várias regiões do estado, diversas variações do coco. Pode-se até ficar indiferente a elas, mas impossível não saber de sua existência, e o pouco que delas se vê permanece.

Chico Science, cuja família tinha origem no interior, em Surubim, no agreste, conhecia uma dessas variantes do coco, a dança da bolinha, citada por Goretti França num depoimento para a Ocupação Chico Science, projeto do Itaú Cultural, de 2010, uma imersão na vida e obra do mangueboy. A dança da bolinha, pouco conhecida fora daquela região, surgiu em Vertentes do Lério (a 25 km de Surubim), e rastreiam seu início em 1930, criada por uma senhora chamada Brígida, também Briza, no sítio Alto Vermelho, na área rural da cidade. Uma longa estiagem levou a família de dona Briza para Vertentes. Nas datas dedicadas aos santos juninos continuou-se a festejá-los com a dança da bolinha, que se tornou uma tradição oficial da cidade. Chico Science, a irmã e os irmãos participaram do folguedo, pois passavam férias em Surubim, cidade próxima.

Numa dessas conversas ocasionais que tive com Chico Science, sugeri que incluísse no repertório de palco algo do Velho Faceta, um "véio" de pastoril, mais precisamente uma música chamada "Nabo Seco". O Faceta liderava um pastoril profano, que consistia de um grupo simples, de sanfona, ganzá, um zabumba, ou pandeiro, as pastoras, moças, não raro, menores de idade. Ao contrário do puro e inocente pastoril natalino de origem portuguesa, o profano é o antecessor do forró de duplo sentido. Subversivo, herege. Enquanto o pastoril religioso é formado por crianças, que se dividem nos cordões azul e vermelho (ou encarnado, como se diz no Nordeste), o profano tem um "véio", de rosto pintado, boca suja, e pastoras libidinosas. Suas canções trilham o caminho da safadeza, com muito humor, sem autocensura. Está praticamente extinto, vitimado pelo politicamente correto. Quando o Velho Faceta foi descoberto e gravou pela Band, Chico estava na pré-adolescência, deve ter escutado no rádio, ou seus irmãos poderiam ter o LP.

Science não incluiu o Velho Faceta no setlist do CSNZ, mas é do Faceta a vinheta que abre "A Cidade", na gravação para o álbum *Da Lama*

111

CHICO SCIENCE

ao Caos, embora tenha cantado para Nabo Seco, num programa de TV. No clipe de "A Cidade", o ator e músico Walmir Chagas faz o papel de "véio" do pastoril, o que aliás é um dos personagens com os quais trabalha desde os anos 90. O Véio Mangaba e Suas Pastoras Endiabradas, que surgiu na era manguebeat e chegou a gravar disco pelo selo Geleia Geral, de Gilberto Gil. O pastoril profano, desconhecido fora de Pernambuco, com o "véio" ou "bedegueba" comandando o brinquedo, auxiliado por um grupo de sanfona e percussão tosca, e um coro de pastoras dançarinas, geralmente arrebanhadas de prostíbulos das periferias.

Voltando ao Lamento Negro. Um personagem emblemático da transição de Chico Science para amálgama de sons que reprocessava em suas divagações criativas é Canhoto, da turma de Peixinhos, integrante da formação do CSNZ que gravou o *Da Lama ao Caos*. Ele sairia da banda depois da primeira turnê aos EUA e Europa. Canhoto, como quase todos os percussionistas do Lamento Negro, de famílias pobres, consideravam-se sortudos se conseguissem um emprego com carteira assinada, recebendo o salário mínimo. De repente sua vida virou de ponta cabeça, graças à música e a Chico Science, a quem não economiza elogios.

Canhoto conta que foi apresentado ao samba-reggae em 1989, no início da adolescência, e não foi pelo Lamento Negro:

"Em 1989, ainda não conhecia aquela música, até que minha irmã me levou para o Alto da Sé, em Olinda, e foi lá que tive o primeiro contato com tambores, era um grupo de samba-reggae que se chamava Axé da Lua, que depois virou maracatu. No outro dia fui na casa do Toca Ogan, que morava uma rua atrás da minha, e pedi pra ele me levar no Daruê, ele já era do bloco afro Lamento Negro. Quando fui, Chico Science estava lá."

Assim como aconteceu no Bronx, quando surgiram as festas com aparelhagem, que resultaram no movimento hip-hop, tendo como objetivo proporcionar diversão à juventude carente, periférica, a fim de evitar que caísse nas malhas do crime, do tráfico e afins, a intenção de Gilmar Bola 8, Maureliano, ou Mau, e sua turma era levar diversão às ruas de Peixinhos. Só não tinham ideia de como resolver a equação. Quem os ajudou a resolver

CRIANÇA DE DOMINGO

o problema foi o grupo do qual eram admiradores, o próprio Olodum, que assistiriam ao vivo, conta Bola 8:

"Quem trouxe o Olodum a Olinda foi uma moça chamada Telma Chase, esposa de um cara chamado Zumbi Bahia. Ela é de São Luís, e Zumbi é baiano. Quando ele se separou dela foi pra São Luís, e ela para Salvador, é quem toma conta daqueles palcos do Pelourinho. Os dois faziam o balé de Arte Negra, pra o CSU (Centro Social Urbano) da Campina do Barreto, e o Olodum veio lançar aqui o primeiro disco. Vimos que os músicos usavam tambores de samba, surdo, caixa e repique. Coisa que a gente poderia fazer. Pouco antes realizamos uma manhã de sol na Associação dos Moradores de Peixinhos, num domingo de carnaval, todo mundo dançou muito. O pessoal passou a cobrar pra ter mais. Então combinamos que a gente poderia fundar uma banda parecida com o Olodum."

Por essa época, os rapazes de Peixinhos formaram um bloco de afoxé para sair no carnaval e outras festividades afins. Mas o afoxé, mesmo com a abertura do Alafin Oyó para outros credos, era intrinsecamente ligado aos orixás das religiões afro-brasileiras. Diziam que o grupo precisava fazer um trabalho espiritual para ter um orixá. Uns pais de santo iam aos ensaios. E havia muita discussão, porque boa parte do pessoal era cristã. Aí, realmente a influência do Olodum foi fundamental. Os batuqueiros de Peixinhos, quando viram o grupo baiano ao vivo, deixaram de ser um bloco de afoxé e criaram o Lamento Negro, nome sugerido por Maureliano, que se inspirou nos Wailers, grupo de Bob Marley, Peter Tosh e Bunny Livingstone. Wailers, ou "lamentadores" em português. Batizaram-no de Grupo Afro Lamento Negro. O "negro" no nome tinha mais a ver com a cor da pele da maioria dos componentes do que ativismo político, poucos tinham conhecimento dos movimentos de luta pela igualdade racial. Não exatamente por alienação, mas porque na classe socioeconômica a que pertenciam começavam a trabalhar cedo para ajudar no sustento da casa. A maioria abandonava a escola, pela impossibilidade de conciliar os estudos com o trabalho.

A expressão "lamento negro" era recorrente no Recife e em Olinda. Talvez fosse desconhecida pelos que criaram o grupo de Peixinhos, bair-

113

CHICO SCIENCE

ro distante da área histórica da cidade, onde acontece a grande maioria dos eventos culturais olindenses. O jornalista Paulo Viana foi o principal idealizador da Noite dos Tambores Silenciosos, cerimônia que reverencia a ancestralidade e os mortos africanos trazidos à força de sua terra natal. A edição inaugural da Noite dos Tambores Silenciosos aconteceu no carnaval de 1961, com grupos de maracatu reunindo-se à meia-noite em ponto no Pátio do Terço, diante da Igreja de Nossa Senhora do Terço, no bairro de São José, área central do Recife. Na cerimônia, até os tempos atuais, é lido um poema de Viana intitulado "Lamento Negro". Muito antes, em 1937, o compositor Luiz Luna concorreu a um concurso de música carnavalesca com um maracatu canção, então em voga, chamado "Iemanjá (Lamento Negro)". Em 1981, em Olinda, a expressão Lamento Negro voltou, com uma festa nostálgica, No Tempo das Sinhazinhas, com várias encenações, uma delas chamada de Lamento Negro.

Na segunda metade da década de 80, intensificou-se a militância pela igualdade racial no Recife e em Olinda, com o surgimento de diversas entidades em torno dessa luta. Lamento Negro tornou-se recorrente. Em 1982, o grupo de teatro Equipe apresentou um auto dramático inspirado na Noite dos Tambores Silenciosos, e o apresentou no Centro Folclórico de Olinda. No mesmo ano aconteceu, no bairro do Bonsucesso, um festival intitulado Lamento Negro, com participação de várias nações de Maracatu. Em 1989, foi instituída uma Noite dos Tambores Silenciosos olindense, a primeira delas acontecida no dia 13 de maio daquele ano no Alto da Sé.

"Quando foi um dia, disse a Chico que ia ensaiar no sábado e o convidei para ir ao Daruê. Ele topou. Fui encontrá-lo no terminal de ônibus de Chão de Estrelas. Ele passou o dia com a gente, viu o balé, a capoeira, e o ensaio da Lamento Negro. Aí disse que queria participar. Pegou o microfone e cantou 'Maracatu do Tiro Certeiro'. Quando ele cantou isso a gente não tocou como maracatu, fizemos no ritmo de samba-reggae. No começo vinha apenas Chico, uns tempos, teve um dia em que se reuniram no Daruê Malungo, a Loustal, Lamento Negro e a Mundo Livre, foi a primeira vez que nos juntamos, foi filmado, tava um bocado de gente lá nesse dia."

CRIANÇA DE DOMINGO

Renato L. conta que registrou esse encontro, mas que as imagens saíram tremidas, péssimas.

"No outro sábado, Chico estava lá, de novo. Pedia pra tocar um maracatu, tocar uma ciranda. Já tinha algumas músicas, como 'A Cidade', 'Da Lama ao Caos', que foi feita depois de uma conversa com você (refere-se ao autor deste livro), que falou a ele sobre Josué de Castro. Chico me disse que depois da conversa, foi na Biblioteca Pública do Estado, deu uma lida num livro de Josué, e na volta pra casa foi escrevendo a letra no ônibus. Na época o Lamento Negro tinha Joab, que era o melhor escritor do grupo. Chico pegou uma frase de uma música de Joab, chamada 'Aos Organizados Desorganizadores', que falava 'Somos lamento negro/guerrilheiros, já vencedores'. Acho que Chico se inspirou no nome da música de Joab, pros versos 'Eu me organizando posso desorganizar/eu desorganizando posso me organizar' (de 'Da Lama ao Caos'). Mas Chico só ia tocar com o Lamento se a gente convidasse. Fomos uma vez num show no clube Estrela em Camaragibe, ele foi com o grupo, todo mundo na carroceria do caminhão, naquele tempo podia. Fomos nesse clube, Chico cantou lá. Também fez com a gente um projeto chamado Samba Axé, no Clube Atlântico, em Olinda. Quem iria tocar lá seria o bloco afro Muzenza, de Salvador, que não veio, e quem se aproximava mais do som daquela banda era o Lamento Negro, Chau foi buscar os instrumentos, e nós fomos tocar no Atlântico."

"No carnaval, o Lamento Negro saía com umas 60 pessoas, nos shows eram uns dez. Chau participava; às vezes, cantava. Chico foi se enturmando com a gente. De vez em quando dizia, 'sábado vai ter um show da Loustal, pega uns quatro caras do Lamento e vai por lá'", conta Gilmar.

Maia, atual presidente do Lamento Negro, na sua versão da entrada de Chico no Lamento Negro, afasta a ideia corrente de que ele logo se tornou líder do grupo, incorporando sua música ao repertório dos músicos de Peixinhos. Segundo Mau, aconteceu o contrário, Science foi aceito como mais um vocalista da Lamento Negro:

"Foi aí que Chibata (outro apelido de Bola 8, Gilmar) trouxe Chico Science para dentro do Lamento Negro. Chico começou a ouvir nossas

CHICO SCIENCE

batucadas, a gente tocava música afro, mas não só a da Bahia, o maracatu é afro, o afoxé é afro, coco de roda é afro. Chico entrou pro Lamento Negro como cantor. Tinha outros cantores, Joab, João e Pácua. Joab tinha uma música, 'Aos Organizados Desorganizadores', Chico pegou essa música e fez o mote 'Posso sair daqui pra me organizar/ Posso sair daqui pra me organizar'. E Chico passou a ir com o Lamento Negro pros shows, em Camaragibe, Casa Amarela, para o Atlântico. Ele entrar no Lamento Negro foi uma troca muito boa. Quando Chico nos levava para um lugar dele, a gente tocava com Chico, quando era para um canto que a gente ia tocar era Chico que cantava com o Lamento Negro. Como era muita gente tocando no carnaval, tem reisado, uma corte africana, as mães de santo, o Lamento é um bloco africano, não dava pra levar o grupo completo. Mas a gente queria que todos fossem contemplados. A gente dividia os integrantes porque ia de ônibus público. Quando ia para um canto ia uma turma, pra outro canto, outra turma. Mas teve um momento em que eu, Gilmar, Toca, Junior Mamede, Pácua, a gente tocava com mais frequência, estava lá direto."

Essas participações de percussionistas nos shows se tornaram um tubo de ensaio que foi sendo moldado por Chico Science.

"Eu fazia essas experiências junto com o Gilmar, que é do tambor, e a gente chegou para ensaiar e para descobrir coisas novas com o maracatu. Eu batizei essa coisa de resgatar os ritmos regionais e ligar isso à música pop mundial. Pegar esses elementos e botar com a guitarra, o baixo, e usar o sampler, usar tecnologia", sintetizou Science, numa entrevista de 1996.

Por conta do grupo Lamento Negro ter assumidamente se inspirado em blocos afro-baianos, em 1997, pouco antes da morte de Chico Science, uma declaração de Carlinhos Brown provocou indignação entre os músicos do manguebeat. O motivo foi um comentário seu, sobre a influência dos blocos afro na música do manguebeat. Segundo o jornal *O Globo*, uma coroa de flores enviada pelo percussionista baiano para o velório de Science foi destruída por conta disso. Brown voltaria a repeti-lo em 1998, em entrevista ao *Estadão*:

"O movimento percussivo iniciado por mim na Bahia influenciou todos os músicos que surgiram nesses últimos anos, o manguebeat de Chico

CRIANÇA DE DOMINGO

Science, por exemplo, é todo elaborado em cima da batida dos blocos afro de Salvador."

É inegável o interesse que a então nova música baiana despertou país afora. Os blocos afro influenciaram, sem dúvida, como já foi apontado lá atrás, o surgimento de agremiações semelhantes no Recife e em Olinda. Mas o trabalho de Chico Science com o Lamento Negro, depois com a Nação Zumbi, se tem algum resquício da música baiana, é a dos blocos afro soteropolitanos, Ilê Aiê, Muzenza ou mesmo do Olodum. O Lamento Negro empregava alfaias, os tambores do maracatu, e as levadas percussivas tinham a influência do maracatu de baque virado, embora não o mesmo toque, a batida estava mais para o funk americano, e Chico introduziu o rap no coco e na embolada. Maia ressalta que a primeira batida original do Lamento Negro foi criada por Maureliano, ou Mau, o que é confirmado por Pácua, outro dos batuqueiros do Lamento Negro desde os primórdios.

"Eu toquei com Chico até ele fazer o CD (refere-se à gravação que seria para o citado disco independente que nunca foi lançado). Eu e Maia, que é o atual mestre e presidente do Lamento Negro, pedimos para sair. Era para fazer o Lamento Negro pop, e depois o Via Sat, e Maia com o Lamento Negro e o Coração Tribal. Mas estávamos nessa construção do ritmo e na concepção do que seria a Nação Zumbi, para o qual quem fez a primeira batida e deu um norte foi mestre Maureliano."

O "toque" do CSNZ, na maioria das vezes, tem apenas células de maracatu, não é maracatu. Na primeira vez em que vi Chico Science & Nação Zumbi, numa noite em que teve também a Mundo Livre S/A, no histórico bar A Soparia, no Pina, o músico Zé da Flauta (também produtor, que tocou com o Quinteto Violado e na banda de Alceu Valença) estava ao meu lado e comentou: "Isso aí nunca foi maracatu". Realmente, não se tratava de maracatu. Zé da Flauta imaginou que o grupo tocasse maracatu porque era o que se lia na imprensa. Os jornalistas até aí conheciam muito pouco, ou nada, das manifestações da cultura popular pernambucana, e por empregar os tambores entenderam que o CSNZ tocava maracatu.

CHICO SCIENCE

O toque básico do grupo, empregado, por exemplo, em "A Cidade", era um blend de batidas criado por Maureliano, o Mau, um dos fundadores do Lamento Negro. Ele me esclareceu como o fez, numa conversa que tivemos no Pátio de São Pedro, num dia em que aconteceria mais uma edição da já tradicional Terça Negra, nessa noite dedicada à música de origem afro, com uma homenagem aos 30 anos do manguebeat, porém com os músicos pretos que contribuíram para a formatação do movimento. Mau, batucando na mesa, mostrou as diversas células que fundiu para chegar àquele toque:

"Chico cantava as músicas dele como samba-reggae. Senti que não se encaixava no ritmo dele, que estava mais pro soul, pro jazz. O que foi que eu fiz? Peguei a batida do soul, uma célula do maracatu, também o metal do soul, tudo como se fosse no tambor. A primeira vez em que foi usado esse ritmo foi em 'A Cidade', depois ele colocou em outras. Você pegava ritmo de um instrumento e jogava para o tambor. James Brown fez o contrário, jogou as batidas dos tambores, a bateria, para o metal."

Aliás, não foi Carlinhos, mas o Brown americano, James, uma das grandes influências na música de Chico Science e da Nação Zumbi. Um já citado amigo de infância de Chico, e seu vizinho na Rua do Girassol, faz cover de James Brown e diz que é muito requisitado em bailes black na periferia da Região Metropolitana, onde o Godfather do Soul continua cultuado.

Uma marca da música pernambucana, pelo menos até o brega ser assimilado pela classe média, é tentar não fazer nada descartável. Até o chamado Rei do Brega, Reginaldo Rossi, cantava e compunha uma música popular, até certo ponto pretensiosa, mas perene. Continua muito tocada até os tempos atuais. Na era manguebeat, a banda Coração Tribal, que lançou um CD pela Virgin, sofria discriminação por fazer música com suingue caribenho. Muita gente torcia o nariz para o grupo, por considerá-lo assemelhado à axé music. Claro, havia um grande público para a música baiana, que brincava com o abadá do seu trio de preferência, curtia os grupos, que tocavam muito no rádio e TV, e invadiam a Avenida Boa Viagem durante o Recifolia ou nas festas de axé no Circo Maluco Beleza. Mas havia tam-

CRIANÇA DE DOMINGO

bém uma polarização. Quem curtia as bandas do manguebeat detestava axé. Dois estilos que não se encaixavam. Das poucas vezes em que chegaram juntos, o clima não foi bom.

Uma dessas vezes aconteceu no festival de Montreux, em 1995. O axé estava no auge no Brasil e começava a ser conhecido lá fora. A Noite Brasileira daquele ano foi basicamente de música baiana, sendo João Bosco o estranho num ninho que abrigava Timbalada, Banda Mel, Olodum e Asa de Águia. Teve também Gal Costa, mas noutra sala, a Miles Davis, a mesma em que se apresentou Chico Science & Nação Zumbi. Paulo André costumava assistir aos shows do CSNZ da plateia, para conferir a performance da banda, sentir a reação do público, e só voltava ao camarim nas últimas músicas:

"Quando fui para o camarim, me deparei com uns 20 a 25 caras da Timbalada daquele jeito que aparecem nas capas do disco, nus da cintura pra cima, com aquelas pinturas brancas no corpo, cada um com sua percussão pendurada. Eles tocam em pé, todos com instrumentos musicais na mão. Perguntei ao empresário o que era aquilo. Ele disse que trouxe pra fazerem uma participação. Eu disse que não estava combinado. Ele disse que era bom juntar as bandas brasileiras. Eu não tinha como expulsar 20, 25 caras. Todos olhando pra mim. Me abaixei e cheguei pro palco, o roadie Berg estranhou, fui para trás de um amplificador e chamei Lúcio. Disse a ele que a Timbalada estava para entrar. Ele disse um não. Lúcio foi dizer a Chico, que olhou pra mim como quem diz o 'que é isso?' Nisso os caras da Timbalada já estavam passando por trás e entrando no palco, um cara já pegou o microfone e começou a cantar aquelas coisas de axé. A banda sem tesão nenhum, uma coisa muito constrangedora. Um momento musicalmente constrangedor, porque a Nação não queria, tocou com má vontade. Musicalmente nem tinha nada combinado, nem nada a ver uma coisa com a outra, os tambores com os outros."

Outro episódio de incompatibilidade de batuques entre o CSNZ e o axé aconteceu com o Olodum, na Alemanha, Paulo não se lembra bem o nome da cidade, acha que talvez tenha sido em Freiburg.

CHICO SCIENCE

"A atração maior era o Olodum. Onde a gente passou na Europa o axé estava com tudo, Olodum, Timbalada, Margareth Menezes. A casa era de médio porte, tinha um só camarim grande para as duas bandas, mas não rolava afinidade, nem com a galera de Peixinhos. Era como se fossem bandas gringas. Com uma banda de um país diferente talvez tivesse uma interação maior. Os caras de um lado e a gente do outro. Chico colocou em cima do sofá aqueles óculos pretos, com armação prateada, foram os óculos de show dele por muito tempo. Os óculos caíram por trás do sofá. Ele tinha saído, voltou perguntando pelos óculos. Os caras notaram. Puxei o sofá e achei os óculos. Uma hora fui buscar algo na van, ele veio atrás, meio bufando, que ele dava umas bufadas quando tava puto. Eu disse pra ele se acalmar, porque ficou um clima do caralho."

Definitivamente, os mangueboys queriam distância do axé, o que provocou no Recife um racha na preferência musical. Paulo André Pires passou por mais uma saia justa por causa disso. Um dia ele foi ao escritório da Sony Music. Lá estava Daniela Mercury, então uma estrela internacional, com direito a matéria de página inteira no *New York Times*. Apresentaram Paulo à baiana como empresário de Chico Science, ao que ela se derramou em elogios e disse que adoraria ter o mangueboy no seu trio elétrico. Ele disse que iria repassar o convite a Chico.

"Quando contei do convite de Daniela a Chico, ele disse: 'Oxe, Paulo, tás doido. Quero nada'. Eu liguei e falei que Chico não poderia participar porque a gente ia pra Europa."

RUAS DE PEIXINHOS

Se Science não surgisse em seu caminho, é difícil saber quais rumos tomaria a turma de Peixinhos. É muito provável que muitos deles tivessem se afastado da música, para ganhar a vida com um emprego convencional. Eventualmente, tocariam como uma banda cover do Olodum, que, por ter gravado com Paul Simon e feito um clipe com Michael Jackson, tornou-se o grupo afro-brasileiro mais difundido no exterior. Assim como a ministra da Cultura do terceiro governo Lula, Margareth Menezes, sobretudo pela sua associação com o talking head David Byrne. Um sucesso que atraiu a voracidade das gravadoras do Sudeste, que saíram contratando grupos e artistas solo da nova música de Salvador, tão intensamente divulgados que desbancaram comercialmente o rock nacional. Ao mesmo tempo dobraram-se às concessões das *majors*, interessadas no lucro fácil. Mas a primeira fase da axé music, quando nem tinha esse rótulo, criado, meio na gozação, pelo jornalista Hagamenon Brito, exercia inegavelmente atração em músicos do Recife. O próprio Fred 04, em shows da Mundo Livre S/A, chegou a cantar "Nossa Gente (Avisa Lá)", um dos maiores sucessos do Olodum.

A influência do grupo baiano foi tão forte que na Rua do Girassol, em Rio Doce, onde morava a família de Chico Science, havia um grupo de samba-reggae, liderado por um amigo de infância do mangueboy, que tocou com o pessoal, já famoso, numa de suas periódicas visitas à rua. O grupo continuou a existir mesmo depois do manguebeat, e só terminou com a morte de Tico, o fundador.

CHICO SCIENCE

No dia em que entrevistei Maureliano como parte da programação da prefeitura do Recife para celebrar os 30 anos do manguebeat, tive a chance de assistir a um debate, uma rodada de conversa, entre integrantes que fundaram o Lamento Negro, realizada na Casa de Cultura Negra, no Pátio de São Pedro (onde funciona o Memorial Chico Science), no bairro de São José, no coração da capital pernambucana. Uma conversa acalorada, em que alguns diziam que não se consideravam parte do manguebeat. Os músicos da Lamento Negro não escondem a mágoa de só naquele dia terem sido convidados, já que o ano de 2023 transcorreu em celebrações às três décadas do manguebeat, na verdade completadas em 2022, ano do manifesto Caranguejos com Cérebro, que se convencionou ser o marco zero do movimento. E estavam com razão quanto à discriminação, ou, no mínimo, desinteresse da mídia, porque o único jornalista presente ao debate fui eu.

Nem todos os presentes ainda integram o grupo. Na roda havia apenas uma mulher, Altamisa, esposa de Gilmar Correa, o Bola 8, que saiu da Nação Zumbi e toca um projeto próprio, o Combo X. Embora ele tenha sido defenestrado do grupo, uma separação litigiosa, Gilmar discorda que CSNZ se apropriou do som do Lamento Negro, lembrando que algumas batidas de música do álbum *Da Lama ao Caos* foram criadas no estúdio, mas sem negar a importância do toque de Maureliano, porém criado para a música de Chico Science.

"Aos Organizados Desorganizadores", música do repertório do Lamento Negro, assinada por Joab Ferreira, era anterior à chegada de Chico Science. Ele certamente se inspirou nesse título para escrever a primeira estrofe de *Da Lama ao Caos*: "Posso sair daqui para me organizar/ Posso sair daqui para desorganizar/ Posso sair daqui para me organizar/ Posso sair daqui para desorganizar". Joab enfatizou isso na reunião. O tema racismo não poderia ficar de fora do debate. Alguns dos participantes alegaram que o grupo foi discriminado pela cor dos integrantes, incluindo o próprio Chico Science como um dos brancos, de classe média, que teriam se apropriado da sonoridade do bloco afro de Peixinhos. Ora, Chico Science era mulato, da pele mais clara, e tampouco veio, como já foi assinalado, de família classe média. Não morou em favela, mas viveu num bairro periférico, de estrutura precária, numa casa de vila de conjunto habitacional.

Em relação aos percussionistas do Lamento Negro, a maioria dos quais morava em Peixinhos, ele desfrutava de situação socioeconômica mais estável, porém longe de ser bem de vida. Uma das discussões que esquentaram esse debate dos membros do Lamento Negro foi a forma com que os batuqueiros oriundos de Peixinhos foram tratados na Nação Zumbi. Dos que foram firmados como músicos do Chico Science & Nação Zumbi em 1993, depois do Abril Pro Rock, Gilmar Correa, Gira, Toca, Canhoto, três décadas depois, apenas Toca Ogan continuava no grupo.

Canhoto, que tocava caixa na cozinha percussiva da Nação Zumbi, saiu do grupo em 1995, logo em seguida à primeira turnê internacional da banda. Em 2000, foi a vez de Gira (José Givanildo Viana dos Santos), que morreu em 14 de junho de 2017, de um infarto, no Hospital de Custódia e Tratamento Psiquiátrico (HCTP), em Itamaracá, onde estava internado devido a um surto psicótico. O desfecho da vida do músico foi também motivo de discussão nesse debate. Gilmar Bola 8, que continuava morando em Peixinhos, atribuiu o que aconteceu com Gira a diversos fatores, sobretudo sociais:

"Quase todos os integrantes do Lamento Negro tinham uma estrutura familiar para lhes servir de base. Gira, não. Ele morava num casebre, num lugar que a gente chama várzea que, se dissessem que iria chover, já estava cheio de água. Ele passou a se hospedar em um hotel cinco estrelas. Então quando chegava a hora de voltar pra casa, já entrava em depressão. Canhoto foi o primeiro a ser sacado, mas ele segurou a onda e foi pro Rio de Janeiro, aprendeu guitarra e conseguiu. Eu estava sempre com Gira, até ele sair da banda, depois sustentei ele um tempo", revela.

O empresário Geraldinho Magalhães lembra que, já em 1997, Gira mostrava forte instabilidade emocional.

"Nessa época eu fazia psicanálise e comentava com os caras. O pessoal me sacaneava, dizia que análise era coisa de viado, aquelas coisas do machismo pernambucano dos anos 90, eu tinha que tolerar as piadinhas. Fui

CHICO SCIENCE

ao camarim depois do show com os Paralamas, achei Gira muito estranho, com a cabeça abaixada. Não estava normal. Poucos dias depois Chico me liga, me pedindo ajuda pra falar com meu psicanalista pra saber como salvar o Gira, estava muito preocupado com ele. Me falou isso meio cheio de dedos, pela sacanagem que faziam comigo por eu fazer análise. Falei com meu psicanalista, que marcou com um colega dele uma sessão de grupo, de que participei uma vez."

Embora um pouco mais estruturado, Canhoto foi pego no olho do furacão ainda adolescente. Uma hora estava trabalhando no matadouro de Peixinho, ajudando a mãe a cobrir sofás e, de repente, em Nova York. Science cuidava de Canhoto como um tio. Foi quem insistiu para que ele largasse o trabalho e seguisse com a banda. Como ambos tinham o sobrenome França em comum, era Chico Science quem assinava as autorizações para Canhoto viajar:

"Tudo aconteceu rápido demais. Fomos em pouco tempo pro Sul, e fizemos *Programa Livre*, TV Cultura, Jô Soares, Faustão. Ou seja, tudo que um grande artista faz, mas não tínhamos o status de um, com carros importados, mansão, apartamentos, estudos avançados. Estávamos acordados e vivendo tudo aquilo, o fato de participar em grandes shows, e ir a lugares com cinco estrelas. Mas sempre soube que iria ter que voltar pra minha casa em Peixinhos, tive que ficar atento a isso. Pois é uma loucura, uma hora você é um rei chamado de senhor, na outra é chamado pelo seu apelido ali nas ruas do seu bairro, e ver o que está acontecendo ali, como esgotos abertos, crianças desnutridas, gente sem ter o que comer, desemprego, desigualdades, inveja, e por aí vai, não tenho problemas com nenhum até hoje ali. Mas tenho minha cabeça sossegada quando durmo. Sei que eles fizeram o melhor por mim! E estou aqui tentando ser quem eu sou de verdade."

Morando em Tenerife, trabalhando com música, Canhoto só tem agradecimentos à generosidade de Chico Science:

"Sempre será um guerreiro, amigo, inspirador, mestre imortal, sou grato a ele, Chico. No dia que me tiraram da banda, ele me chamou de volta, mas quando cheguei lá estava o Pupillo. Antes Paulo (André) levou o Spider,

CRIANÇA DE DOMINGO

João Aranha, Spider e a Incógnita Rap, pra me substituir, e eu não tive oportunidade depois disso. Tive que voltar a estudar, criar uma profissão e ser um trabalhador como outra pessoa. Fiquei afastado da música, sem força, foi duro. Mas estou mais consciente do que eu acredito agora."

Ele, antes de ir embora do Brasil, manteve uma banda, a Etnia, no estilo da Nação Zumbi, com outros músicos de Peixinhos.

Paulo André conta que a primeira turnê serviu de teste para saber quem tinha estrutura para estar na banda e encarar o trampo:

"A gente ficou na Alemanha, em Colônia, num albergue, um casarão, onde serviam as três refeições, mas no horário certo, e a gente não tinha grana para pagar restaurante para 11 pessoas. Só podia ficar no quarto até as 8h30. Nessa hora chegavam as alemãs encarregadas de arrumar os quartos, ninguém podia permanecer lá. Então a gente ia bater perna, visitar os pontos turísticos, e voltava ao meio-dia pra pegar o almoço. No albergue havia um espaço feito um pátio, com uns bancos debaixo de uma árvore. Canhoto deitava num banco e pegava no sono. Quando a gente voltava ele ainda estava lá, dormindo. No final da turnê, ele usava uma camiseta da Virgin, Otto até aparece numa foto vestido com uma, e observei que durante cinco shows ele não mudava a camiseta."

O empresário conversou com Chico Science e foi assertivo: Canhoto não estava preparado para continuar com o grupo, mas quem teria que dizer isso ao músico seria ele. Na volta, fizeram uma reunião num apartamento alugado por Chico, e esse disse a Canhoto que ele não estava enquadrado na turma, demonstrou pouco engajamento, e estava fora da banda. Canhoto, vale lembrar, mal tinha completado 18 anos. Começou a chorar dizendo que não queria sair. Aí o empresário reforçou a decisão:

"Demos dois mil reais a ele. Com esse dinheiro ele comprou uma guitarra, aprendeu música, depois formaria uma banda."

Uma quantia razoável em começo de Plano Real, quando a moeda brasileira tinha paridade de 1 para 1 com o dólar.

Maia, o presidente do Lamento Negro, não pode ser contestado quanto à ausência do bloco afro na mídia, embora seja bastante ativo. E mesmo dos batuqueiros da Nação no auge da badalação em torno do CSNZ, embora a imprensa seguisse regras das gravadoras de então. O vocalista geralmente era o escolhido para falar sobre um novo projeto. Nos lançamentos de *Da Lama ao Caos* e de *Afrociberdelia,* a Sony Music encarregou Chico Science de falar com os jornalistas. Naquela época, Chico já era bastante requisitado, para as mais diversas atividades. Das poucas vezes em que fui, com Paulo André Pires, ao apartamento que ele dividia com Goretti, nunca havia outros integrantes do CSNZ. Uma das últimas vezes em que conversamos aconteceu num final de tarde agradável, logo depois que o grupo voltou da segunda turnê ao exterior. Nos encontramos num bar que oferecia rodízio de caranguejo, no bairro do Pina, ele estava com Jorge du Peixe e Paulo André. Detalhe: não comemos caranguejos. Maia reivindica o lugar dele na história da música negra pernambucana:

"A gente tem que botar nossa cara preta na vitrine. Já tem rua com nome de Chico, praça com nome de Chico, o carnaval é Chico. Querem tombar o Daruê Malungo, botar uma estátua de Chico? Tem que ter estátua de Mestre Meia-Noite, tem que ter estátuas de um negão em Peixinho representando Gilmar, eu, Pácua, Fequinho, Maureliano, Canhotinho, todos nós."

ZUMBI

À medida em que Chico Science ia depurando a alquimia química que misturava com os sons que trouxe da cabeça para o Daruê Malungo, e os sons que lhe foram mostrando pelo Lamento Negro, no Centro Cultural, depois ponto de cultura, de Chão de Estrelas, ele ia moldando o estilo que lançaria com a Nação Zumbi. Afastava-se da Loustal, a ponto de passar o bastão do vocal para Jorge du Peixe, porém durante essa época jogava nas duas, cantava com a banda e fazia apresentações com músicos do Lamento Negro. Certamente, o nome Chico Science & Lamento Negro surgiu por exigências do showbiz. Era preciso apresentar o grupo, e Chico Science, obviamente, era o mais visível, pelo carisma, por ser o vocalista e autor das músicas. E era tão bem recebido pela plateia que os outros integrantes da Loustal renderam-se às evidências e acompanharam Science ao Daruê Malungo. Embora fosse um bloco afro, ligado às várias variantes da música preta, os integrantes do Lamento Negro aceitaram sem objeções as presenças dos branquelos Lúcio Maia e Alexandre Dengue nos ensaios:

"Quando ele levou o Dengue e o Lúcio, a gente não teve muito impacto, não. Mas para a mídia, intelectuais, teve impacto, sim. Um desses impactos foi em Ariano Suassuna. Não esqueço nunca que ele disse que o movimento mangue estava acabando com a cultura de Pernambuco, quando chega a guitarra e o baixo fazendo uma melodia de rock and roll junto com o baque de maracatu. Depois que Chico e Nação Zumbi começam a viajar

CHICO SCIENCE

pelo mundo ele se retrata, achando que era bom porque dava visibilidade ao estado de Pernambuco", comenta Gilmar Bola 8.

Ainda mais contrastante com a pigmentação do restante do Lamento Negro era Otto Maximiano, "galego" do agreste pernambucano, um "holandês" enfiado na lama da Manguetown em meio aos pretos e pardos do grupo afro.

"Otto chegou a fazer parte do Lamento Negro, chegou aqui sem saber tocar nada. Ele tinha duas congas e os instrumentos de efeito que tocava, não sei com quem. Com o Lamento Negro ele deu os primeiros passos musicais. Tem até um vídeo dele no Abril Pro Rock tocando congas. A gente diz que ali ainda era Lamento Negro, porque os instrumentos têm o nome do grupo, nossos instrumentos, as alfaias que Maureliano construiu."

Porém, o destaque cada vez mais evidente de Chico Science à frente do grupo provocou um questionamento de alguns integrantes. Não por causa de ciumeira, até porque ninguém ali, afora Chico, tinha planos de levantar altos voos, e em tão pouco tempo. Não havia estrelas no grupo, nem mesmo Joab, o compositor mais destacado antes de Chico Science ser levado aos ensaios por Gilmar. De maneira que o Chico Science & Nação Zumbi incomodava, aquiesce Maia.

"Uma das coisas que a gente discutiu com Chico foi que começaram a falar em Chico Science e Lamento Negro. A gente dizia que não era Chico Science e Lamento Negro, ora, o Lamento Negro vinha primeiro. Mas a essa altura Mau e Pácua já tinham saído. E aí ele começou a fazer a Nação Zumbi. Aí começou a fazer as músicas dele. Então a gente saiu por causa do nome, porque achava que o Lamento Negro vinha primeiro do que Chico na música preta pernambucana. Eu ainda fui pra uns shows, fazia algumas participações mas não era mais da banda. Pela minha postura, tudo ali tinha que ser igualitário, os cachês, as falas aos repórteres. Toca, Gira, Gilmar, me falavam que talvez se Chico saísse eles não teriam mais apoio dos outros."

Em boa parte das entrevistas concedidas por Chico Science, principalmente para órgãos de outros estados, ele se referia pouco ao Lamento Negro. Mesmo que bastante desinibido, Science era cauteloso quando falava

128

CRIANÇA DE DOMINGO

com a imprensa, como se temesse ser mal interpretado, e não raro tecia comentários que nos tempos de hoje seriam motivo de questionamentos:

"Aids? Xô ver. É uma coisa até legal, as pessoas se preservam mais. Mas muita gente está mal informada", disse Chico, na entrevista à revista *General* (que estampa ele e duas belas garotas na capa).

Entende-se o que ele queria, mas um comentário desses em tempos atuais poderia render até cancelamento e, certamente, muito bate-boca.

Nas perguntas sobre como surgiu o som do CSNZ, uma ou outra vez citava o Lamento Negro, como na entrevista ao programa *Ensaio*, resumindo a história desde o convite de Gilmar Bola 8 pra ir ao Daruê Malungo. O programa foi gravado em 1996, por essa época Chico Science já enfrentava a imprensa com muito mais desenvoltura:

"Nos conhecemos no trabalho, eu e Gilmar, tenho uma banda, ele tem outra. Falei com ele a respeito do mangue, estou a fim de fazer uma história que venha resgatar os ritmos regionais. Foi aí que juntou alguns percussionistas, com o Lamento Negro, bloco afro de Peixinhos, Lúcio Alexandre Jorge, Toca, Pupillo, que chegou agora, e fizemos Chico Science & Nação Zumbi. Trazemos muito essa coisa de rua, linguagem urbana, de bairro, essa vibração que tem nos subúrbios que se estende pelos ombros dos desbravadores de novas eras. Essa linguagem de barro, ônibus vai, ônibus vem, do subúrbio pro centro, do centro pro subúrbio, essa atomicidade do bairro, dos garotos, que está no maracatu. O Maracatu Atômico, de Jorge Mautner e Nelson Jacobina, o maracatu Leão Coroado, de Dona Santa, o maracatu Porto Rico, o Cambinda de Ouro, o maracatu do mundo."

Nessas apresentações do contestado Chico Science & Lamento Negro, muito pouco noticiadas pela imprensa, os batuqueiros ficavam esperando ser chamados ao palco para realizar intervenções em determinadas músicas. Desde o Bom Tom Radio e a Loustal, Chico cerzia boa parte do que seria o repertório do álbum *Da Lama ao Caos*. Algumas delas já antigas, criadas logo depois do fim da Orla Orbe, e que teve as primeiras performances públicas quando ele, HD Mabuse e Jorge du Peixe teciam lucubrações sonoras no Bom Tom Radio, trio que os amigos chamavam de tecnopobre,

129

porque extraíam sons eletrônicos com o mínimo de tecnologia. Ou seja, ele vinha procurando o groove perfeito desde o final da década de 80. O Bom Tom Radio foi seminal para alcançar seu objetivo. No álbum *Afrociberdelia* também há músicas antigas muito anteriores ao CSNZ.

"Nesse tempo eu trabalhava no aeroporto, na Vasp. Me lembro que estava trabalhando quando trouxeram o corpo de Luiz Gonzaga. Nunca vi um alvoroço daquele tamanho, nada parecido. Comoção geral, lembro como se fosse ontem. Trabalhei na Vasp de 1986 a 1992. Eu saía do aeroporto para a casa de Mabuse em Casa Caiada ainda de farda. Estavam Chico e Mabuse ouvindo sons ali. Mabuse contribuiu para que a gente conhecesse muita coisa. A gente conhecia muitas batidas africanas, mas Mabuse tinha psicodelia setentista, muito soul, muito vídeo. Lembro que a gente estava lá quando foi lançado o *Surfer Rosa*, dos Pixies, o *Screamadelica* do Primal Scream", conta Jorge du Peixe.

Discreto, HD Mabuse foi personagem importante na alquimia que desaguou no manguebeat. De classe média, morador de Casa Caiada, ele começou a usar computador ainda adolescente, mal se passou a vender o modelo PC (personal computer), em meados dos anos 80. Fissurado em música, José Carlos Arcoverde adotou o pseudônimo porque fazia um programa de rádio, e passou a participar de outro, então criou um pseudônimo. O HD não vem de hard disk, ou disco rígido, mas de Herr Doktor Mabuse, personagem de filmes dos anos 30, do diretor alemão Fritz Lang. No início dos anos 80, com 14 para 15 anos, ele foi precoce crítico de discos no jornal alternativo recifense *O Rei da Notícia*, e já se assinava como Mabuse. Por sinal, um dos editores do jornal, o designer e escritor Paulo Santos, era então seu cunhado. Foi Santos que definiu a música do Chico Science & Nação Zumbi como afrociberdélica. Daí veio o título do segundo disco do grupo, *Afrociberdelia*.

Bom Tom Radio? O que significaria? Algo nas entrelinhas? Uma rádio na qual predominava o bom gosto no repertório? Não exatamente. Simplesmente uma paródia do nome do grupo irlandês Boomtown Rats, cujo vocalista Bob Geldof foi o idealizador dos projetos beneficentes Band Aid

CRIANÇA DE DOMINGO

e Live Aid, este segundo, em 1985, um superevento histórico, com concertos transmitidos ao vivo de três continentes. O trio foi elocubrado na casa de Mabuse, em Olinda. Os ensaios aconteciam no seu quarto. Mabuse possuía um computador, bateria eletrônica rudimentar, mas suficiente para as programações que usava como base para o contrabaixo, e os scratches no LP que rodava num som três em um, com karaokê, no qual Chico e Jorge não apenas curtiam música com ele, como gravaram as poucas músicas da Bom Tom Radio que circulam pela internet, inclusive com a primeira versão gravada de "A Cidade". Parodiando os Rolling Stones, em "Street Fighting Man", o que poderiam três garotos entediados fazer se não formar uma banda de rock and roll, ou algo parecido?

A bossa nova não nasceu no apartamento em que Nara Leão morava, em Copacabana, mas muita ideia para formatar o que seria o gênero surgiu nas reuniões que aconteciam lá. Pode-se dizer o mesmo do quarto de Mabuse. O manguebeat não nasceu ali, porém muitos dos seus elementos foram fermentados nas reuniões de Chico e Jorge com Mabuse, num quarto que era meio estúdio. Sem espaço para curtir a música que curtiam, ou que começaram a criar, a melhor opção era ir para o quarto de Mabuse, de uma família com situação financeira confortável (o pai era funcionário graduado do Banco do Brasil). Numa entrevista à EBC, Mabuse reforçou a asserção de que naquele tempo o Recife não tinha nada. Não havia lugares para se ir à noite, então a melhor opção era ficar em casa, comprar umas bebidas e curtir um som no quarto:

"A minha viagem sempre foi tentar gravar em casa. Eu usava um equipamento tosco, uma espécie de microsystem, que tinha karaokê, na época eu era muito moleque, uns 16 anos."

Nesse três em um, com um computador rudimentar e um contrabaixo, ele, com Jorge du Peixe e Chico Science, formaram um grupo de vanguarda, como talvez não houvesse outro igual no Brasil, dominado pelo pop/rock, com poucas exceções, convencional, e que poucos foram os privilegiados de ver ao vivo. O Bom Tom Radio só fez duas apresentações públicas. Uma delas para uma plateia de amigos e amigos de amigos.

131

CHICO SCIENCE

O Recife não oferecia espaços para o que os futuros mangueboys queriam escutar ou tocar, mas não estava tão parado assim. Naquele final dos anos 80, Recife começava a se movimentar. Na Zona Norte, principalmente nas Graças, um bairro de classe média, começaram a abrir bares, danceterias e boates. O eixo da boêmia mudou-se de Olinda, predominante nos anos 70, e início dos 80, para as Graças. Porém esses locais recebiam um público adulto, com cardápios de preços salgados. Mabuse ainda era adolescente, enquanto Chico Science e Jorge du Peixe, no início dos 20 anos, ganhavam pouco, além do que du Peixe já era casado. Na efervescência noturna das Graças, dos poucos bares acessíveis aos futuros mangueboys era mesmo o despojado Cantinho das Graças, que virou ponto de encontro da turma, como veremos adiante.

Mais uma vez, a palavra com Jorge du Peixe:

"'A Cidade' foi composta na casa de Mabuse, entrou pro repertório do Bom Tom Radio. A primeira música que fiz com Chico foi "Negros", no tempo em que a gente era b-boy. Ele canta a letra: 'Negros, sim, é o que eles são/ Necessitam livrar-se dessa opressão/ Cansados de correr/ Sofrer e apanhar/ Eles não sabem mais o que é amar/ Só mendigam amor/ Recebem crueldade/ Lutam pela pequenina liberdade/ De viver em paz/ Sentir a sua cor/ Construir a vida/ Que o branco apagou/ Dias ideais virão/ Melhor que hoje eu sei....' 'Tiro Certeiro' é letra minha, Chico só mudou uma palavra, eu escrevi 'homens de plástico', ele pediu pra colocar 'homens de barro'", continua Jorge.

A citada Bom Tom Radio foi uma espécie de tubo de ensaio, junto à Loustal, para a criação do Chico Science & Nação Zumbi. As apresentações do trio aconteceram na Misty, boate GLS, a outra no Espaço Oásis, em Casa Caiada, Olinda. Nos jornais recifenses da época não há menções ao trio. O que se tem de concreto do grupo são umas poucas gravações que circulam nos sites de trocas de arquivos em bootlegs, registros de um show e gravações no quarto de Mabuse, que morava em Casa Caiada, mas ainda não conhecia Lúcio Maia, nem Alexandre Dengue.

"Do pessoal de Casa Caiada, sou amigo de infância de Fábio Trummer (vocalista e guitarrista da banda olindense Eddie, surgida mais ou menos

CRIANÇA DE DOMINGO

na época da Bom Tom Radio). A relação com Chico e Jorge deu-se bem depois. A gente se conheceu por causa do *Décadas*, aquele programa na Rádio Universitária. Um dia aparecem dois malucos lá, que ouviam o programa, porque tocava muita música que fazia sentido pra eles, feito o New Order. A galera do break de Londres estava dançando New Order. Eles faziam parte da cultura do hip-hop, chegaram com discos de James Brown e Afrika Bambaataa, e aí começou a amizade, isso foi em 1987", rememora Mabuse.

Ele tem sua própria teoria de como o encontro daqueles jovens provenientes de bairros e background diferentes tinha um ponto em comum, a volta da democracia no país:

"Estive pensando sobre esse movimento que vai dar no mangue. Acontece que quando a turma começou a se reunir, o fim da ditadura militar era muito recente, e o desejo de algo completamente novo era muito forte. Um desejo de trazer para junto um mundo, um futuro, por meio dessa relação com a tecnologia, isso era muito forte. O hip-hop seria a música do futuro, era evidente. Ao mesmo tempo, a gente escutava muito os psicodélicos: Syd Barret, os punks, a fase psicodélica dos Beatles, principalmente do álbum *Revolver*, porém com uma formação muito punk. Isso deu um caldo que acabou no Bom Tom Radio, que um amigo definiu como uma banda pós-punk de hip-hop."

O manguebeat seria o primeiro movimento musical brasileiro a empregar computador, o MSX de Mabuse. Curiosamente, Chico Science e Gilmar Bola 8 trabalhavam numa empresa de processamentos de dados, embora em funções burocráticas e subalternas, não na área de informática. Mabuse relembra o início do que seria o manguebeat, com o uso de bits e chips engatinhando. O computador que ele usava foi um dos primeiros modelos vendidos no país, fabricado pela Gradiente:

"Outro dia falava com DJ Dolores sobre isso. A gente passava por uns perrengues da porra pra fazer umas programações de baixo sintetizado, usando um computador de oito bits, um MSX, com um monte de pedal de guitarra ligado nele. Entendia isso como uma estética de precariedade. De

CHICO SCIENCE

repente, a gente vê uns documentários de uma galera que curtia na época, achando que usavam sampler, e o filme mostra como eles faziam os loops de bateria a partir de fita cassete. Tem uma coisa de Karl Marx que dizia que os meios de produção se desenvolvem no mesmo ritmo, os mesmos problemas aparecem e as soluções são semelhantes no mundo todo. A gente achando que o que a gente ouvia tinha soluções mais sofisticadas do que a nossa, e não acontecia isso."

Chico Science obviamente não tinha condições financeiras de comprar um PC, como se chamava então (personal computer), sua relação com os computadores foi menos pessoal e mais empírica. Ele chegou a "fuçar" na internet, como disse numa entrevista, mas muito pouco. Embora falasse muitas expressões como cyberspace, fractal, mexia pouco com computadores, mas deduzia do que eram capazes, como escreveu Pedro Só, autor da citada entrevista na efêmera revista *General*. Muita gente entendeu que ele era perito em computadores porque trabalhou numa empresa de processamentos de dados, mas exercia ali serviços burocráticos, que não exigiam especialização. No entanto impressiona como ele trabalhava com exatidão o que se tratava apenas de intuição.

"No Brasil é difícil fazer uma coisa no geral, essa nuvem que domina o país todo, através dos meios de comunicação, através disso que temos que ser os novos hackers, entrar nesses meios e falar o que estamos pensando, fazer a nossa troca, como fizemos no Recife, criar uma cena, fazer o movimento mangue. Levar diversão a sério. Fincar uma parabólica na lama. Todo mundo está numa merda, mas se eu botar um arame aqui eu faço uma antena, e levar esse som lá para não sei onde, vou brincar com isso, fugir dessas coisas que me prejudicam tanto. Vou atrás dessa tecnologia pequena barata" (em entrevista ao programa *Toda Música*, em 1996).

A intuição certeira de Chico Science era alimentada com o que os intelectuais rotulam de *zeitgeist*, o tal espírito do tempo. Uma olhada na edição da revista *General*, que traz a entrevista com Chico, para se entender o mundo pop, o jovem, de meados dos anos 1990: uma matéria pergunta no título, "Como será o Brasil no futuro?" O escritor americano de ficção cien-

CRIANÇA DE DOMINGO

tífica Orson Scott Card faz seu prognóstico: "A época dos EUA já foi, a do Japão está indo, a próxima onda é do Brasil". Se tivesse dito China em lugar do Brasil, teria acertado. São citados o livro *Neuromancer*, de William Gibson, e a expressão "cyberspace". Ambos os itens eram parte do universo dos mangueboys. Por essa época surgiam festivais que se tornariam franquias, corporações, entre esses o Lollapalooza, o século 21 se configurava e Chico Science criava uma música que já estava com um pé no próximo milênio.

Alexandre Dengue, que também participou de reuniões na casa de Mabuse, confirmou sua importância para o que desaguaria no manguebeat em uma entrevista a um podcast do Hominis Canidae:

"A casa de Mabuse era feito um santuário. A gente ia lá pra ler quadrinhos, ouvir música e fumar maconha, com um ventilador, pra mãe dele não sentir o cheiro. Ele tinha um computador, era o único cara que tinha computador em toda Olinda – já tinha um software de música. Tenho muita certeza que se não fosse Mabuse não existiríamos como movimento, ou demoraria muito tempo pra tudo se encaixar. Foi um cara que trouxe muita informação, ainda traz."

Convém lembrar que, até o final da década de 90, a internet engatinhava no Brasil. Precisava-se de computador para navegar, e as máquinas, pelo preço, não eram acessíveis à imensa maioria da população. Assim como não estavam as linhas telefônicas. Nesse tempo ainda havia muita gente vivendo de alugar linhas telefônicas. Para navegar, a condição *sine qua non* era ter telefone em casa. A internet era discada. Conectando-se, não se podia mais usar o aparelho. Chico Science navegou muito pouco na web:

"Comecei a navegar um pouquinho. Eu acho a internet legal demais. Eu não sei as complicações, as exceções, o que é que vai causar daqui a um tempo. Mas é um bom canal, pena que ainda não acessado por muitos, para se trocar e pescar algumas coisas. É uma rede (de pescar) cheia de pescadores virtuais. Eu acho isso muito legal. Talvez haja bem mais sentido a tela de um monitor para você ver e para você puxar coisas dela do que a televisão. A internet é a sua tela onde você pode interagir. Na televisão você só recebe. Na internet você tem um pouco de domínio sobre ela, e liberdade para

CHICO SCIENCE

poder navegar e ver, fuçar, mexer se algo é bom pra mim. Trocar uma ideia, eu acho bem mais interessante", disse Science sobre suas incursões iniciais na internet, em 1996, à revista eletrônica UpToDate.

Níveis socioeconômicos à parte, os mangueboys desde cedo foram ligados em ficção científica, o que certamente os levou a abraçar tão rapidamente a cibernética, mesmo que a maior parte deles não tivesse condições financeiras de adquirir o PC. Aderson Marques, o amigo de infância que mora na Alemanha, conta que ele e Chiquinho liam revistas, dos sebos do Centro do Recife, sobre discos voadores, outras dimensões, universos paralelos:

"Quando ele fez aquele vídeo se arrastando na lama, fala sobre os pés na lama, um satélite na cabeça, na arte a gente chama de recorte, montagem, tem uma palavra pra isso. Quando ele consegue fazer essa ligação dessas partes, eu me vejo em cada momento. Ele cria um roteiro em cima de uma temática ampla. Quando ele fala de satélite eu me lembro muito bem de uma foto, publicada na revista *Vogue*. Estou eu e Chico no jardim da casa dele, ele está sentado, de pernas cruzadas, joelhos cruzados, ele fazendo posição de yoga. Eu ao lado, também sentado. Isso era muito forte na gente, de yoga, transcendência, uns tipos de meninos que não existem mais. Ufologia, a gente se interessava por aparecimento de óvnis, ia pra certos lugares e ficava se concentrando de olhos fechados pra ver se aparecia alguma força. Sei que criança tem um lado, muito mais ligação com outra dimensão, a gente é muito mais puro. Você consegue passar de uma dimensão pra outra com muito mais facilidade. Tinha uma casa na rua, muro baixo, não tinha portão, a gente nunca se escondia naquele lugar, porque tinha outra vibração."

Aderson Marques revela um episódio que se passou com ele e Chiquinho no mangue perto de casa, que incursiona pelo terreno do fantástico. Conversei com amigos de Chico. Todos afirmam que ele nunca lhes falou sobre o que me foi revelado pelo amigo de infância. Aderson contou a história sem questionar se eu acreditava ou não. Eis o caso como Aderson conta:

CRIANÇA DE DOMINGO

"Tivemos uma experiência no mangue, algo extrassensorial, existe mais coisa entre o céu e a terra do que imagina nossa vã filosofia. Vimos uma entidade, acredito que foi uma entidade. Acho que de tanto a gente mexer com essas coisas, mexer com yoga, saída do corpo, a gente lia a revista *Planeta*. Eu ficava lendo, Chico encostado na parede ouvindo, meditando. A gente estava no mangue, nessa mata de transição, tem uma árvore que parece um pé de maracujá, faz uma sombra enorme. A gente entrava por baixo, tem umas áreas meio abertas. A gente fazia um ambientezinho, guardava os guaiamuns. Nessa época, não sei, com menos de dez anos. Sentimos vontade de 'dar uma barrigada' (defecar). Ficamos longe um do outro, a uns seis metros. Estamos ali, de cócoras. Olho pra cima e vejo atrás dele uma luz muito forte. Primeiro, olho para Chico e vejo a luz. Depois, a entidade. Não lembro se tinha barba ou não, faz 50 anos. Tinha uns apetrechos – imagina um samurai futurista, também como se fossem cordas, apetrechos na cintura. Era muito luminoso e maior do que um homem comum. Estava num lugar mais ou menos escuro, eu via a floresta e não conseguia mais ver além. Vendo bem aquela figura, eu me espanto. Nem disse a Chico. Então, ele olha pra trás. Antes de subir as calças, ele já começa a correr e eu também. A gente chegou na nossa rua ainda segurando as calças. Foi uma coisa tão impressionante que até hoje me lembro com muita força. Já procurei no Google alguma coisa que se pareça com o que vi. O tempo leva tudo, inclusive as memórias. Passamos muitos dias sem ir no mangue. Não fomos nem buscar as ratoeiras."

Retomando às apresentações iniciais de Chico Science e os músicos de Peixinhos. Até ser definido o nome Chico Science & Nação Zumbi, o grupo não tinha integrantes fixos. Quando Chico pedia para Gilmar Bola 8 trazer uns batuqueiros para tirar um som com a Loustal, ele convidava quem estivesse disponível.

"Mas era muita gente, até que definimos que o grupo teria oito integrantes", diz o percussionista.

Jorge Du Peixe entrou quando a banda estava assinando com a Sony.

"Meu primeiro show como membro da Nação foi no Som das Águas, feito para arrecadar grana para a viagem a São Paulo", confirma Du Peixe.

CHICO SCIENCE

"Otto tocava na Mundo Livre e na Nação Zumbi, então Chico o convenceu a ficar com a Mundo Livre. Assim o grupo ficou definido", diz Bola 8.

Já que os integrantes da Loustal não estavam inclinados a tocar com os batuqueiros de Peixinhos, nem ir aos ensaios no Daruê Malungo, Chico voltou a ter mais um grupo juntando forças com o Lamento Negro. Lúcio Maia contou em entrevista que ficou meio enciumado e pediu a Chico para entrar no novo projeto. Ele foi ao Daruê Malungo levando a guitarra e um pequeno amplificador, plugou o instrumento, tinha muita percussão, Chico aos brados no microfone, quase não se escutava a guitarra. Mas saíram animados. A coisa foi se arrumando. Diz Gilmar Bola 8:

"Chico pegou um dinheiro das férias, e acho que Fred também, e se pagou hora no estúdio DB3. Naquele tempo no Recife havia poucos estúdios. Tinha um pequeno, perto do Shopping Recife, em Boa Viagem. O dono era um cara chato, se alguém chegasse atrasado ele não abria a porta. Uma vez foi Jorge, que levou um baile (bronca, em pernambuquês) dele. A gente gravava com esse cara também, mas ali era com fita cassete. Chico queria algo melhor. Fizemos a primeira demo no DB3, com a Loustal, Lamento Negro e Mundo Livre. O caldo começou a engrossar daí."

Gilmar lembra que um dia Chico pediu pra Jorge ficar à frente da Loustal para que ele, Chico, pudesse tocar com o Lamento Negro (a parceria com os músicos de Peixinhos começava a engrenar, já chamava atenção da imprensa).

"Um dia, na hora do almoço, fomos para o almoxarifado. Ele me falou: 'Negão, vamos botar o nome na banda. O tio de Renato disse que eu sou o Science, vou me chamar de Chico Science'. Nessa época estavam falando muito de Zumbi dos Palmares. Disse pra botar Nação Zumbi, como nação de maracatu, mas também com influência da Zulu Nation, de Afrika Bambaataa. Ele achou bom, e disse: 'Vamos botar esse nome'."

Bola 8 não se recorda a data exata de quando saiu do emprego porque, segundo ele, as coisas aconteceram muito rápido:

"Não fomos daquelas bandas que tocavam em barzinhos durante muito tempo até começar a aparecer, com a gente já foi logo fazendo shows."

CRIANÇA DE DOMINGO

A mudança de Chico Vulgo para Chico Science é contada por Renato L.: "O Science veio do meu tio por parte de mãe que, nos anos 70, era fã de Erich von Däniken e era metido a sabichão. O nome dele era Carlos Antonio Ramos Braga, mas na família era chamado Chico Ciência. Um dia Chico ia discotecar e precisava de um codinome. Sugeri Chico Science. Ele usou para essa festa. Mas nessa mesma noite ia dar uma entrevista para um fanzine, perguntaram por que o nome. Ele se virou para mim e disse: 'Renato, por que o Science?' Então eu disse, improvisando: 'Porque é o cientista dos ritmos, o cientista das batidas'. Meu tio já morreu. Era motivo de orgulho pra ele ter inspirado o nome Chico Science."

Em tempo. O suíço Erich von Däniken (1935) é arqueólogo e escritor. Em livros que venderam milhões de exemplares mundo afora, aventou a hipótese de visitas de extraterrestres, interferindo em antigas civilizações do planeta. Nunca foi levado a sério pela comunidade científica porque suas asserções baseavam-se mais em suposições do que em fatos.

Os compromissos com o grupo fizeram que os músicos pedissem demissão do emprego. De repente, Chico Science tornou-se um nome badalado, requisitado pela imprensa.

"Quando ele era chamado por um jornal pra dar uma entrevista, nunca faltava. Eu batia o cartão dele. A imprensa começou a falar. Um dia ele me disse que ia dar uma entrevista na *Vejinha*. Perguntei o que era *Vejinha*, nem conhecia. A matéria saiu. Teve os fotógrafos querendo registrar as bandas, a Nação e a Mundo Livre. As primeiras fotos no mangue foram atrás da Casa da Cultura, feitas por Gil Vicente", diz Gilmar.

O percussionista se refere às primeiras fotos de divulgação do manguebeat, de 1991. A Casa da Cultura é um mercado de artesanato, no Centro do Recife, que funciona no prédio de uma antiga penitenciária. A *Vejinha* a que Gilmar se refere era uma edição regional da revista *Veja* publicada no Recife.

MARACATUS

A primeira vez que a palavra mangue apareceu na imprensa designando um tipo de música foi no *Jornal do Commercio*, em 1º de junho de 1991, numa matéria de Marcelo Pereira:

"Todos os sons negros vão rolar hoje à noite no Espaço Oásis, na festa Black Planet. Soul, reggae, hip-hop, samba-reggae, funk, toast, raggamuffin, e um novo gênero criado pelo MC Chico Science, vocalista da banda Loustal. 'O ritmo chama-se mangue. É uma mistura de samba-reggae e embolada. O nome é dado em homenagem ao Daruê Malungo'."

Chico ainda definia a sonoridade que buscava com os músicos do Lamento Negro. Por declarações como essa é que se atribuiu a influência da música baiana na música do CSNZ. No ano seguinte, o grupo já estava com seu estilo definido e popularizando as alfaias, tambores de maracatu, e fazendo com que os jovens de Recife, Olinda e cidades vizinhas se aproximassem do maracatu de baque virado, também conhecido como nação. Nos dias atuais, quem passar pelo Bairro do Recife nos finais de semana à tarde ouvirá uma algaravia de batuques de alfaias (tambor usado no maracatu) e verá os mais diversos maracatus, alguns só de mulheres, até maracatu evangélico. A bem da verdade, não exatamente maracatus, mas apenas os percussionistas. O maracatu nação é protagonizado não pelos batuqueiros, mas pela corte real que vai adiante do préstito, a rainha, o rei, a dama do paço, a umbela (o enorme guarda-sol). Cada nação tem seu próprio baque. Os tambores de maracatu passaram a ter destaque, protagonismo, com Chico

CRIANÇA DE DOMINGO

Science e Lamento Negro, depois com a Nação Zumbi. Nos anos 2000, Naná Vasconcelos reuniu batuqueiros de diversas nações, entre as quais até então existiam diferenças e rivalidades, e com elas realizou a abertura do carnaval do Recife durante 15 anos, até sua morte, em 2016.

O manguebeat tem muito a ver com esse panorama que começou quando Chico Science & Nação Zumbi tornaram-se famosos. Primeiro na cidade, depois pelo país. Vários grupos passaram a usar alfaia pelo Brasil e pelo mundo. Algo que nem mesmo no Recife era comum antes do CSNZ. Porém, das manifestações da cultura popular, a que recebeu maior exposição graças a Chico Science foi o maracatu rural (também chamado de maracatu de orquestra, de trombone, ou de baque solto), cujo caboclo de lança se tornaria um símbolo do estado de Pernambuco. Ironicamente, 20 anos antes de Chico Science usar uma fantasia de caboclo de lança, tomada emprestada ao Mestre Salustiano da Rabeca, do Maracatu Piaba de Ouro, o maracatu rural era classificado no carnaval do Recife como de segunda classe.

Nos tempos atuais, o maracatu de baque solto é até mais prestigiado do que o do baque virado, o de nação, de origem africana, e praticado na Zona da Mata, onde realizam concorridas sambadas. Mas até Chico Science lhes dar visibilidade tinham pouco espaço na imprensa. Na verdade, a rigor, nem são exatamente maracatu, mas um híbrido de cultura afro e indígena, provavelmente têm a mesma origem das tribos de índios do carnaval de Nova Orleans. Escravos fugidos da fazenda da Louisiana procuravam refúgio nas matas, lá faziam amizade com os índios. As duas culturas se amalgamaram, criando um novo modelo. As fantasias de penas multicoloridas dos indígenas de Nova Orleans e dos tuxauas do maracatu rural são bem assemelhadas. E esses não empregam a polirritmia, nem tambores. A nomenclatura "maracatu rural" só se firmou no início dos anos 60. Até então não havia nomes específicos para os grupos de maracatu de orquestra, às vezes chamados de "samba de matuto". A beleza plástica impactante dos caboclos de lança foi usada por Science nos palcos, causando inclusive uma confusão entre os dois tipos de maracatus.

CHICO SCIENCE

Ressaltando que uma vestimenta dessas causou despesa por excesso de bagagem, e dificuldade de acomodá-la nas vans com que a banda circulava na Europa na primeira turnê internacional em 1995. Mas valia a pena, porque causava impacto no palco, não apenas no exterior, mesmo no Brasil, que desconhecia o maracatu rural e os caboclos de lança.

Nos trajes criados por Chico há influências dos brincantes do maracatu rural, como os sapatos de tênis baratos, os óculos de camelô e as calças de chita. Assim como também há nas coreografias dos seus movimentos no palco, em que incluiu também manobras dos caboclos de lança.

O CIRCO CHEGOU

De repente, a cidade se tornou farta em bandas desbravando caminhos sonoros, ocupando espaços e interessando à imprensa – que passou a publicar matérias mais aprofundadas com os artistas locais, em lugar de se limitar a fazer notinhas de shows e discos. Porém, continuavam ignorados pelas produtoras que contratavam artistas do Sudeste para apresentações nos teatros e no Geraldão (o ginásio de esportes da prefeitura onde aconteciam os grandes eventos). Uma das mais atuantes era a Raio Lazer, ainda em atividade. Essa produtora foi formada por algumas pessoas que vieram do Rio para o Recife para administrar uma filial do Circo Voador carioca.

O Circo Voador recifense aterrissou no Bairro do Recife, ou Recife Antigo, na Avenida Cais do Apolo, num terreno baldio (onde seria construído o prédio do TRF), em outubro de 1986. Instalou-se na cidade quando esta despertava, mesmo que lentamente, da letargia cultural. Projetava-se a revitalização do Bairro do Recife, decadente com o esvaziamento do porto, cujas atividades passaram a ser transferidas para o novo porto em Suape, no Litoral Sul. Os prostíbulos começaram a fechar, os poucos que continuavam funcionando perderam a maior parte da clientela. O Circo mexeu com o bairro, promoveu grandes e badalados shows, nacionais e internacionais. Virou ponto de encontro. Na época, reta final dos anos 80, o rock brasileiro continuava em evidência. Legião Urbana, Titãs, Paralamas do Sucesso atraíam sempre um bom público ao Circo, assim como astros da MPB. Caetano Veloso estava em alta, provavelmente pela exposição que lhe con-

CHICO SCIENCE

cedeu o programa *Chico & Caetano*, na Rede Globo, que gerou uma legião de novos e jovens fãs.

Muita gente que vinha ao Circo fazia hora nos bares do Bairro do Recife, ainda com fama de lugar barra-pesada. Durante décadas foi a maior e mais movimentada zona da capital, com lupanares frequentados por marinheiros gringos, cujos navios, embora em menor número, ainda aportavam no cais do porto. O bairro passou então a receber outro tipo de frequentadores. Talvez tenham contribuído para que os integrantes do núcleo do que seria o manguebeat descobrissem e optassem por produzir festas em cabarés como Adilia's Place ou Bar do Grego.

Coincidentemente, na edição da revista *General* de janeiro de 1994 que trazia Chico Science e duas garotas na capa, há uma nota assinada por mim sobre a revitalização do Bairro do Recife:

"Duas recentes matérias publicadas no *Jornal do Commercio*, do Recife, sobre a avalanche de fitas demo que pintam na redação do caderno de Cultura citava uma de G.Krause, que nada mais é do que o ex-ministro da Fazenda, Gustavo Krause, que assina com J.Michiles o frevo 'Adoro Celulite'. Notívago notório, autor inclusive de um 10 Mandamentos do Boêmio, Krause não conseguiu arrumar a zona econômica do país, mas tenta colocar ordem na zona do Recife. Literalmente. Ele está à frente de um movimento para restaurar o Recife Velho, bairro onde, até alguns anos, funcionava uma das maiores zonas de prostituição do Brasil e que hoje vira reduto de boêmio e intelectual."

O Circo Voador foi inaugurado com um show de Wagner Tiso, que concedeu uma coletiva na Fundação de Cultura, no gabinete do secretário. O local agitaria o Recife, sobretudo porque, já no segundo show, com Eduardo Dusek, inauguraria um grande palco, com um espaço que poderia abrigar dez mil pessoas.

Em novembro os cariocas do Circo já conheciam a cidade o suficiente para promover uma noite de shows com artistas locais, ou os escalavam para abertura de estrelas nacionais.

"Haja música é a palavra de ordem desta sexta-feira à noite no Circo Voador, armado no Cais do Apolo. Seis competentes bandas do Recife vão

CRIANÇA DE DOMINGO

tomar conta do picadeiro, a partir das 21h, e mostrar que o Recife possui hoje um movimento musical forte, criativo e de muita personalidade", anunciava o *Diário de Pernambuco*, citando os artistas que passariam pelo palco do Circo Voador: João Paulino, Geraldo Maia, Marcilio Lisboa, Tito Lívio, Maruk e Gripa (de Sertânia).

Na semana seguinte, haveria show de Ivan Lins, com abertura de João Fernando, nome usado por algum tempo por Don Tronxo que, ainda adolescente, integrou a psicodelia recifense dos anos 70. Meses depois o Circo criou o projeto A Hora e a Vez do Artista Local.

Por essa época, os futuros mangueboys Chico Science e Jorge du Peixe ainda resguardavam a criatividade musical, talentos ainda em formação, participando das rodas de break. A imprensa ignorava as bandas de metal e punk existentes na Grande Recife. Em 1986, Fred Montenegro já liderava a Mundo Livre S/A, uma das bandas punk pernambucanas. Mas esse estilo corria por fora da cena musical da Região Metropolitana, que acontecia basicamente em Olinda e Recife e ainda estava com um pé na música dos anos 70, com predominância da MPB. O Circo Voador procurou abrir espaço para outros sons locais, como da esquecida Dilene Ferraz e a Banda Antropofágica, ou a Escola de Samba Gigantes do Samba, essa a mais antiga da capital.

Os futuros mangueboys curtiram o Circo Voador. Jorge du Peixe diz que assistiu a alguns shows no circo, entre esses o da banda Rush Hour, que agrupava, em torno da pouco conhecida cantora Debra Holland, os ex-The Police Andy Summers (guitarra) e Stewart Copeland (bateria), e o baixista Stanley Clarke. Fred 04 também. Com Renato L., ele foi ver um show de Os Titãs.

"Nessa passagem dos Titãs por lá, lembro que o Zero deu de presente para eles uma fita demo com uma música da Mundo Livre, que mistura Jorge Ben com 'Bigmouth Strikes Again', dos Smiths. Gravou no estúdio de Hubert. Tinha 'Paixão Roxa', que era em cima de um poema de Xico Sá, e outra faixa, que não me lembro mais o nome. O Zero cismou que a música dos Smiths parecia com uma de Ben e juntou as duas no arranjo", diz Renato.

CHICO SCIENCE

O Circo Voador ancorou no Recife para um período curto de, no máximo, seis meses, que se estendeu a um ano e meio. Período em que sacudiu as várias áreas da cultura, a música, o teatro, a dança e a literatura. O circo decidiu fechar o picadeiro quando perdeu o patrocínio do Banorte, então uma das redes bancárias mais fortes do país, com matriz no Recife. Sofreu também pressão de produtores culturais locais, que reclamavam que a produtora carioca estava sendo beneficiada pela iniciativa pública e privada do estado. O circo se foi, porém, parte da equipe carioca que veio para o Recife decidiu permanecer e integrou-se à produtora Raio Lazer, que seria até o início dos anos 2000 uma das mais atuantes da cidade. Foi a Raio Lazer a primeira produtora do *mainstream* local a colocar os emergentes alternativos Chico Science & Nação Zumbi e a Mundo Livre no palco do Teatro do Parque, o CSNZ abrindo para Arrigo Barnabé, e a Mundo Livre para Moreira da Silva.

O circo alçou voo quando Chico Science tornava-se vocalista da Orla Orbe, e logo estaria pondo em prática sua alquimia sonora com o Bom Tom Radio. O parêntese para acentuar que o pouco lembrado pouso do Circo Voador no Recife pavimentou o caminho para a revitalização do showbiz da capital pernambucana na década de 90, e de maneira indireta para o surgimento de uma cena musical que iria revirar a capital pernambucana. Como não havia bar por perto, o pessoal ia beber nos bares numa região onde ficavam os cabarés, então já decadentes. A antiga "zona alegre" rumava para o fim, com o esvaziamento do cais do porto, quando o novo porto de Suape, em Ipojuca, litoral sul do estado, começou a funcionar com mais intensidade. Então as moças ditas "de família" passaram a ir tomar uma cervejinha na zona. E foi lá que os mangueboys produziram algumas festas memoráveis, depois alguns cabarés seriam utilizados também como palco para shows.

Quando surgiram os grupos que seriam incorporados ao manguebeat, havia escassez de produtores, empresários, para cuidar da carreira desses artistas. Um dos primeiros a atender essa demanda foi Ferdinando Jujuba, que começou a trabalhar bem jovem na Raio Lazer. Ele seria o primeiro empresário de Chico Science & Nação Zumbi. Jujuba, como é mais conhecido, conta como chegou ao CSNZ:

"Comecei a trabalhar com música nos anos 80 fazendo divulgação e produção em shows trazidos pra Recife pela Raio Lazer. No início do anos 90, fui empresário e produtor da banda Zaratempô (que tinha o futuro Nação Pupillo como baterista), antes de produzir Chico Science & Nação Zumbi. Conheci Chico através de Otto. Produzi um show da Zaratempô na galeria Joana D'arc, havia antes lá um grande quintal. Isso foi em 1992, teve transmissão em telão ao vivo, palco e som decente, figurino pensado etc. Era raro isso tudo para uma banda local naquela época. Chico estava presente e depois comentou com Otto que achou muito profissional a produção. Otto falou para ele que era meu amigo. Então, Chico pediu para perguntar se eu toparia produzir a Nação Zumbi, pois já existia a ideia de fazer shows no Sudeste, começando por São Paulo", relembra.

Jujuba, no entanto, nunca foi bem digerido por alguns dos integrantes do núcleo duro do movimento, conforme conta Renato Lins, o Renato L., o "Ministro da Informação" do manguebeat.

"Quando aconteceu a primeira Manguetour, em 1993, eu fui na frente, viajei com Jujuba. Nos conhecemos na rodoviária quando fomos embarcar. O pessoal gostava dele, era gente boa, mas musicalmente não tinha muito a ver com a gente. Chamaram ele para ser empresário do grupo. Teve uma hora em que perguntei quem ele escolheria como produtor, se a banda fosse contratada para fazer um disco. Ele citou um cara que produzia axé music. Daí me perguntou quem eu escolheria. Eu disse que convidaria Rick Rubin, que produziu os Beastie Boys, mas tirando onda, porque eu sabia que era quase impossível. Disse que queria aquele peso que ele deu aos Beastie Boys nas batidas dos tambores da Nação Zumbi, porque a gente iria fazer sucesso no Meio-Oeste Americano. Ele não entendeu nada."

Quando se fala desse "núcleo duro", leia-se Helder Vasconcelos, o DJ Dolores, Renato L., Fred 04, Chico Science, Mabuse e Jorge du Peixe. A turma que se reunia no Cantinho das Graças, no bairro das Graças, Zona Norte do Recife, onde se localizam alguns dos bairros mais elegantes da capital

CHICO SCIENCE

pernambucana. No final dos anos 80, meados dos 90, o Cantinho das Graças tornou-se o ponto das baladas. No final de semana as ruas ficavam intransitáveis, as pessoas indo para algum entre as dezenas de bares do bairro. A turma virou cliente do citado Cantinho das Graças por ser um bar simples, onde se cobrava um precinho camarada pela cerveja. Depois porque ficava próximo ao Edifício ABC, na Rua das Creoulas, onde Helder estava morando, dividindo apartamento com um amigo, estudante de arquitetura.

Quando se conta a história do manguebeat há uma ênfase na Rua da Aurora, onde Chico Science, Fred 04, Mabuse e DJ Dolores moraram (este ainda mora lá). Mas fundamental para o surgimento do manguebeat foi o apartamento do Edifício ABC. Renato L. diz que a turma, brincando, comentava que esse apê está para o movimento mangue assim como o apartamento de Nara Leão para a bossa nova. A diferença era que ficava longe do mar, e só quem tocava violão ali era Fred 04.

"Naquele tempo, no Recife, gente jovem geralmente morava com a família, quase sempre só saía de casa quando casava. Então, quando se tinha amigos morando sozinho num apartamento, onde a gente podia fumar um baseado, tomar umas cervejas e ouvir música durante horas e horas, aquilo era um paraíso. Depois ficava perto do Derby, onde a gente pegava ônibus pra ir pra casa, pertinho do Cantinho das Graças. Muita gente frequentou aquele apartamento. E fui habituê."

Foi nesse apartamento que Chico Science se aproximou mais dos futuros mangueboys. A sede da Emprel, onde ele trabalhava, ficava perto do Cantinho das Graças e do ABC. Chico passou a frequentar o apartamento e a estreitar os laços de amizade com aquela turma do Recife. Jorge du Peixe aparecia sempre que podia. Com a palavra, o anfitrião, Helder Vasconcelos, o DJ Dolores:

"De segunda a sexta a gente estava no apartamento, tomando cerveja, fumando um, discutindo muito aquelas novidades que chegavam às nossas mãos. Como era apartamento de solteiro, meu e de um amigo, recebia muita gente. Catávamos gringo na rua, eles tinham cassete. Então era uma sede informal do que viria a se tornar o manguebeat."

CRIANÇA DE DOMINGO

Foi nessa época, inclusive, que a turma ouviu pela primeira vez de Chico sobre dar um nome às batidas que ele estava criando com o Lamento Negro e a Loustal. Relembra Helder:

"Numa dessas noites, no Cantinho das Graças, eu estava com Fred, Renato, não me lembro de quem mais, aí Chico falou nessa história de que precisava um nome para o som que ele pretendia fazer. Mas estava tudo começando, era o Lamento Negro. Gilmar trabalhava também na Emprel, chegou no apartamento algumas vezes. Eu brinco que era a Nara Leão do manguebeat, porque foi no meu apartamento que vieram as primeiras ideias, os conceitos, não quando já estão com a banda formada, prestes a assinar contrato, isso foi bem para frente, esta é a história seminal."

Parte do grupo era de Candeias, bairro de praia, em Jaboatão, cidade vizinha do Recife. Aliás, tão vizinha que não se sabe exatamente quando uma termina e a outra começa. De Candeias, os irmãos Fred, Fábio e Tony Montenegro; Bactéria, Vinícius Enter e Renato L. Este chegaria a ser secretário de Cultura da prefeitura da capital na gestão João da Costa, do PT, de 2009 a 2013. Muito antes de ser empossado como Ministro da Informação do manguebeat, ensaiou uma carreira musical, incentivado por Zeroquatro, como ele relembra. A turma de Candeia foi influenciada pelo punk rock, alguns anos antes de Chico Science e Jorge du Peixe serem apresentados ao hip-hop. Trinta e três quilômetros separam Rio Doce de Candeias, naquela época não sabiam da existência uns dos outros. O acaso trataria de aproximá-los. Numa conversa na Rua Mamede Simões, recheada de bares descolados que o próprio Chico Science frequentou nos anos 90, Renato Lins puxa pela memória relembrando a era pré-mangue:

"Conheci Fred em 1981, 1982, naquele tipo de encontro Mick Jagger e Keith Richards, o que era muito comum naquela época. Ele estava na praia tocando Rolling Stones no violão, eu disse que gostava dos Rolling Stones. Depois fiz parte com Fred do Câmbio Negro, aquele Câmbio Negro H.C."

Quem montou o Câmbio Negro, na verdade, foi Vinícius Enter, que depois fez parte da turma do manguebeat. O "enter" vem do teclado do computador, que ele passou a usar na época do manguebeat.

CHICO SCIENCE

"Fiz parte como vocalista do Câmbio Negro e tive uma banda, a Sala 101, um grupo de garagem que acabou logo. Acompanhei todo o processo do surgimento da Mundo Livre. Fui o primeiro a ser convidado por Fred, ele se dispôs a me ensinar a tocar. Mas eu nunca quis ser músico. O meu barato, o que eu gostava, era dos críticos de música, Ana Maria Bahiana e Ezequiel Neves, eu queria escrever sobre música. Queria ser jornalista, não tinha jeito para tocar, nunca aprendi. Aí entrei para a faculdade de Comunicação, UFPE. Fred entrou um ano antes."

A Câmbio Negro H.C. foi a primeira banda punk/hardcore recifense a gravar um LP, mas já sem os futuros mangueboys, *Espelho dos Deuses* (1989).

A cena punk do Recife surgiu por volta de 1983, 1984, por conta de uma das muitas crises econômicas que pipocaram no estertor do regime militar, no governo do general João Batista de Oliveira Figueiredo. Uma dessas crises atingiu os metalúrgicos do ABC. A coisa ficou tão braba que, desempregados, os operários, ou seus filhos, voltaram para o Nordeste.

"Chegaram aqui uns punks do ABC. A gente conheceu esses caras. Foi na época em que saiu a coletânea *Grito Suburbano*. Fui pra São Paulo, para um congresso de comunicação, e trouxe esse disco. A gente já gostava de The Clash, The Damned, os Stones. Aí viramos punk durante uns dois anos. Nesse tempo já era new wave, mas a gente misturava tudo. Patti Smith com Jimi Hendrix. Aí passamos a gostar de soul, James Brown, então ficou difícil compatibilizar punk com o funk. Depois não era fácil andar com alfinete na cara, meio pesado. Além disso o punk entrou numa fase muito nacionalista, só podia escutar banda em português", sintetiza Renato L.

No começo dos anos 90, o pop e o rock mudaram, não apenas a sonoridade como a atitude. O hip-hop avançou a passos tão largos quanto as calças street wear, a moda dos rappers. A outra novidade eram os livros da geração beat, que passaram a ganhar edições em português:

"Não me lembro se Zeroquatro curtia, mas eu, Mabuse e Chico curtíamos Gregory Corso, Lawrence Ferlinghetti, os beats. Depois a gravadora Stiletto começou a lançar muita coisa boa, que antes não chegava ao Brasil. E vieram os discos de rap: Public Enemy, Run DMC, os discos da

CRIANÇA DE DOMINGO

Two Tone (gravadora especializada em ska, frenético ritmo jamaicano), The Specials. Foi uma época de trocas, todo mundo levava discos pro apartamento. A gente escutava de tudo, também dos anos 60. Chico gostava muito do disco *The Who Sell Out*, do The Who, daquela música 'Armenia City in the Sky'. Havia uma grande troca de informações."

Mais ou menos em meados dos anos 70, a movimentada Rua Sete de Setembro, no bairro da Boa Vista, tornara-se ponto de encontro de gente das mais diversas faixas etárias e nichos culturais da cidade, que baixavam na Livro 7 que, nos anos 80, ainda sem megastores, ficou conhecida como a maior livraria do país. Ela funcionava num galpão confortável. O dono, Tarcísio Pereira, mandou espalhar bancos em locais estratégicos, onde as pessoas que não podiam comprar liam os livros. Muita gente visitava a livraria nos dias seguintes para continuar a leitura. Nos anos 80, podia-se chegar ali à tarde e dar de cara com um intelectual da velha guarda e um roqueiro, João Cabral de Melo Neto e Fred 04, Gilberto Freyre e o cartunista Lailson (músico da psicodelia dos anos 70). O jornalista e escritor Xico Sá, que veio muito jovem do Cariri cearense para o Recife, trabalhou como vendedor da Livro 7 por um tempo (ele se mudaria para São Paulo no início dos anos 90). Fez parte da turma que deflagraria o manguebeat, tornando-se amigo de Fred 04 e Renato L., a quem conheceu no CAC (Centro de Artes e Comunicação) da UFPE, como estudante de Jornalismo.

"Nessa época a gente se encontrava na Sete de Setembro, na entrada da Livro 7. Foi quando Fred acabou a banda que tinha, acho que a Serviço Sujo, e montou a Mundo Livre. O nome veio daquele programa de TV *Agente 66* (série do comediante e escritor Mel Brooks sobre um agente secreto atrapalhado), que a gente gostava muito e que falava em mundo livre. Veio em seguida o programa *Décadas*, na Rádio Universitária. Era feito por mim, Zero, e duas meninas: Ana Helena, estudante de Letras, que namorou com Fred e depois foi pra São Paulo, e Luciene Araújo, que agora faz cinema", diz o jornalista.

Ávidos por informação, numa época em que as fontes no Brasil eram escassas, os produtores do *Décadas*, suprindo uma lacuna no rádio do Reci-

CHICO SCIENCE

fe, tocavam a nova música, sobretudo inglesa, de Felt, The Cult, os álbuns da Two-Tone, The Fall, Joy Division. Valiam-se de empréstimos de discos e cópias em cassete. Valia até sintonizar a BBC para escutar o antenado locutor John Peel e gravar, ainda que de forma precária, o novíssimo rock de Manchester – Primal Scream, Inspiral Carpets, Happy Mondays... Curioso como a precariedade de acesso ao que acontecia nos grandes centros ligava gerações. Em 1967, Geraldo Azevedo apresentou um programa na TV Jornal do Commercio. Na verdade o convite foi feito para o grupo Raiz, um coletivo que agregava nomes então muito atuantes na música da capital pernambucana, entre os quais Naná Vasconcelos, Teca Calazans, o baiano Edi Souza (futuro Edy Starr) e Marcelo Melo (que fundaria o Quinteto Violado). Para se atualizar com o que era novidade no Rio ou São Paulo, Geraldo conta que aprendia canções novas de Edu Lobo, Chico Buarque, Geraldo Vandré, assistindo aos musicais das emissoras do Rio ou São Paulo pela televisão. Naquele tempo, música era o forte da programação das emissoras do Sudeste:

"Decorava ou gravava e apresentava no nosso programa antes mesmo dessas músicas serem gravadas", disse o compositor.

Indo duas décadas adiante, às memórias de Renato L.

"Não me lembro quando conheci Chico. Provavelmente por intermédio de Mabuse, que conheci por causa de Denise, a irmã dele, que me foi apresentada por um amigo, por um cara chamado João Menezes. Fui na casa de Denise ver uns vídeos raros, naquele tempo não tinha facilidade para ver bandas como New Order, não sei como ela conseguia. Aí conheci Mabuse, bem novinho, dez anos a menos que a gente, tinha 12 anos."

Foi assim que Candeia se aproximou de Rio Doce.

"Mas a primeira vez que vi Chico foi na Noite Hip-Hop que ele fez com du Peixe na Misty, os dois fazendo break. As bandas eram Orla Orbe e KZF. A gente gostou mais do KZF. Tinha um rap na época que fazia sucesso, L.L Cool J, Chico imitava ele. A gente gostou mais do vocalista da KZF pelo mesmo motivo que depois gostaria de Chico, por ser mais original. Mas não falamos nada para Chico, que sempre foi muito querido. É engra-

CRIANÇA DE DOMINGO

çado que a gente não tinha muito contato com Lúcio ou Dengue, mesmo naquela primeira mangue tour. Era como se na cabeça da gente fosse café e leite. Lúcio já era um bom guitarrista, mas tinha nove anos de diferença entre a gente. Conversava com Chico, que sempre foi muito falador. Não com os outros, essa coisa de conceitos do mangue, vamos fazer isto, vamos fazer aquilo. Conversava também com Du Peixe, mas ele já trabalhava, era casado com uma menina chamada Suzie, já tinham Ramon (que foi marido de Louise, filha de Chico Science), que conheci ainda uma criancinha. A gente se encontrava no ônibus. Ele largava da Vasp e vinha pra cá e, às vezes, coincidia de eu estar no ônibus, a gente conversava. Mas não circulava tanto por ser casado. Via mais Chico."

Uma noite Chico Science chegou no bar que o pessoal costumava frequentar, próximo ao prédio em que Helder Aragão morava, e no meio de um papo com a turma, disse que tinha batizado de mangue a batida que estava moldando com o Lamento Negro:

"A primeira vez que trouxe essa coisa do mangue foi no Cantinho das Graças. Ele falou de grooves, batidas. Então quando Chico falou 'mangue', achei uma sacada muito boa, naquele tempo estava acontecendo a coisa do axé, então para não haver confusão, pensamos em alargar a coisa pra não ficar só na batida", conta Renato L.

Com tantas cabeças pensantes, não demorou a que se criassem conceitos e teorias que se coadunassem com o mangue de Chico Science.

Jorge du Peixe não estava lá nessa noite, mas conta que ia com Chico de Rio Doce para o centro do Recife, quando Chico lhe falou:

"Tô com uma ideia na cabeça de chamar a batida que estamos fazendo de 'mangue'."

Só depois foi que fez a analogia com a biodiversidade, culturalmente falando.

"Ele estava empolgadíssimo, deve ter falado sobre isso com muita gente. Me lembro muito bem quando ele me falou desse cartucho, pequeno, mas de longo alcance."

O próprio Chico várias vezes precisou esclarecer o conceito mangue:

CHICO SCIENCE

"Estou fazendo por onde, trabalhando meu som, minha cultura, foi essa coisa que a gente fez. Foi isso que pensei, quando pensei no mangue, é uma palavra forte, cidade estuário, Recife, mangue", disse ele na entrevista ao *Toda Música*, quando divulgava o disco *Afrociberdelia*.

Porém, a ideia vinha sendo matutada há muito tempo. Desde sua primeira banda. Quem confirma isso é Vinícius Sette, baterista da Orla Orbe e da Loustal. Da cidade do Porto, em Portugal, onde mora há alguns anos, Vinícius confirma que Chico tramava um movimento musical muito antes de conhecer o Lamento Negro:

"A ideia do mangue surgiu numa festa de Natal, na casa da família do Chico, em Rio Doce. Estávamos com amigos, namoradas, parentes e, de repente, ele disse pra gente da Orla Orbe: 'Vamos lançar o mangue?' Todos começamos a rir. Lúcio, bem garoto ainda, com uns 15 anos, disse: 'Mangue, Chico? Ninguém vai querer saber. Isso é coisa de gente pobre'. Todos riram. Ele ficou meio chateado, disse que o Bambaataa havia criado o bang nos Estados Unidos, e iria criar um movimento aqui em Recife também. Sei que então passamos a introduzir elementos do funk, rap e outros ritmos no contexto musical da banda."

O "bang" citado por Vinícius é um hit da Afrika Bambaataa & Soulsonic Force, uma influência forte em Chico Science. Mas o conceito revolucionário na música brasileira nos anos 90 começou a fermentar ainda antes da Orla Orbe. Quando Chico ainda era Chiquinho, na Rua do Girassol, em Rio Doce. Quem teoriza sobre isso é o amigo Aderson:

"Chico gostava de dançar. Mas a dança nunca era samba, pelo menos o samba carioca. Ou eram as coisas bem da terra, ciranda, coco, maracatu, frevo, ou então world music. Ele já estava com a cabeça lá para a América, nos guetos, gostava dessas coisas. Ele não ia para a música do centro-sul do país: gostava muito de Gilberto Gil, só. Depois de muito tempo foi que começou o Ira!, já no final da adolescência. Com ele ou era rock and roll, soul ou regional. A música de Chico não era MPB, era outra pegada, uma mistura, isso era muito da característica dele."

Aderson confirma que, desde pequeno, Chico escrevia suas ideias:

CRIANÇA DE DOMINGO

"Tenho um livro de partituras, pautas, tem umas coisas que ele escreveu. Feito esta: 'Eu amo o ritmo/ Quem sente a música jamais irá sentir a dor/ A música funk está nos bares, está nos corpos que dançam mares.' Aí já tem essa divisão melódica, ele já formando um corpo, alguma coisa se aprontando", pondera.

Em 1994, Chico já desenvolvera uma teoria do conceito de mangue, incluindo toques do manifesto/release escrito por Fred 04, e a apresentou numa entrevista a Luiz Claudio Garrido do jornal *A Tarde*, de Salvador:

"No começo fiquei com um certo receio, pensando se seria mesmo necessário rotular aquele trabalho. Vi que ali havia uma coisa nova, aquela espécie de brincadeira levada a sério. Até que decidi colocar o nome de mangue, pelo fato de o Recife ser uma cidade estuário, construída em cima de manguezais, pela fertilidade característica desses manguezais, por ser uma grande cidade com fertilidade de ritmos também. Foi daí que veio o nome. Já o movimento mangue ocorreu a partir do momento em que as bandas começaram a trabalhar em forma de cooperativa."

No começo da carreira, Chico Science & Nação Zumbi procuravam espaços para shows – já não cabia mais em bares e pontos alternativos. Foi então que surgiu o Circo Maluco Beleza, bem localizado, na Avenida Rui Barbosa, nas Graças, bairro nobre do Recife, cujo intuito era o de se tornar palco para artistas populares que tocassem no rádio, sobretudo o pessoal da axé music, para a qual estava direcionada a atenção das grandes gravadoras. Quem viu com bons olhos o Maluco Beleza foi Paulo André Pires, que tinha uma loja de discos descolada, a Rock Xpress, e promovia shows de heavy metal, então a cena musical mais atuante da cidade, com dezenas de bandas. Paulo incrementou a cena promovendo shows de metal, bem antes do Abril Pro Rock. Trouxe para o Recife bandas importantes no universo do metal como a americana Morbid Angel e a alemã Kreator. No Circo Maluco Beleza, ele montaria o palco da edição inaugural do Abril Pro Rock, que aconteceria em 1993, a vitrine para a geração anos 90, não apenas do Recife, mas das principais cenas pop/rock do país.

MANGUE TOUR

Chico Science e Fred 04 tramavam uma investida no Sudeste. Em vez do Rio, onde estavam as sedes das principais gravadoras que operavam no Brasil, optaram por São Paulo, cuja cena musical flertava com a vanguarda, ao mesmo tempo em que conseguia penetração no mercado pop. De lá era a Fellini, uma das bandas preferidas dos dois mangueboys. Science encarregou Ferdinando Jujuba de armar a viagem:

"Comecei as tratativas para um show no Aeroanta, uma das casas mais badaladas de São Paulo na época. O falecido produtor musical e jornalista Carlos Eduardo Miranda fez o contato inicial e eu dei seguimento às negociações desse show. Consegui as passagens de ônibus para as duas bandas, Chico Science & Nação Zumbi e Mundo Livre S/A, através do governo de Pernambuco. Paralelamente, fechamos um show em Belo Horizonte, o que se tornou a apresentação do manguebeat no Sudeste."

Os astros pareciam conspirar para a ascensão nacional do CSNZ. O divulgador da Sony Music em Pernambuco, conta Jujuba, estava querendo conhecer a Nação Zumbi:

"Acho que quem me disse isso foi Isabel, dona da Rádio Cidade. Então fiz uma cópia de um clipe feito pela TV Viva, a fita demo que tinham gravado, um release, e entreguei a ele. O pessoal da Sony no Rio gostou. Uns quatro dias depois, Ronaldo Viana, que era assistente de Jorge Davidson, diretor musical da gravadora, ligou pra minha casa."

O divulgador quis saber se a banda estava com show marcado, porque queria vê-la ao vivo, e para isso viria ao Recife:

CRIANÇA DE DOMINGO

"A gente não tinha nenhum show marcado, mas eu disse que sim. Produzimos uma apresentação no bar Som das Águas, nas Graças, com a renda revertida para o reforço do caixa para a viagem. Por acaso, Roberto Augusto, presidente da Sony, encontrava-se no Recife. Não por causa da Nação Zumbi, mas foi com Ronaldo Viana assistir ao show. No dia seguinte, uma segunda-feira, fui com Chico ao hotel em Boa Viagem em que Ronaldo Viana estava hospedado, e assinamos um pré-contrato, que não dava a certeza de que a banda seria contratada, mas que estava encaminhando-se para isso. Uma carta de intenção, sem valor jurídico, portanto a gente poderia pensar também na Warner, que estava de olho na Nação Zumbi. Foi até engraçado lá no Aeroanta, Chico se escondendo do pessoal da Warner porque estavam lá o diretor musical Jorge Davidson e o assistente Ronaldo Viana", conta Jujuba.

Dá pra imaginar a ansiedade dos músicos do CSNZ, sobretudo os moradores de Peixinhos, quando souberam da viagem para São Paulo, para onde os que pertenciam ao seu estrato social iam à procura de emprego, principalmente para fugir das estiagens periódicas que assolavam o sertão. Muitos tinham parentes que procuraram a capital paulista como rota de fuga. Eles, no entanto, iriam como músicos, perguntavam o tempo inteiro sobre a viagem. Enquanto isso Chico Science, testemunha Ferdinando Jujuba, apenas cuidava com ele para que tudo estivesse nos "trinques", expressão corrente, disseminada por uma novela global.

"Quando Chico disse que a gente iria pra São Paulo, foi logo depois que participamos do projeto Seis e Meia com Arrigo Barnabé", ressalta Gilmar Bola 8.

Abrir uma apresentação para um artista cujo auge acontecera dez anos antes mereceria duas ou três linhas numa biografia de Chico Science ou da Nação Zumbi, mas essa participação apontava que produtoras locais feito a Raio Lazer começavam a sentir a importância da nova cena recifense. Até então, os produtores locais não davam trela a bandas de rock da cidade. Às vezes, abriam uma "janela" em shows de artistas do Sudeste. Foi a estreia do manguebeat num dos palcos mais tradicionais e importantes da capital,

157

CHICO SCIENCE

então com 77 anos de inaugurado. E boa parte do público esteve ali pelos mangueboys.

"O que me chamou mais a atenção em Chico Science, quando comecei a trabalhar com ele, foi a dedicação ao projeto Nação Zumbi. Ele respirava isso. Acordava e já me ligava querendo saber em que pé estava tudo. Sabia muito bem o que queria em relação a sua carreira, tinha alma de produtor", elogia Jujuba. "Depois de São Paulo viajamos para Belo Horizonte. Chegou lá, não deu bilheteria. A gente não tinha como voltar. Tivemos que vender um show para um cara de uma empresa, tocamos para uns formandos de medicina em troca das passagens para São Paulo. De lá, a banda voltou de ônibus para o Recife, e o pessoal da Sony nos levou, eu, Chico e Fred para conhecer a gravadora no Rio."

A banda passou a ser convidada para shows em locais como o Rabo de Arraia, no Alto da Sé, em Olinda, numa festa da somaterapia, ou até mesmo na abertura de uma butique num shopping, relembra Gilmar:

"Uma menina de Belo Horizonte que veio lançar uma grife em Piedade (bairro na orla de Jaboatão dos Guararapes, na Grande Recife), no Shopping Marketing Place, ela ficou impressionada com a banda. Encontrou-se com Otto no Alto da Sé, fez o convite para gente tocar na inauguração da loja. Quando o grupo estava tocando, o gerente do shopping chegou arretado, ordenou que a banda parasse. A dona da loja mandou que o grupo tocasse dentro da loja. Juntou gente do lado de fora, ninguém entendendo direito. Ela ficou sendo a nossa madrinha. Sandra, o nome dela, começou a nos presentear com roupas. Foi quem arranjou o show no Drosóphila, em Belo Horizonte. Fomos para Belo Horizonte, a Nação e a Mundo Livre. O irmão dela era diretor de um clube, e nos conseguiu outro show."

"Os mangueboys estão de volta depois de conquistarem Sampa e participarem dos principais programas jovens da TV brasileira. Disputados pela Sony Music e WEA, Chico Science & Nação Zumbi devem lançar o seu primeiro disco ainda este ano. E a Mundo Livre S/A, que também está engatilhada", dizia matéria assinada por Marcelo Pereira, na edição de 3 de julho de 1993, no *Jornal do Commercio*. Pereira, durante mais de duas déca-

CRIANÇA DE DOMINGO

das editor do caderno de Cultura do *JC*, cobriu a turnê em São Paulo. Bancada pelas próprias bandas, essa viagem foi fundamental para sacramentar o movimento nacionalmente. Havia expectativa para enfim ver ao vivo as duas bandas que deflagraram a cena mais badalada da música brasileira.

"Em São Paulo, foi um grande momento. Todos os caras que a gente lia na *Bizz* estavam no Aeroanta, Alex Antunes, Zé Augusto Lemos, todos esses caras foram ao show", conta Renato L.

O divisor de águas do manguebeat seria essa turnê de Chico Science & Nação Zumbi e Mundo Livre S/A para São Paulo e Belo Horizonte. Uma viagem feita na tora (na raça), como se diz no Recife. O dinheiro continuava curtíssimo para os mangueboys. O que receberam da Fundarpe deu para comprar as passagens de ônibus. Para o rango, teriam que se virar (a viagem durava em média um dia e meio). Os sanduíches preparados por dona Rita, mãe de Chico, entusiasta da carreira do filho, foram consumidos mal a aventura começou. Comida seria o principal perrengue da viagem. Paradoxalmente, sem disco gravado, sem contrato com gravadora, as duas bandas recebiam ampla exposição nos principais jornais de São Paulo, eram mais conhecidas do que supunham.

Algo semelhante acontecera na música pernambucana quatro décadas antes, com Jackson do Pandeiro (1919-1982), rei dos auditórios da Rádio Jornal do Commercio, na qual se apresentavam estrelas do rádio carioca que se encantaram com o jovem paraibano de Alagoa Grande. Seu nome passou a ser incensado na imprensa do Rio e viralizou, numa época em que a expressão só era empregada para doenças. Quando Jackson do Pandeiro chegou à então capital do país, já era uma celebridade. Foi isso que aconteceu com Chico Science & Nação Zumbi e Mundo Livre S/A. Mais com Science, pela originalidade do som de sua banda, pelo carisma, pela facilidade de comunicação e, sobretudo, por ser um objeto não identificado. Não havia parâmetros para a música que ele e Nação Zumbi faziam.

O jornalista e músico paulistano Alex Antunes não apenas assistiu à estreia do manguebeat em São Paulo como foi para o Recife viver aquela ebulição. Conseguiu uma vaga no caderno de Cultura do *Jornal do Com-*

CHICO SCIENCE

mercio e passou a fazer parte da cena, onde era bem conhecido pelo disco com o Akira S e As Garotas que Erraram. Antunes, num depoimento para a Ocupação Chico Science, produzida pelo Itaú Cultural, em 2010, traça a melhor análise sobre Chico Science, suas elucubrações e importância na música brasileira:

"O que é mais inquietante na história do Chico é que quando ele morreu estava começando a entender qual era a dimensão que poderia ter na história da música brasileira. Ao mesmo tempo, ele era um cara que pensava muito estrategicamente, com uma clareza na conversa, nos tópicos que abordava: era um cara muito intuitivo, expansivo no que fazia. Era uma combinação meio ideal. Talvez se a gente pensar na pós-Tropicália, ele é talvez o cara mais completo depois do Gil e do Caetano, no sentido de ser as duas coisas, um intelectual, um cara com uma reflexão, um cara com uma enorme espontaneidade, uma enorme intuição, uma atitude de palco e de estúdio que era um produto da confluência dessas duas coisas."

Prossegue Alex:

"Era aquele cara que tinha um tantinho de intelectual, um tantinho de duende, aquele personagem que ele pegou do homem do povo, com aqueles óculos, com aquele chapéu, era um cara no meio de uma operação bem maluca e bem interessante. Chego a pensar o que é que significa o desaparecimento de um cara desses. Toda vez que desaparece um cara muito central para esta coisa da brasilidade, como Chico Science e Glauber Rocha, fico pensando como essas pessoas aparecem e desaparecem. Não consigo deixar de pensar no Chico como uma pessoa que antecipava questões que hoje são muito importantes, como arte e tecnologia, mudar a relação centro e periferia, em produzir arte coletivamente. E principalmente a intuição dele, que foi fulminante na questão de achar estratégias para o pop e o popular brasileiros funcionarem juntos. Ninguém tinha pensado com tanta clareza, ninguém tinha intuído com essa clareza, nesses termos. Toda a capacidade dele de articular os velhos, os maracatus, num negócio absolutamente contemporâneo, de rock, música eletrônica, a forma como conseguiu acoplar isso. Apesar de ele ter morrido, essas coisas não só ficaram colocadas como

CRIANÇA DE DOMINGO

prosperaram. A diferença que isso faz pro Recife hoje é brutal, a arte, o comportamento, a sociedade do Recife não seriam as mesmas se essas questões não tivessem sido lançadas e exploradas naquela época. Isso foi plantado no Recife. E transformou a cidade. O Recife é o que é hoje por causa desta nova brasilidade ter sido inaugurada lá. Então tem essa brincadeira, que no pré-carnaval, carnaval tem uns roqueiros esperando para ver a banda tocar no palco, mas daí o maracatu passa na rua de trás, e vai todo mundo, corre atrás. É aquela coisa de Caetano que diz que atrás do trio elétrico só não vai quem já morreu. No caso do maracatu isso é verdade, atrás do maracatu só não vai quem já morreu. E com o Chico Science acho que até morto ele vai, pela maneira como gostava de brincar."

Lá das Ilhas Canárias, Canhoto, então um adolescente, hoje quase cinquentão, relembra aquela sua primeira viagem para o Sudeste:

"Sim, fizemos São Paulo e Belo Horizonte. Ficamos no Pico do Jaraguá, em São Paulo. Saía toda manhã, às 5h, para a padaria com o Otto. Sacanagem era que comíamos antes na padaria e depois, quando chegávamos no albergue. Era uma forma de comer melhor ali, pois era tudo contado: almoço, café da manhã e jantar. Ninguém queria ir comprar comida. Com um frio de cinco graus... Só eu e Otto. O baixista da Mundo Livre, Fábio Goró, se levantava de madrugada pra comer escondido. Eu vi e contei a todos pela manhã. Ele morreu de vergonha. Mas a verdade é que passamos a ralação juntos, não tinha cachê dos shows, virou tudo recurso para a viagem. Quando fomos a Belo Horizonte, comemos a comida quente e um pouco melhor. Uma dona de grife de um shopping nos convidou a ficar na casa dela, ela tinha uma grana boa, ajudou muito. Chamava-se Sandra, não me lembro do sobrenome. Na viagem de volta comíamos no caminho bolachas e bananas, regados a água mineral, até chegar no Recife."

Para viajar com a banda, Chico Science recebeu autorização assinada em cartório pela mãe de Canhoto. O fato de os dois terem o mesmo sobrenome, França, facilitava.

A maioria dos músicos ficou no albergue no Pico do Jaraguá, enquanto Chico Science, Fred 04 e Jujuba hospedaram-se na casa de Xico Sá, então

CHICO SCIENCE

repórter da *Folha de S. Paulo*. Sua casa, brinca ele, era a embaixada do manguebeat na capital paulista. Na primeira investida dos mangueboys a São Paulo, o cardápio quase sempre era macarronada com ovo.

"A gente comia pão com queijo, ou mortadela, nunca os dois ao mesmo tempo", conta Dengue.

Para Renato L., essa viagem marcaria o fim da fase "heroica" do manguebeat. Aquela coisa meio geração beat, de discutir literatura, ouvir discos, queimar uns baseados, com birita. Uma coletividade circulando pelos apartamentos onde moravam Helder, depois Chico, Mabuse e 04. Na volta da mangue tour aquela fase, rito de passagem, aos poucos acabaria.

"A gente, eu e os músicos das bandas, voltou de ônibus de Belo Horizonte, enquanto Chico, Fred e Jujuba foram de avião pro Rio de Janeiro. Chico voltou apalavrado com a Sony. A coisa da brodagem diminuiu. Depois o grupo vai pro Rio, Chico conhece todo mundo. Não tinha mais tempo para nada. A gente foi se vendo cada vez menos. Em 1995 e 1996, me encontrei pouquíssimas vezes com Chico. Eu fazia o programa *Manguebeat* na Rádio Caetés, com Stela Campos, Dolores e outros, eles foram saindo, e eu fiquei só. Quando Chico chegava de viagem, ia fazer o programa. Levava os discos que tinha comprado. Nessa época, duas vezes fui ao apartamento em que ele morava com Goretti. Não dava para conversar direito porque tinha sempre outras pessoas. Aquela amizade, que foi de 1990 a 1994, já não era mais a mesma", diz Renato L.

O próprio Chico Science comentou esse afastamento do núcleo que fermentou o manguebeat numa longa entrevista à revista eletrônica UpToDate, em 1996:

"A gente perdeu um pouco a direção da coisa, porque cada um tem que trabalhar em um lugar, tem gravadora, tem show. E é muito difícil de se estruturar. A coisa vai crescendo e você vê que não segura o lance de centrar mais, de estar ali conversando, trocando as mesmas ideias, desse núcleo que a gente fundou. Precisamos sair para nos dedicar mais."

Houve uma mudança no relacionamento da turma do manguebeat depois da bem-sucedida turnê de 1994, em que a banda demarcou seu terreno

CRIANÇA DE DOMINGO

no circuito dos festivais do verão europeu e, um pouco menos, nos Estados Unidos, o mercado mais cobiçado do planeta e pouco receptivo à música não cantada em inglês. Somente na terceira década do século 21 é que artistas hispânicos passaram a disputar o mercado com americanos. Chico Science & Nação Zumbi tornou-se o grupo mais requisitado da cena recifense. As viagens constantes não permitiam mais as noites de boemia curtindo som no apartamento de amigos, ou noitadas em bares como o Cantinho das Graças.

MANIFESTO

Entre os elementos que Mabuse trouxe para o grupo que criou o manguebeat, estava o interesse pela ficção científica (*Neuromancer*, de William Gibson, foi best-seller entre eles) e a teoria do caos. Esta, conforme definição da Wikipedia, "(...) trata de sistemas complexos e dinâmicos, rigorosamente deterministas mas que apresentam um fenômeno fundamental de instabilidade chamado sensibilidade às condições iniciais que, modulando uma propriedade suplementar de recorrência, torna-os não previsíveis na prática a longo prazo." A teoria pode ser aplicada ao manguebeat, que juntou, como já foi comentado, garotos de níveis socioeconômicos diversos, que transgrediram o determinismo vigente em Pernambuco, onde os movimentos artísticos foram conduzidos por indivíduos do mesmo estrato social, da classe média para a alta. A cultura popular servia apenas de fonte na qual intelectuais bebiam, mas quase sempre sem dar crédito ao artista, nem o trazer para o palco.

Houve épocas no Recife, mais nos anos 1930 e início dos 1960, em que aconteceu uma valorização da cultura popular. Foi criado o MCP, Movimento de Cultura Popular, cujo modelo serviria de inspiração para os Centros Populares de Cultura, dos quais o mais conhecido foi o CPC da UNE, no Rio. Entre os seus fundadores estavam o educador Paulo Freire e o teatrólogo Ariano Suassuna. Considerado foco de subversão pelos militares que se apossaram do poder em 1964, o MCP foi um dos primeiros locais para onde foram enviados os tanques do exército, no dia 1º de abril daquele ano.

CRIANÇA DE DOMINGO

As manifestações da cultura popular recolheram-se à periferia ou ao interior do estado, sobretudo na Zona da Mata. Nos períodos em que exerceram influência na música, na literatura e nas artes em geral como fonte de inspiração, não lhes foi dado protagonismo. O citado Ariano Suassuna tem sua obra quase inteira fundamentada na cultura popular, mas o Armorial, movimento que idealizou no final dos anos 1960, deu pouca visibilidade aos mestres da cultura popular. O exemplo é Mestre Salustiano da Rabeca, admirado por Suassuna, que realizou trabalhos com ele, mas só veio para os palcos nos festivais de rock e tornou-se admirado pela juventude pernambucana na era do manguebeat, contribuindo para popularizar a rabeca, até então restrita ao cavalo-marinho da Zona da Mata. A banda Mestre Ambrósio absorveu as manifestações daquela região, tais como o maracatu rural (o de baque solto), o citado cavalo-marinho, a ciranda e o coco. Esses brincantes passaram a vir com frequência para a capital, mestres se apresentaram em festivais de música pop, feito o Abril Pro Rock, ou na Soparia, o bar mais badalado da era manguebeat, com um dos palcos mais disputados da cidade.

Retomando o tema da mobilidade social. Inconsciente ou não, Chico Science não se conformou em aceitar o destino traçado à maioria dos que moravam no seu bairro em Olinda, boa parte ainda morando em Rio Doce. Satisfazer-se com um emprego como o que o pai lhe conseguiu na Emprel, que lhe garantiria a subsistência, talvez com umas promoções pelo meio, ganhando um salário suficiente para sustentar uma família. Estendeu seus horizontes de amizades com pessoas de bairros de classe média, em Olinda e no Recife, ao mesmo tempo em que frequentava bairros carentes, como o Chão de Estrelas ou Peixinhos. Aliás, costumava citar Peixinhos nas entrevistas, como se fosse morador de lá:

"Nós somos de Peixinhos, mas ligados em tudo o que está acontecendo pelo mundo", declarou para a jornalista americana Daisann McLane, numa entrevista publicada no jornal americano *The Village Voice* de 11 de julho de 1995.

Dez quilômetros separam Peixinhos de Rio Doce.

165

CHICO SCIENCE

Chico sabia do programa de rádio que estudantes da UFPE apresentavam na Rádio Universitária, o *Décadas*. Como lembrou Mabuse, o próprio Chico tomou a iniciativa de ir lá, com LPs debaixo do braço. Misturaram os sons que curtiam com os da turma do programa. O pessoal do *Décadas* ouvia e tocava o que era conhecido como rock dark, ou gótico, e o indie, sobretudo o som de Manchester, e música eletrônica. The Cure estava entre os grupos preferidos, assim como Joy Division, New Order e Bauhaus. O nome "Década" vem de "Decades", canção do Joy Division. Naquele final dos anos 1980, as bandas indie ainda continuavam em alta, The Smiths era uma das preferidas, com o grupo de punk rock The Clash, The Damned ou o pós-punk, feito o PIL, de Johnny Lydon. Era o único programa na cidade que tocava esse tipo de música, numa época em que o rock brasileiro mostrava sinais de exaustão e a axé music passava a ser incensada pelas gravadoras.

Fred encaminhava-se para o rádio, tinha inclinação para a área, e nessa época as FMs estavam em alta. Em parte porque as gravadoras estavam também passando por um bom período comercial e investiam na divulgação dos seus suplementos:

"Eu trabalhei mais de dois anos na Transamérica como discotecário e produtor. Catalogava os discos promocionais e os releases de coletâneas, de discos novos. Roger mesmo era um que levava discos pra mim (refere-se a Roger de Renor, dono da Soparia, o badalado bar da era manguebeat, que foi divulgador da Warner Music). Catalogava também os releases", conta Fred 04.

No rádio ele foi se acostumando com a presença de artistas de renome nacional, levados pelos divulgadores para as emissoras locais. Um dos artistas que conheceu na rádio ainda não era famoso, o futuro mangueboy Chico Science. A amizade entre os dois começou aí, embora Fred diga que não se lembra dessa ida de Chico ao programa que fazia na Rádio Universitária.

Quando Science sugeriu chamar a música que faziam de mangue, alguém da turma, Fred ou Mabuse, acrescentou o bit, a menor unidade de informação que pode ser armazenada ou transmitida na computação, mais tarde deturpada pela imprensa, que confundiu com beat (batida). O nome do movimento se consolidou na mídia com o manifesto distribuído em 1992, escrito por Fred 04. No ano em que o manifesto completava três décadas, convencionou-se que se contaria a partir daí o marco zero do movimento. Assim o manguebeat, oficialmente, completou 30 anos em 2022. Fred contou ao autor deste livro a longa e tortuosa trilha percorrida até finalizar o texto. Quando o mostrou para apreciação à turma foram sugeridos pitacos no conteúdo, mas o que foi publicado e divulgado permaneceu quase o mesmo conteúdo que saiu da cabeça de 04.

Fred Montenegro concluiu Jornalismo no final dos anos 80. Começou como repórter de rua da TV Jornal, que se recuperava de uma debacle financeira e tinha uma reduzida equipe de repórteres para concorrer com o jornal do meio-dia da poderosa TV Globo.

"A Globo tinha cinco equipes, uma estrutura do caralho. A gente recebia cartela de fichas de orelhão para competir, era uma loucura. Nos primeiros dias fui internado com estafa. Ficou bem claro que eu não ia me adaptar àquele esquema. Como eu tinha uma inclinação para a cultura, me colocaram pra noite, aí eu não tinha hora pra entregar as matérias, e a equipe era da gandaia. Eu ia com eles pro Caldinho de Água Fria, pro Maxime, no Pina. Não tinha pressa na edição, porque era matéria pro outro dia. Entrei de férias. O que acontece? A gente alugou, tenho até o contrato de locação, um apartamento na Aurora, no Capibaribe. Eu, Chico e Mabuse, o contrato no meu nome porque eu era o único com carteira assinada."

No entanto, mal alugou o apartamento, Fred 04 foi demitido da TV.

"Não tinha aquela de aviso prévio, porque temiam que a gente fosse pro ar esculhambar a emissora. Soube por uma menina de lá que seria demitido quando voltasse das férias. Na TV você tinha plantão, sábado ou domingo inteiros trabalhando. Foi na época em que havia eventos feito o Mangue Feliz, quando tocamos com a Nação Zumbi no Natal da Galeria Joana d'Arc. Eu tocava à noite, chegava na TV vomitando. Eles não quiseram ficar comigo. Então me pagaram o fundo de garantia, a grana do aviso prévio, tudo certinho, tive o seguro-desemprego por três meses. Com essa grana comprei um fusquinha", conta Fred.

CHICO SCIENCE

A apresentadora Graça Araújo (falecida em 2018), de muito prestígio no jornalismo pernambucano, trabalhava na TV Jornal e tinha um cargo na TV Pernambuco, pertencente ao governo do estado.

"Fui demitido e no mesmo dia Graça me convidou pra ser repórter especial da TV PE. Meu pai nem sabia que eu tinha saído da TV Jornal. No primeiro dia do novo trabalho, fui acompanhando uma menina, no seu último dia na TV. Parece que ela ia pra São Paulo. E eis que o carro enfiou-se num poste de ferro. Fui parar no Hospital da Restauração. A menina quase morre. A gente saindo da TV Pernambuco, o cara foi ali pela Avenida Mario Melo (região central do Recife), nisso um carro saiu de uma transversal, numa carreira da porra, e o motorista teve que desviar. Eu ia no banco da frente, a menina atrás. Graça Araújo me disse que a repórter saía todo dia no banco do carona, lendo a pauta. Se ela tivesse na frente teria se fodido. Eu previ, e me segurei. Nem vínculo com a empresa eu tinha pra cobrir plano de saúde. Meu pai tomou um susto, porque a notícia saiu na TV, ele nem sabia que havia deixado a TV Jornal. Fiquei de molho em casa. Não quis voltar a trabalhar por enquanto."

A TV Viva, uma produtora de vídeos e documentários criada em 1984, produzia um documentário sobre manguezais. Os produtores do especial já haviam acumulado muitas horas de imagens de mangues e de pescadores. Iam começar a fase de montagem e precisavam de uma pessoa para roteirizar e fazer a narração:

"Souberam que eu tinha sido demitido e me convidaram. Massa, disse pra eles, sobre manguezal eu quero. Me deram um puta material de livros, apostilas, aquilo de confluência das coisas. Vem daí o primeiro parágrafo do manifesto, no qual falo: 'Estuário. Parte terminal de um rio ou lagoa. Porção de um rio com água salobra', a parte biológica do texto foi da pesquisa do doc da TV Viva", confessa 04.

"Quando eu fui demitido, com tempo livre, tinha dinheiro pra pagar a cerveja da galera. Namorava uma galega, uma gringa, que morava em Boa Viagem, filha de mãe brasileira e pai alemão. Essa menina namorou com vários da turma. O primeiro foi Chico Science. Eu morei algum tempo com

CRIANÇA DE DOMINGO

ela em Casa Forte. Depois ela se casou com um DJ austríaco. Eu estava no apartamento da mãe dela, na Rua dos Navegantes, em Boa Viagem, quando escrevi o manifesto. Eu me lembro o dia, porque foi o mesmo daquela passeata fora Collor, em 16 de agosto de 1992. Eu estava na varanda, vendo aquele povo todo de preto chegando na rua. Ela detestava manifestação porque o pai dela tinha sido preso na Alemanha – ele foi daquele grupo terrorista Baader-Meinhof. Ela veio pra cá trazida pela mãe, porque estava namorando na Alemanha com um cara que era traficante. E eu falando: 'Que massa, todo mundo vai ocupar a rua.' Foi aí que descobri o envolvimento político do pai. Acho que tinha grana. Conheci a menina na época do bar Panquecas de Boa Viagem. O dia mais underground era a segunda--feira. Eu e Renato estávamos na organização do primeiro evento Viagem ao Centro do Mangue, uma festa de São João no Alto da Sé. A gente estava com uns panfletos da festa, fomos para o Panquecas. Numa mesa, a uns cinco metros de distância, chegou a menina, com o padrasto e a mãe dela. Falavam em alemão. De repente eles estavam pagando a conta, achei que a menina fosse embora. Então ela veio pra mesa da gente e disse: 'Vocês são muito tímidos', num português meio enrolado. E a gente: 'Hein?'. Aí mostrei o panfleto e convidei pra festa. Ela perguntou se a gente queria ir pra casa dela no dia seguinte. Tinha acabado de chegar na cidade. Nessa noite, Chico já foi se jogando e transou com ela."

Claro, isso aconteceu há 30 anos, todo mundo estranhando a situação. Fred sugeriu que o pessoal esperasse e deixasse ela se decidir por algum deles.

"Teve outra festa na casa de alguém. Maitê, o nome dela, ficava agarrando um, agarrando outro. Depois de um tempo de sair com um, sair com outro, foi pro ensaio da Mundo Livre e perguntou se eu topava morar com ela. Já havia rolado uns três ou quatro projetos do Viagem ao Centro do Mangue, escrevi o texto justamente nesse dia em que eu estava com Maitê na casa da mãe dela. Foi antes de a gente morar juntos, numa casinha que alugamos em Casa Forte."

Coincidiu, pois, que a redação do Manifesto Caranguejos com Cérebro acontecesse num dia histórico, que praticamente definiu a saída de Collor

CHICO SCIENCE

da presidência do país. Fred 04 a princípio estava travado para redigir o que seria o manifesto mangue:

"Estava com essas informações do documentário da TV Viva na cabeça. Por algum motivo, caiu a ficha. TV é aquele texto medíocre. Eu levei altos esporros de Graça Araújo, e do chefe de reportagem, que dizia que meu texto não era para televisão, era para revista. Tive que adaptar meu estilo à TV durante dois anos. Quando saí, fiquei na vontade de exorcizar, louco pra escrever coisas inspiradas, abstratas. Aí caiu a ficha de que precisava de um release para a festa Viagem ao Centro do Mangue. Então escrevi o Caranguejos com Cérebro, juntei coisa do documentário com ilustrações acho que de Jorge. Fiz sozinho, usei muitas frases, expressões que a gente usava. Foi um release, não sei quem inventou de chamar de manifesto. Eu sou muito relaxado, saiu na Enciclopédia do Itaú, como se fosse meu e de Renato L. Na época não tinha Google, internet. Não sei como rolou o processo. Não sei se mostrei primeiro para Renato ou para Chico. Jorge disse que ia fazer uma ilustração. DJ Dolores, Helder, trabalhava na TV Viva com computação gráfica. Ele foi quem fez a arte do release. Mabuse deu a ideia de fazer um glossário. Não me lembro se foi para gráfica, acho que foi xerox. Também não sei onde foi parar o original. Distribuímos para jornais, para a Rádio Cidade. Um amigo deu pra uma menina da MTV que estava por aqui. Já o manifesto de 1997 (depois da morte de Chico) foi a quatro mãos, eu e Renato. Se você for catar no Google, vai encontrar uns monstrengos, misturados o segundo manifesto com o primeiro."

Fred prossegue:

"Dei uma entrevista recente a uma rádio de Brasília. Uma menina me disse que era fã do manguebeat, mas quando fez a primeira pergunta disse que no manifesto tem que existiam 200 bandas no Recife, ela pegou um texto que misturava com o manifesto da morte de Chico. Não dá pra confiar na internet. O vereador Ivan Moraes, no primeiro ano da pandemia, fez uma homenagem ao manguebeat na câmara, juntou gente pra caralho. Quando chegamos na sessão do plenário, ele tinha colocado em cada ca-

CRIANÇA DE DOMINGO

deira do plenário uma cópia do manifesto. Quase que passo mal, era um monstrengo do caralho, com erros de português. Foi alguém do gabinete dele que pegou da internet. Não escrachei porque estava sendo homenageado, mas é foda, aquilo num órgão público nos homenageando, por isso que acho que a história acabou."

RECIFE ANOS 80

No meu livro *Do Frevo ao Manguebeat* (Editora 34, 2000), defini os anos 80 como "a década perdida" na música pernambucana. Não foi bem assim. Havia muita gente fazendo música, várias vertentes sonoras. Faltavam-lhes, no entanto, visibilidade. Os órgãos de cultura estavam entregues a gente conservadora. Na imprensa, em sua maioria, escreviam sobre cultura pessoas que não acompanhavam as mudanças, ainda não haviam assimilado nem o tropicalismo. Os artistas locais tinham seus shows noticiados em notinhas, raramente em matérias de página inteira. Não tocavam no rádio nem na TV. Duas estéticas que comungavam de semelhanças entre si, mas eram ideologicamente antagônicas e já não eram mais tão presentes, a música regional com roupagem moderna do Quinteto Violado, que influenciou o surgimento de algumas bandas no mesmo estilo no Recife e pelo Brasil, e o armorial, que teve seu auge nos anos 70. Embora para um público reduzido, afinal tratava-se de música de concerto, erudita. Lenine, que começou a carreira no final da década de 70, comenta que era até pejorativo se dizer artista no Recife naquela época.

Indiferentes a armorialismos, ou outros ismos, havia uma cena musical no Recife e Olinda, com músicos como Lenine, Zeh Rocha, Lula Queiroga, Geraldo Maia e remanescentes do underground setentista, ou psicodelia pernambucana, Marco Polo ou Ivinho (Ave Sangria), Don Tronxo, Tito Lívio, Cães Mortos, Sinay Pessoa, Ivan Morais e, correndo por fora, músicos como Múcio Callou, que foi pioneiro em música eletrônica e experimen-

CRIANÇA DE DOMINGO

tal no Recife, realizando, entre outras ações, happenings com sambistas do Morro da Conceição. Artistas que se ressentiam de caixa de ressonância para sua música. Os contratantes de shows raramente convidavam músicos locais para abrir apresentações de atrações do Sudeste. Gravavam-se poucos discos, um ou outro compacto, de tiragem reduzida, capas toscas.

Esses artistas tinham espaço nos jornais impressos. Em janeiro de 1982, Lenine, com Zeh Rocha, e o grupo vocal Nós e Vós apresentaram o show *Auto dos Congos* no Teatro do Parque, levando ao palco tambores de maracatu. Embora nos anos 30 a Rádio Clube de Pernambuco botasse no ar ensaios de grupos de maracatu, somente em 1973 foi que batuqueiros do baque virado entraram em estúdio para gravar numa faixa do álbum *Marconi Notaro no Sub-Reino dos Metazoários*, um dos clássicos do ciclo psicodélico da música pernambucana nos anos 70. Em entrevista ao *Jornal do Commercio* sobre o *Auto dos Congos*, Lenine teceu um comentário premonitório sobre os novos sons que seriam criados no Recife, dez anos antes do manifesto do movimento mangue:

"Não queremos mais fazer uma música regional, pois agora o que existe em nossas cabeças é uma grande mistura de ritmos e culturas que vão nos levar certamente ao novo. Um novo que ainda não tem uma forma definida, mas que está sendo anunciado."

Em 1983, Lenine e Lula Queiroga conseguiram o feito de lançar, pela Warner Music, o LP *Baque Solto*. Um disco inspirado, chamando atenção para ritmos pernambucanos. O baque solto, como foi comentado, era considerado oficialmente maracatu de segunda categoria, e sua atuação se restringia à Zona da Mata do estado. Lenine e Lula poderiam também antecipar o destaque que o baque solto recebeu de Chico Science, que usou a fantasia de caboclo de lança no show do Central Park em 1994, incensando o interesse por essa manifestação da cultura popular. Mas o disco veio no momento errado. Nesse ano, o rock brasileiro escalava as paradas. A Blitz estourou país afora com "Você Não Soube me Amar", abrindo as portas das gravadoras para o rock nacional, que predominaria durante a década de 80. A maior repercussão de *Baque Solto* aconteceu na capital pernambucana. O recifense

173

CHICO SCIENCE

estava carente de ídolos. Não padecia exatamente de veias infartadas, mas de descaso da mídia e autoridades ditas competentes. Os mangueboys teriam que enfrentar esses obstáculos que impediam que a música pernambucana fluísse: o conservadorismo, estabelecido no estado, não especificamente tendo à frente Ariano Suassuna, nessa época dedicado ao cargo de professor universitário de estética e filosofia, mas influenciado por ele.

Chico Science foi arquitetando seu arcabouço estético, passo a passo, sem premeditação, sem régua nem compasso. Todos do núcleo duro do que seria denominado manguebeat deram sua contribuição, mas foi ele que amarrou as sugestões, opiniões e ideias. Quem pensou no mangue como metáfora para a diversidade musical, que driblou os empecilhos que impediram a geração imediatamente anterior ao manguebeat de receber o reconhecimento dos conterrâneos, ou mesmo ir além das divisas de Pernambuco.

Com o manifesto distribuído à imprensa, Chico pensou no visual, algo relacionado ao mangue, pescadores. Visitou o Mercado de São José, conferiu os produtos dos camelôs nas ruas do Bairro de São José, na região central da cidade. Mandou confeccionar o calção de estampas coloridas que usou com tênis baratos e óculos comprados de ambulantes. Com exceção de chapeuzinho de palha, sem abas, o calção, os óculos e o tênis foram inspirados nos caboclos de lança do maracatu rural, e um pouco no Beguedeba, como também é conhecido o "véio" do pastoril profano.

"Como nós não tínhamos muitos recursos, precisávamos trabalhar conjuntamente para fazer a produção de shows às nossas próprias custas, e com isso surgiu a necessidade de dizer o que era. Foi dessa ideia que surgiu o movimento. Com o tempo a gente fez um manifesto, um glossário, também começou a mudar a maneira de se vestir, pegando roupas que caracterizassem bem o povo da cidade. Era camisa de chita, chapéu de palha, óculos de camelô, aquela coisa toda que a gente via pelas ruas do Recife. Dessa forma a gente fez uma cena, a nossa própria cena, não precisou ir a Seattle para fazer nada", disse Chico Science na citada entrevista ao jornal *A Tarde*.

Por "a gente", entenda-se "eu". O visual que se identifica com o manguebeat saiu da cabeça de Science. E foi desaprovado inicialmente pelos de-

CRIANÇA DE DOMINGO

mais mangueboys. Não apenas desaprovado: cometeram até bullying com Chico por causa da indumentária inusitada que ele montou.

Mabuse conta que se espantou com a vestimenta de Chico Science e não dissimulou. Mas logo admitiu que o amigo sabia o que estava fazendo, ou como diria Shakespeare, "loucura, mas com certo método". Não foi a única vez que ele não entendia que em letra de música, Science tinha um quê de Jorge Ben (antes do Jor), uma poética pessoal e intransferível. Feito se praticasse a escrita automática surrealista, sem ter lido os surrealistas, nem ter a menor ideia de quem fosse André Breton. Os dois, Chico e Mabuse, estavam numa praia de Rio Doce, que não é exatamente das mais aprazíveis do litoral da Grande Recife, quando Chico cantou para ele versos que criara para uma canção nova: "Uma cerveja antes do almoço/ É muito bom pra ficar pensando melhor". Estavam num boteco tipo pega bêbo (de bêbado, um local de bebida barata). Mabuse confessa que caiu na gozação, disse a Chico que aquilo soava muito feio. Mais uma vez estava errado. Os versos foram os mais cantados do álbum *Da Lama ao Caos*, pertencem à ciranda "A Praieira", incluída na trilha da novela *Tropicaliente*. Assim como Jorge Ben, Chico era intuitivo e visceral.

"Ele tinha uma completa ignorância dos limites", resume Mabuse.

Renato L. conta o impacto que Chico causou quando apareceu com o novo visual:

"A gente estava na casa de Helder esperando ele. As duas bandas iam ser gravadas pela MTV. Chico marcou para passar pelo edifício Arruda, onde Helder morava. Eu fui também. Ele e Fred na frente, nós no banco de trás. A gente tirando onda, dizia pra Chico: 'Você está nervoso só porque no momento mais importante da sua vida você veio com um visual ridículo?' Fomos ao hotel onde a MTV estava em Piedade, acho que a gravação aconteceu ali mesmo. Eu não fui. Mas foi só uma tiração de onda."

Um pensamento desobediente à lógica, nem um pouco cartesiano. Não lhe importava se sua música iria se limitar ao Recife, ou se iria cruzar fronteiras. Se não passaria da fitinha demo, ou se seria contratado de uma *major*. Pairava na sua cabeça o impulso, e compulsão, da criação. Ou, novamente

CHICO SCIENCE

recorrendo a Mabuse, criar redes de significados. Não precisava imergir em determinados assuntos para utilizá-los em temas de suas canções. Bastava-lhe o mínimo para decodificá-los e torná-los acessíveis. Sem ainda ter lido Josué de Castro, entendeu suas asserções e as inseriu em "Da Lama ao Caos", canção que, por sua vez, foi também inspirada na teoria do caos, lida num artigo publicado na revista *Ciência Hoje*, comprada por Mabuse, quando ele, Chico e Fred 04 dividiam o apartamento na Rua da Aurora.

Chiquinho em posição de flor de lótus, aos nove anos, com Aderson, melhor amigo de infância (acervo Aderson Marques)

O pequeno Chico nos anos 70, entre as adolescentes, no aniversário da vizinha Alda (acervo Alda Marques)

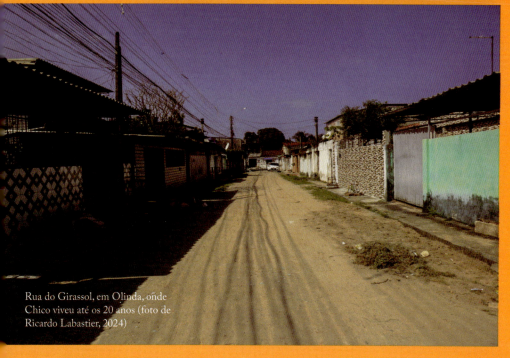

Rua do Girassol, em Olinda, onde Chico viveu até os 20 anos (foto de Ricardo Labastier, 2024)

Loustal, um dos primeiros grupos de Chico. Da esquerda para a direita: Lúcio, Chico, Dengue e Vinícius Sette, 1988 (acervo Fernando Augusto)

Bom Tom Radio, 1988. Da esquerda para a direita: Chico, Mabuse e Jorge du Peixe (autoria não identificada, acervo do autor)

Chico Science e Fred 04 dando uma canja no show da banda Eddie (com Rogerman estreando no contrabaixo e Fábio Trummer na guitarra e voz). Poko Loko Pub (acervo Ana de Fátima Sousa & Marcos Toledo

Fábio Trummer (banda Eddie) e Chico Science dando uma canja no show da banda Loustal, com seu então vocalista Jorge du Peixe. Poko Loko Pub (acervo Ana de Fátima Sousa & Marcos Toledo

Rara foto da efêmera formação da Loustal sem Chico Science. Logo seriam Chico Science & Nação Zumbi. Atrás, Lúcio Maia e Dengue, no volante, Jorge du Peixe, ao lado de Cicinho (autoria não identificada, acervo do autor)

Primeira foto de Chico Science na era manguebeat, em 1991, no *Jornal do Commercio*

Divulgação em cartazes: em 1992, festival num campeonato de surfe na praia de Maracaípe; show no Circo Voador, RJ; e o bloco Na Pancada do Ganzá, de Antonio Nóbrega, no carnaval de 1997. Chico e a Nação iriam desfilar, mas ele morreu na véspera.

Chico Science & Nação Zumbi, foto de divulgação do disco *Da Lama ao Caos*, 1994 (Sony Music, divulgação)

Chico Sience em still do clipe de "Maracatu de Tiro Certeiro" (Dolores Y Moraes, 1993)

Assinatura de contrato. Chico Science e João Augusto, presidente da Sony Music, em 1993 (Sony Music, divulgação)

Sons inteligentes no mangue

Grupo de Recife inova o rock com mistura regional

ANTÔNIO CARLOS MIGUEL

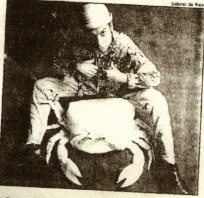

Gabriel de Paiva

Será que os "mangues boys" sobreviverão fora de seu habitat? Com o lançamento pela Sony do disco "Da lama ao caos", de Chico Science & Nação Zumbi, a pergunta é pertinente. E começa a ser respondida agora. Mas para Science, líder do primeiro grupo da nova música de Recife absorvido por uma gravadora, é preciso dar tempo ao tempo, e ao movimento:

— Não é uma questão de um surto, não pretendemos que o Brasil adoeça com a febre do "mangue beat". A gente não veio do nada, estamos trabalhando nisso há pelo menos quatro anos e assinamos com o selo Chaos da Sony e porque nos foi dada a possibilidade de preservarmos nossos princípios. Não seremos a nova onda, mas o fortalecimento do nosso trabalho

"Não somos [...] mas o [...] geral"

Discos / crítica

■ DA LAMA AO CAOS

'Caranguejos' que andam para a frente

No disco, a Nação Zumbi soa realmente mais estranha do que no palco. Mas "Da lama ao caos" é a prova mais convincente de que existem saídas para o rock brasileiro na década de 90. Chico Science é melhor letrista do que intérprete, mas, se não é exatamente um cantor nos moldes tradicionais, funciona bem neste contexto embolada-rock-rap-repente. Da mesma forma que os repentistas sempre fizeram. Na Nação Zumbi, cinco percussionistas — Toca Ogan, Jorge Du Peixe, Canhoto, Gira e Gilmar Bolla — fornecem o diferencial regional, enquanto a base elétrica, de Alexandre Dengue (baixo) e o ótimo Lúcio Maia (guitarra), adiciona o tempero funk e rock.

O resultado vai do bem intencionado ao muito interessante. Eles sintetizam um nova sonoridade, além do hibridismo que costuma marcar as experiências do gênero. Dá para se notar a mão do experiente produtor Liminha (Gilberto Gil, Titãs, Paralamas), que forneceu um padrão técnico, sem descaracterizar o "mangue beat". "Banditismo por uma questão de classe", é um dos bons exemplos, embalada por uma irresistível usina percussiva. A ciranda-rock "A praieira" e "Samba makossa" (com sample do saxofone do africano Manu Dibango) conquistam pelo balanço. Enquanto "Coco dub", "Antene-se" e a instrumental "Lixo do mangue" partem do experimentalismo sem patinar no som cabeça. Talvez seja necessário assistir ao grupo — que tocará dia 12 de abril no Circo Voador — para entender melhor, mas as mentes antenadas já podem e devem correr atrás destes caranguejos que andam para a frente. (A.C.M.)

"We Want It!"

BY MARA WEISS AND NEGO BETO

TOASTER EDDIE JUMPS INTO THE RING.

Do you ever feel like you're banging your head against a brick wall? The difficulty of finding Brazilian music, especially the newest, incredibly stimulating material, in local record stores can be a real bummer. This column has received letters and faxes from readers saying, "We want it! Where can we get it?" The distribution of Brazilian music in the United States is complicated, depending on independent labels, importers and an occasional large investment from the multinationals that develop artists in Brazil. These investments are coming more frequently these days, so it appears that there is hope. Keep telling your record stores what you want, and if you have a good source in your area, drop us a note so we can get the word out to others.

For those hardcore collectors who are planning a carnival trip, make sure to pass by Moto Discos in downtown Rio de Janeiro (Rua Sete de Setembro 124 and 163). You are sure to unearth many impossible-to-find treasures. Their lp department occupies one entire store and half of the other. Brazil was number one in vinyl sales worldwide in 1995 and, despite the trend toward extinction, it should be awhile before all these records disappear.

In the meantime, Warner's EastWest label promises to bring **Olodum**, the Bahian energy vortex, to everyone. Recorded live at the Montreux Jazz Festival, the album *Sol E Mar* presents a retrospective of past successes and seven previously unreleased songs. Unfortunately, the sound quality seems to have suffered, undermining what could have been a primo product. The triumphant vocals of Tania Santana, Germano Meneghel and the other Olodum singers spearheaded the instrumentation, which has never been better, regardless of the unvarying rhythmic formula. "Requebra", the carnival smash hit from '94, inherits African-carnival vocal effects; the classic "Berimbau" allures style vocal effects, if a bit somber, *capoeira* chants with authentic, if a bit somber, *capoeira* chants.

An unprecedented contract with EMI/Virgin-France has given **Carlinhos Brown** the edge on distribution—three records with simultaneous release in Brazil, the U.S., Canada, Europe and Japan—sure to delight those who know him and enlighten those who still do not. In *Alfagamabetizado* (838269-2) the master drummer-turned-singer takes many liberties, the least of which is poetic. But for those of you who were expecting the hog-wild *batucada* drumming sessions of the early Timbalada days, no cigar. This one you can actually play at a dinner party. This most Brazilian album represents an original vision, making concessions to nothing and no one. Everything is mixture, a cross-pollination of styles and traditions, which lends itself to top-notch arrangements and an overall result that can only be described as illuminated.

The Tropicalia generation (Caetano, Gil, Gal and Bethania) casts a vote of confidence in the artist who may just be their heir apparent, participating in "Quixabeira," a song considered to be of the "popular domain," which can be traced back to plantation workers. "Seo Zé," the song that named Marisa Monte's great album *Rose and Charcoal*, is another hot track. Marisa's lilting voice completes this *baião*-salsa version of the song written by her, Brown and Nando Reis, and reiterates Brown's devoted appreciation of the music of other regions of Latin America. The most danceable tune is "A Namorada," a most righteous funk bass line attacked from all sides by percussion, not to mention the liberated lyrics: "Lady's man, calls himself an old tomcat, but what he doesn't know is: his girlfriend's got a girlfriend!" Historic!

◊◊◊◊◊◊◊◊

In the dance-party tone, **Fernanda Abreu** creates a junkyard chic and turns heads with her recycled samba-funk in *Da Lata* (EMI 834616-2). Drawing inspiration from Jorge Benjor and the current funk movement in Rio de Janeiro, Fernanda cultivates a modern middle-class *favela*-worship evident in the lyrics replete with catch-phrases of the ghetto youth. It doesn't get any cooler than this. The whole mixture thing: Brazilian themes develop and flourish inside the world pop paradigm. The flawless production gives her power and sensually, whether singing or rapping.

The talent of guitarist **Renato Piau** makes its first solo forays with the album *Brazilian Guitar* (Solar/Amazon Records 1007). This talent

CHICO SCIENCE & NAÇÃO ZUMBI ESPOUSE THE VIRTUES OF CYBERSPACE ON NEW ALBUM.

36 THE BEAT VOL. 15 #4, 1996

Gastão Moreira, Fred 04, Carlos Eduardo Miranda e Chico Science. Circo Maluco Beleza, 1993 (acervo Ana de Fátima Sousa & Marcos Toledo)

Chico Science & Nação Zumbi. Circo Maluco Beleza,1993 (acervo Ana de Fátima Sousa & Marcos Toledo)

Chico num estúdio em Nova York, em 1996, com DJ Soul Slinger e Béco Dranoff (autoria não identificada, acervo do autor)

Local onde Chico Science & Nação Zumbi ensaiaram para o show de lançamento de *Afrociberdelia* no Recife, em 1996. A foto foi feita logo depois do ensaio deste que seria o último show do grupo na cidade (acervo Sérgio Pezão)

Chico com maestro Spok e Zé da Flauta, três gerações no último show de Chico no Recife (autoria não identificada, acervo do autor)

Chico com um bloco de amigos da Rua do Girassol, num de seus últimos encontros com a turma (autoria não identificada, acervo do autor)

Chico Science e integrantes da Banda de Pífanos de Caruaru (autoria não identificada, acervo do autor)

Zé da Flauta (ex-Quinteto Violado e Alceu Valença), Paulo Moura e Chico Science no Recife (autoria não identificada, acervo do autor)

Último Réveillon, 31 de dezembro de 1996, nos Alpes franceses. Chico com o braço no ombro de seu anfitrião Rodrigo Santos, entre amigos; na mesma noite, Chico faz pose e estoura espumante com a então namorada de Rodrigo Santos (acervo Rodrigo Santos)

Ana Brandão, ex-mulher de Chico Science, e a filha Louise Tayná (acervo Ana Brandão)

A amiga de infância e confidente Alda, em 2024, com muitas histórias de Chiquinho (foto Ricardo Labastier)

JOSUÉ, JOSUÉ

Uma característica marcante de Chico Science, além da intuição e autoconfiança: a facilidade de decodificar informações, o que cumpriu importante papel na obra que construiu. Aos poucos ele seguiu formatando o som que desaguaria na originalidade da música que criou com a Nação Zumbi, uma colcha de retalhos com elementos das várias fases por que passou, desde as brincadeiras da infância, a mixórdia de gêneros musicais com que cresceu, ao que foi escutando e observando ao longo dos anos. A ciência do próprio valor é bem exemplificada num episódio acontecido em 1993 entre ele e o diretor musical da Sony Music, o baiano Jorge Davidson, um dos mais poderosos nomes da indústria do disco no Brasil.

Ao saber que Chico Science & Nação Zumbi e a Mundo Livre S/A iriam se apresentar em São Paulo, no Aeroanta, Davidson foi conferir os mangueboys ao vivo, com intenção de contratá-los, claro, caso passassem pelo seu crivo de experiente homem de gravadora. Davidson contou que ficou esperando na backstage para falar com Chico Science. Quando os músicos chegaram, ele foi até Chico e apresentou-se. Chico apertou-lhe a mão, cumprimentou-o, porém foi curto e grosso: "Tudo bem? Pode falar com o empresário da banda", disse, apontando para Fernando Jujuba, e foi em frente.

"Fiquei sem acreditar. Qualquer músico faria qualquer coisa por uma oportunidade de ter um contato pessoal comigo", comentou Davidson.

Fui testemunha da afiada intuição de Chico numa manhã em que ele e Fred 04 apareceram na minha casa para que eu escutasse a primeira demo

CHICO SCIENCE

que tinham gravado. Nesse dia, Science tomou conhecimento da existência de Josué de Castro, o que não é de se estranhar. Pouca gente abaixo dos 40 naquele início da década de 90 sabia de um dos mais importantes cientistas sociais brasileiros, exilado desde o golpe militar de 1964. Josué de Castro faleceu em 1973, em Paris. Escutando a fita demo, me chamou atenção as citações a mangues e crustáceos na música do CSNZ, o que me levou de imediato ao romance *Homens e Caranguejos*, de Josué de Castro, que comprei num sebo. Sua obra entrou no índex da censura do regime militar e encontrava-se fora de catálogo. Os mangueboys e a geração que, feito eles, nasceu na década de 60, o desconheciam. Eu mesmo possuía apenas esse livro de Josué de Castro, publicado em 1967. Resumi em poucas palavras o enredo do livro, o relacionamento das pessoas que moravam em mocambos, sobre palafitas, às margens de mangues com guaiamuns, aratus e demais fauna daquele ecossistema.

Segundo Gilmar Bola 8, naquele dia Chico chegou à Emprel e lhe contou o que aprendera sobre Josué de Castro, e enquanto voltava para o trabalho, teria passado por uma biblioteca pública, onde deu uma folheada num exemplar de *Homens e Caranguejos*. Começou a escrever a letra no ônibus, e a terminou na sua sala na empresa. Ele leria Josué mais tarde, e conheceria melhor a vida de uma das personalidades mais importantes do país no século 20. A filha de Josué de Castro mandou-lhe um vídeo sobre o pai. Gilmar, que convivia bastante com Chico nessa época, revela que ele chorou copiosamente quando o assistiu. Anos mais tarde, Seu Francisco, pai dele, foi à redação do *Jornal do Commercio*, onde eu trabalhava, e de uma pasta com alguns papéis, fotos xerocadas, me mostrou um exemplar de *Geografia da Fome*, publicado em 1946, um dos mais célebres livros da extensa obra de Josué de Castro. O livro pertenceu a Chico Science. Talvez a leitura de Josué pudesse surtir alguma influência mais aprofundada na sua música, no entanto, as duas vezes em que o cita, em "Da Lama ao Caos" e em "O Cidadão do Mundo", foi pura intuição. Ele e Josué comungavam entre si do dom de observar e registrar as minúcias da cidade em que viviam.

CRIANÇA DE DOMINGO

Outro exemplo dessa autoconfiança foi a participação do CSNZ no Summerstage, em 1995, com Gilberto Gil, no Central Park, em Nova York. Um rapaz suburbano que há pouco mais de um ano trabalhava num almoxarifado de uma empresa da prefeitura estava num dos pontos mais badalados da Big Apple, dividindo palco com um dos mais importantes artistas da história da MPB, com a desenvoltura de um veterano. Chico, em entrevista de 1996, comentou o encontro inesperado com Gilberto Gil:

"A história com Gil foi legal demais. Nos conhecemos no Summer Stage, no Central Park, ele pediu para a gente tocar no mesmo dia, uma tarde brasileira, pra gente foi uma honra tocar com ele nosso primeiro show, da primeira turnê, foi legal demais fazer troca de gerações, pela musicalidade que ele tem, fui muito pela música de Gilberto Gil, 'Louvação', 'Expresso 2222', toda aquela linguagem de Tropicália que ia se juntar com esta linguagem nova, que recebeu também influência da Tropicália, ali estava se encontrando. Foi toda essa coisa que fez essa união, que foi pro disco, rolou na TV também, acho que é imagem símbolo do que você pode trabalhar com elementos da música brasileira, ele sintonizou nosso som, sacou essa coisa do maracatu, acho que ele fez muita pesquisa em Pernambuco, viu banda de pífano de Caruaru, essas coisas se reciclam, ganhou uma guitarra, o samba está aqui de novo, essas coisas temos que agarrá-las e espalhar pelo mundo."

Entre os grandes nomes da música brasileira, Gilberto Gil foi o primeiro a entender, divulgar e se aproximar de Chico Science & Nação Zumbi, quando muita gente ainda não assimilara a música do CSNZ. A apresentação de Gil e Chico Science e a Nação Zumbi no Central Park causou sensação numa plateia de brasileiros e americanos, apresentados naquela tarde ao manguebeat. Ressalte-se que o baiano ainda não se tornara um astro internacional, pelo menos não com o status de alguns africanos como King Sunny Adé ou Salif Keita, certamente porque o Brasil sofria do estereótipo de ser a terra do samba e da bossa nova. Gilberto Gil, já nos anos 1970, gravara um disco numa tentativa de entrar para o mercado americano, *Nightingale*, mas com pouca repercussão. Desde final dos anos 80, começara

CHICO SCIENCE

uma abertura para a música feita fora dos EUA, Canadá ou Europa. O *New York Times* deu um espaço generoso ao show das duas bandas. Neil Strauss, que assinava a matéria, precisou explicar quem era Gilberto Gil (inclusive como se pronunciava o seu nome), sintetizando sua trajetória (Gil estava então com 53 anos). Fez uma comparação entre o Gil tropicalista com o Chico Science & Nação Zumbi, em sua primeira apresentação nos EUA (e fora do país), valendo-se da música brasileira, com rap, heavy metal, techno e punk. Citava semelhanças entre os Beastie Boys e The Clash e fechava com uma premonição:

"Chico Science & Nação Zumbi pode cumprir o que somente um grupo seleto de músicos, incluindo Mr. Gil, conseguiu: criar uma música híbrida capaz de desenvolver outro estilo que um dia se tornará uma música híbrida por outra geração."

Uma apresentação que também marcou um músico e etnomusicólogo americano, especialista em música brasileira, Philip Galinski, até então centrado no samba, autor de um livro sobre o pagode. Assistir ao Chico Science & Nação Zumbi no Central Park mudou os rumos das pesquisas e estudos dele sobre MPB (voltaria a ver a banda em 1996, no Brooklin):

"A performance do grupo ao vivo foi, pra mim, mais do que extraordinária. Primeiramente pela total força dos três grandes bumbos, tambores, calcados na tradição afro-pernambucana do maracatu, combinada com guitarra de rock pesado e atitude hip-hop. Isso me pegou como uma dinâmica e resistente união de sons das duas Américas."

Galinski destaca o desempenho de Chico Science no palco, em que vai de um rapper a um caboclo de lança:

"Essas coisas não são imitações, pelo contrário, Chico as incorpora com a maior convicção, como resultado de ter vivenciado várias expressões culturais."

As afirmações entre aspas foram transcritas do livro *Maracatu Atômico: Tradition, Modernity, and Postmodernity in the Mangue* (Routledge, 2002), um dos melhores, senão o melhor, livros sobre o manguebeat, entre os vários publicados no exterior, quando o movimento se expandiu para outros países, seja em matérias em revistas e jornais ou nas turnês da Chico

CRIANÇA DE DOMINGO

Science & Nação Zumbi. Do final da década de 90 aos primeiros anos do século 21, quase todo mês eu era procurado por algum gringo para falar sobre manguebeat, tanto da Europa quanto dos Estados Unidos. Nem me lembrava que tinha conversado com Galinski, até ver meu nome entre os agradecimentos, e várias citações na obra dele ao meu livro *Do Frevo ao Manguebeat*, lançado em dezembro de 2000.

Galinski se preparava para vir ao Recife quando soube da morte de Chico Science. Só veio à cidade em janeiro de 1998, passou cinco meses pesquisando para o livro e confessa no prefácio que se surpreendeu pela riqueza tanto da música urbana quanto das manifestações da cultura popular que encontrou no estado, ressaltando Chico Science como nenhum outro artista brasileiro:

"Um ponto de convergência do folclore e o pop, o tradicional e o moderno, o local e o global, o regional e o internacional."

Quase 30 anos depois, Gilberto Gil concedeu entrevista para este livro, no backstage do Teatro Guararapes, no Recife, pouco antes da segunda apresentação na cidade do show *In Concert* (com participação de filhos e a neta). Indagado sobre como lhe chegou a música do CSNZ, ele puxou pela memória, mas não se recordava do momento exato. Aventou a possibilidade de Liminha ter lhe adiantado alguma coisa, quando produzia o álbum *Da Lama ao Caos*, no estúdio Nas Nuvens:

"Não me lembro quando foi a primeira vez que ouvi. Talvez até Liminha tenha me mostrado uma coisa ou outra, mas não ficou na minha memória."

Logo conceitualizou o que o atraiu em Chico Science & Nação Zumbi quando os escutou:

"Eu sempre acompanhava a cena pernambucana, desde a época do Quinteto Violado, Alceu e outros. Até que um dia aconteceu. Um bando de jovens que tinha se relacionado com todo esse campo da música pernambucana, se associando a movimentos da juventude internacional, rock and roll, rap, reggae, todas as coisas que aconteciam. Então surgiu a Nação, Chico, aqueles meninos. Logo em seguida esbarrei com a música deles, que depois se tornaram pessoas do meu círculo mais próximo."

CHICO SCIENCE

Gil revela que não foi sua sugestão para a produção do festival programar a apresentação do CSNZ no mesmo dia em que se apresentou:

"Isso não aconteceu. Eu apenas soube que tocaríamos naquele dia, e achei maravilhoso."

A música pernambucana marcou Gilberto Gil quando ele já era um compositor conhecido, gravado por Elis Regina, prestes a lançar o primeiro LP, *Louvação*. Em 1967 ele, com o produtor Roberto Santanna e o empresário Guilherme Araújo, vieram realizar uma longa temporada no Teatro Popular do Nordeste, na região central da capital pernambucana. Para Gil, não poderia ser mais oportuna essa estadia em Pernambuco, onde fez amigos e influenciou pessoas. Naquela época ele, Caetano Veloso e outros artistas e intelectuais discutiam uma maneira de tirar a MPB do beco sem saída em que se metera desde que se tornara ativamente engajada, mas estagnada esteticamente. Numa ida à Zona da Mata pernambucana, levado por amigos do Recife, conheceu ciranda, maracatu rural, cavalo-marinho. Em seguida foram a Caruaru para assistir a uma apresentação da banda de pífanos da família Biano (então conhecida por Zabumba Caruaru). Veio daí a concepção da ruptura que Gil e sua turma queriam para mexer com a MPB, uma música em que confluíssem a banda de pífanos e os Beatles. Surgiu daí a identificação com Pernambuco. O Recife foi a cidade que o baiano escolheu para seu primeiro show no país depois que voltou da temporada forçada em Londres, em 1972, quando conheceu o iniciante Quinteto Violado. Gil contou na entrevista essa sua ligação com os pernambucanos:

"Desde que surgi como artista, compositor, cantor, intérprete, desde que conheci Carlos Fernando (o compositor de frevo, do projeto Asas da América), fui apresentado às cirandas, à banda de pífanos de Caruaru, que estive interessado pela música pernambucana. Desde aquela época, desde que surgiram os meninos da música popular, pop, que me interessei pela música pernambucana. Ao me deparar com a criatividade e a produção da Nação Zumbi, e do Chico, imediatamente os coloquei nesse rosário de coisas que representavam Pernambuco, que significavam a força pernambucana na música brasileira, e tudo mais, num processo de renovação. A associação

CRIANÇA DE DOMINGO

que fiz foi imediata. E não apareceu uma coisa nova que caiu do céu, ela brotou da terra como todos os outros antes também brotaram."

Ter se comportado com a desenvoltura de um veterano dividindo palco com um astro da MPB do porte de Gilberto Gil não quer dizer que Chico Science e os demais mangueboys não tenham passado pelo choque cultural e deslumbramento por estar no berço do rap. Num dos blocos com anotações manuscritas por Science, ele escreveu uma carta, datada de 17 de junho de 1995, para alguém que tratou por "Grilinho":

"Há alguns minutos atrás (*sic*) não estava acreditando que estava na América. Parecia São Paulo, cheia de *yellow cabs*, pessoas falando, olhando, e outros nem aí pra nada. Caminhamos até o Central Park (o hotel fica perto). Esbarramos de cara com garotas, garotos, detonando no roller (palavra meio riscada). Muitos, muitos deles. Logo mais na frente encontramos o palco e a fome também. Comemos pizza com Coca-Cola, ao som de G Love and Special Sauce. São três caras que fazem um som que mistura country blues com batida de hip-hop com rap suave. É muito legal. Logo depois Solomon Burke, um soulman de uma geração influenciada por Otis Redding, B.B. King e outros. Enquanto uma cerveja ia esfriando a goela do calor intenso, os ouvidos recebiam 'Stand by Me'. Olhei de lado e vi distante uma bandeira com estrelas brancas e listras vermelhas. Respirei: 'Porra, tô aqui'. Saudades, stand by me."

MANGUE

A turma que criou o manguebeat nasceu nos anos 60, a grande maioria depois do golpe militar de 1964. Entrou na adolescência durante a "abertura lenta e gradual" capitaneada pelo general João Batista de Oliveira Figueiredo, com a censura mais amena, porém ainda arbitrando sobre o que o povo brasileiro poderia ter acesso. Filmes, livros, discos, manifestações artísticas em geral dependiam da censura para chegar ao público. Chico Science estava com 13 anos quando foram decretadas a anistia política e o fim da censura prévia. Goretti França, numa entrevista no apartamento em que ela mora em Botafogo, Zona Sul carioca, descreve uma espécie de linha do tempo do irmão:

"Ele nasceu em plena ditadura, cresceu com o agravamento dessa situação política do país. Virou adolescente no auge da ditadura e depois no início da abertura, quando se tinha toda essa influência da música de protesto. Na década de 80, ainda adolescente, ele se afasta disso e curte rock."

Segundo Goretti, o cinema traz ainda uma influência na formação cultural de Chico.

"A gente, irmãos mais velhos, não tinha grana para ir no cinema. Chico nasce e cresce quando a nossa vida está mais estabilizada, a renda familiar também. Ele tem acesso e curte ver filmes. Voltava do cinema cheio de pedacinhos de filmes. Ele remexia na lixeira do Cine São Luis e apanhava pedacinhos de filmes. Tinha muita coisa de cinema nele, de política também. Lá em casa meu pai era muito engajado politicamente, então a obra

CRIANÇA DE DOMINGO

de Chico tem um conteúdo político, que se parece muito com as conversas do meu pai lá em casa."

Aderson Marques conta que ele e Chiquinho iam muito ao cinema juntos. Quando o pai do amigo não dava dinheiro pra ele ir, o seu pai colaborava. Iam pro centro do Recife, as salas preferidas eram as do Cine São Luis e do Cine Moderno, ali perto.

"Depois do cinema, a gente saía andando pelas ruas, comia uns bolos de mandioca, passava na Cascatinha (lanchonete famosa pelo cachorro-quente), na Sete de Setembro, e entrava na Livro 7. Chico não era muito de leitura. Eu gostava. Meu irmão lia os clássicos, eu emprestei pra ele *O Pequeno Príncipe*, nem sei se leu. Numa dessas andadas a gente viu um cesto de lixo, com muita película. Lá em casa tinha um refletor de imagem. Tivemos a ideia de pegar esses pedaços de filmes, que eles picotavam, e montar um filme. A gente tentava achar as peças que combinavam. Tinha uns pedações, com meio metro, uma sequência. A gente saía cortando. Às vezes tinha um japonês, outras um americano... As imagens não combinavam. Mas fazíamos um texto, um roteiro. Quando aquela criança na fita não aparecia mais, a gente dizia que era porque já cresceu. Projetava as imagens na parede do quintal. O som era a gente contando a história, explicando, mas nada a ver com nada, nessa montagem de películas de filmes diferentes. Mas formava uma fila de crianças na minha casa. Eu botava um bocado de cadeira, ficavam uns 25 meninos assistindo. Cobrava 50 centavos. Não havia cadeira suficiente. Fazia duas sessões, às vezes um menino reclamava, porque a história contada não era a mesma. Mas assim a gente juntava um dinheirinho."

A influência do cinema é bem presente nas letras de Chico Science, extremamente imagéticas, descritivas.

Um dos objetivos dos mangueboys, conforme reza o manifesto Caranguejos com Cérebro, seria o de desobstruir as artérias infartadas da cidade. Mas nem todas as artérias precisavam de um cateterismo. Se para a música havia barreiras quase intransponíveis, o mesmo não acontecia com a literatura. A Rua 7 de Setembro, no Centro do Recife, tornara-se um ponto de encontro de estudantes e intelectuais desde a década de 70. Com o fim da censura, deu-se um boom no mercado editorial, com lançamentos de obras censuradas, relatos de ex-exilados sobre suas participações no confronto contra a ditadura. Desses, o mais badalado foi *O Que É Isso, Companheiro?*, do jornalista Fernando Gabeira. Escreveu-se e leu-se muito sobre as histórias dos porões do DOI-CODI. Ao mesmo tempo, passaram-se a publicar em português livros a que os jovens só tinham acesso via importação, como, por exemplo, as obras da geração beat. Não por acaso, a citada Livro 7 em 1990 passou a vender revistas e jornais, pocket books sobre música em inglês, também em português de Portugal. Virou ponto de confluência de gerações.

Era comum se encontrar o estado maior do manguebeat, aí por volta de 1991, 1992, conversando na calçada diante da Livro 7. Renato Lins, Fred 04, Mabuse, com *Rolling Stone*, *Spin*, *New Musical Express* ou *Melody Maker* debaixo do braço. Foi na 7 de Setembro onde fui apresentado a Chico Science. Eu o entrevistei num bar próximo, o Calabouço. Noutra vez tomamos uma cerveja, ele com a filha, Louise. O Recife começava a se movimentar. Era como se houvesse uma conspiração para que o manguebeat aflorasse à superfície dos manguezais do Recife e Olinda.

Entre os fatores fundamentais para azeitar a engrenagem que estava sendo montada tinha o início de atividade da MTV no Recife, de maneira diferente. Aqui era transmitida em UHF, ou seja, liberada para todos, bastando para isso comprar uma antena que captasse a frequência, e elas eram bem baratas. A emissora de TV de maior audiência no Alto Zé do Pinho, onde se captava melhor suas imagens. Depois houve a chegada da Rádio Rock 89 FM, com abertura na grade para programas locais. Conforme lembra Paulo André Pires:

"A MTV chegou no Brasil e quase simultaneamente ao Recife no sistema UHF, isso fez uma diferença muito grande. Quem gostava de música correu, comprou uma antena UHF e sintonizou, por pior que fosse o sinal. Dependendo de onde o cara morasse na cidade, havia uma informação em tempo real, através da MTV. Alguns meses depois, durante um ano a gente teve aqui uma franquia da 89 FM, a Rádio Rock de São Paulo. A cidade

CRIANÇA DE DOMINGO

estava em polvorosa. Com a chegada da rádio foi a primeira vez que eu recebi fitas demos das bandas com capinha, com uma preocupação estética, porque tinha esperança de tocar. A rádio rock realmente tocou a galera. Não lembro de ter escutado Chico Science; lembro de Paulo Francis vai pro Céu, Academia do Medo, Tempo Nublado... Chico disse que tocava. Na verdade tocava Loustal e Mundo Livre, só que mais timidamente porque era um som mais estranho."

Diz Fred 04:

"Na época do release manifesto, ninguém da gente tinha ouvido falar em Josué de Castro. Nos shows do Centro do Mangue, a gente ficava com mangueboys, manguegirls, parabólica na lama, cada um surgia com uma ideia. O chapéu de palha, quem primeiro usou foi Fábio Goró (irmão de Fred, então baixista da Mundo Livre S/A). O de Chico ele comprou no mercado, não sei quem usava aquele modelo. O chapéu de abas largas que a gente usou era de pescador da praia, o plug pendurado foi ideia de bactéria. Eu juntei as expressões e coloquei no texto."

O release/manifesto passou a ideia de movimento à movimentação que acontecia na Região Metropolitana, centrada no Recife. Bandas foram agregando-se ao manguebeat. A imprensa local nunca deu tanta atenção a uma cena musical. Os dois grandes jornais da cidade, o *Jornal do Commercio* e o *Diário de Pernambuco*, não se limitaram a resenhas de discos, matérias com os artistas. Passaram também a cobrir os shows e festivais. O Abril Pro Rock, produzido por Paulo André Pires, futuro empresário de Chico Science & Nação Zumbi, foi o festival de rock que mais cobertura recebeu da imprensa da capital pernambucana. Desde que foi anunciado passou a ganhar notas nas colunas, pequenas matérias, toda a construção do evento foi registrada nas páginas dos jornais pernambucanos.

Vetores de suma importância para movimentar a engrenagem do manguebeat foram o Abril Pro Rock e o bar A Soparia, nascido no mesmo ano do manifesto, 1992, aberto por Roger de Renor e sua irmã, Paula. A intenção de Roger em um bar para abrigar a boemia recifense. Naquela época, os bares da cidade fechavam cedo e não abriam às segundas-feiras.

CHICO SCIENCE

A Soparia funcionava todos os dias e nunca fechava as portas antes das cinco da manhã. O dono era muito bem relacionado nos meios artísticos da cidade, porque fora integrante do Balé Popular do Recife (um dos afluentes do movimento armorial) e era ator de teatro (assim como Paula de Renor, também produtora). Além disso, foi durante alguns anos divulgador da Warner Music.

Como divulgador, ele conhecia Paulo André Pires, dono de uma descolada loja de discos, a Rock Xpress. Foi na Soparia que aconteceu a reunião para definir a ordem de entrada no palco dos artistas escalados para o I Abril Pro Rock. Chico Science & Nação Zumbi se apresentou à tarde, o público ainda chegando ao Circo Maluco Beleza, porque nem seu empresário, nem integrantes do grupo compareceram à reunião. Foi um evento bem-sucedido, atraindo um público de 1,3 mil pessoas, modesto para as dimensões do circo, porém bastante grande para um evento só com nomes locais. Depois do festival, boa parte dos músicos foi relaxar com umas cervas na Soparia. Até aí, o bar promovia uma roda de choro aos domingos, no final da tarde. Roger de Renor apostou na música para aumentar a frequência da casa. Veio um grupo de jazz, o melhor da cidade, em seguida o guitarrista Xandinho passou a tocar durante a semana. Inicialmente voz e violão, depois com a banda Má Cia, que se tornou na prática o grupo residente da casa. Logo as bandas da novíssima geração pernambucana começariam a fazer shows no bar. Tocar no palco da Sopa dava status. Foi na Soparia que Chico Science & Nação Zumbi e Mundo Livre fizeram a primeira apresentação pública, isto é, num palco de maior visibilidade. Science tornou-se habitué do bar de Roger, de quem se tornou tão amigo que o dono do bar acabaria no refrão de "Macô", que ele gravaria com participação de Gilberto Gil, no álbum *Afrociberdelia*. "Macô" tem muito da Soparia, além do refrão "Cadê Roger? Cadê Roger?, Ô". A pergunta era feita por quase todo mundo que ia ao bar. Chico não apenas frequentava o bar, como não se esquivava a dar canjas.

Em 1993, a movimentação tornara-se oficialmente um movimento, a nova geração da música do Recife era badalada país afora. Como é qua-

CRIANÇA DE DOMINGO

se inevitável, houve uma rejeição dos novos pelos que vieram antes deles. Embora naquela época apenas Alceu Valença pudesse ser considerado medalhão. Geraldo Azevedo fazia sucesso, mas não na mesma proporção. A estreia dos dois foi dividindo um álbum, lançado em 1972. Alguns mangueboys criticavam, às vezes duramente, a geração que entrou em cena no início dos anos 70. E os discos de Alceu Valença não figuravam entre o que se escutava nos apartamentos das Graças ou da Rua da Aurora.

Não se pode deixar de destacar o papel de fotógrafos e videomakers no manguebeat. No final dos anos 80, o casarão de número 317 na Avenida Rui Barbosa, no bairro das Graças, foi arrematado em leilão pelo pai de Gil Vicente, então estudante de Jornalismo, iniciando-se na fotografia. O imóvel não pode ser demolido para se construir um prédio. O que não apenas beneficiou a preservação da história da arquitetura no Recife, como também a cultura local. No início dos anos 90, o músico e produtor Gabriel Furtado mantinha um estúdio de gravação em Casa Forte, mas o proprietário pediu o imóvel. Gil ofereceu-lhe um espaço no casarão para montar o estúdio. Gabriel foi técnico de som em shows da Loustal, foi através dele que Gil Vicente conheceu Chico Science, então fermentando as primeiras lucubrações com o Lamento Negro. Numa conversa casual, Gil soube que o Daruê Malungo, o espaço onde Chico Science ensaiava com os músicos de Peixinhos, não possuía uma boa acústica e o equipamento era precário, então convidou o pessoal para ensaiar no estúdio do casarão.

Foi ali que Gil fez as primeiras fotos de Chico Vulgo e Lamento Negro, uma das várias formações do grupo, até serem definidos os integrantes fixos, e passar a se chamar Chico Science & Nação Zumbi, com Lúcio Maia e Alexandre Dengue, que vieram da Loustal. Gil Vicente fez, em 1991, as primeiras sessões de fotos do grupo, num mangue, próximo à Casa da Cultura, no centro do Recife. Noutra sessão de fotos reuniu Chico e Lamento Negro com a Mundo Livre S/A. Foi também nesse casarão, e não somente no Daruê Malungo, que Chico Science fermentou as ideias que formatava para o grupo. Gabriel Furtado também era músico, tocava contrabaixo na Zaratempô, que se tornou a base para a Coração Tribal, que seria con-

CHICO SCIENCE

tratada pela Virgin. Ele inclusive chegou a tocar com Chico Science e o Lamento Negro:

"O que aconteceu na época foi que o Dengue estava no ano de fazer vestibular. Eu me lembro de que o Chico falou que os pais dele estavam em cima e tal, para Dengue estudar, enfim. Aí o Chico me chamou para tocar por conta disso. Mas foi uma coisa pontual, para dois shows e tal, né? Mas só porque Dengue estava com essa demanda familiar, da pressão do pai."

Gabriel foi um dos primeiros produtores da nova geração de músicos de Pernambuco a ter um estúdio. Em todos os textos, depoimentos em documentários, estabelece-se que a química entre percussão e guitarra e baixo elétricos foi amalgamada nos ensaios no Daruê Malungo. Ela começou lá na entidade de Mestre Meia-Noite, em Chão de Estrelas, mas esse estúdio nas Graças foi fundamental para que baixo, guitarra e tambores, e a percuteria em geral, encontrassem a liga para a banda funcionar como Chico Science pretendia. No mesmo casarão um grupo de fotógrafos instalara-se numa empresa chamada Imago, ainda hoje existente, da qual fazia parte Fred Jordão, outro que tem um farto acervo de imagens do manguebeat. É o autor da primeira foto da Mundo Livre S/A e do Chico Science & Nação Zumbi, que ilustrou a primeira matéria na imprensa do Sudeste (na revista *Bizz*, em matéria assinada pelo autor deste texto). Foi ali que foram feitas as fotos dos caranguejos que iriam figurar na capa do álbum *Da Lama ao Caos*. As fotos feitas por Gil Vicente, do embrião da Nação Zumbi, circularam pelo mundo afora, tornaram-se quase domínio público. Tempos depois, ele seria um dos diretores do documentário *A Perna Cabeluda* (1996), com Marcelo Gomes, Beto Normal e João Jr., um curta histórico por ter a única participação de Chico Science num documentário. Ele cantava "Banditismo por uma Questão de Classe" segurando uma perna cabeluda, numa apresentação especial para o filme.

Anos depois revisitei o casarão, que continuava intacto, e onde funcionam alguns escritórios, inclusive o estúdio fotográfico de Gil Vicente, que comentou sobre o estúdio de Gabriel Furtado nos idos de 1991/1992:

"Acho que a galera e Chico já tinham até passado por outros estúdios do Recife, menores, por causa da condição financeira. Precisavam de uma sala

CRIANÇA DE DOMINGO

maior para poder começar a ensaiar com os tambores, equalizar o baixo e a guitarra, colocar a voz de Chico, moldar o som do grupo. Observei muito isso nos ensaios. Inclusive outras bandas ensaiaram lá. Não era um estúdio de gravação. Era um estúdio de ensaio. Como ficava num local central da cidade, várias bandas agendavam horário. A Mundo Livre ensaiou lá, a própria banda de Gabriel, a Zaratempô, ensaiava lá. O baterista da Zaratempô era Pupillo, que cruzou algumas vezes com o pessoal da Nação Zumbi naquele estúdio, sem nem sequer sonhar que um dia seria um dos integrantes da banda. Iam também grupos de metal, a Câmbio Negro H.C. Uma galera de Casa Forte, Karina Buhr com as meninas da Comadre Florzinha, no início. Virou um ponto de encontro. Muita gente se conheceu ali, mesmo sendo de estilos diferentes. A casa tem um jardim de inverno espaçoso, e virava uma festa, a galera descia com cerveja, fumava unzinho, tornava-se uma zona livre de interação."

"Normalmente, em estúdio, a gente não microfona tambor, não microfona as coisas, né? Porque, assim, instrumento de percussão em estúdio de ensaio, o som acústico dele já é suficiente, já reverbera muito. Provavelmente, o Lúcio não escutou a guitarra dele bem lá no Daruê, porque o amplificador era de menor potência. No estúdio que a gente montou lá, eu e o Gil, tinha um amplificador de guitarra mais potente, então ele pôde se escutar melhor. Também a parte de você escutar a voz. Tinha umas caixas de retorno pra voz, de som melhor, então um estúdio de ensaio mais bem equipado favorece isso. Você ensaia tendo uma noção melhor do som, porque você tá escutando o que você normalmente não escuta, quando vai tocar no lugar que o equipamento não responde a tanto volume", diz Gabriel.

"Eu me lembro de ter rolado uns momentos de troca, de a gente estar lá e no fim de ensaio de um, o início do ensaio de outro, de terem rolado umas brincadeiras de tocar e tudo, eu me lembro de Flávio Mamoha (guitarrista, hoje morando em Austin, Texas) tirando um som (tocando, ensaiando) com o Chico. Flávio tocava no Zaratempô. Eu me lembro desses momentos de encontro lá, de conversas. Você vai tirar o som enquanto espera alguém que está chegando, você vai tirando o som ali e brincando e tal, então rolava

CHICO SCIENCE

isso. Especificamente sobre a questão de Chico ensaiar com Nação Zumbi, eu acho que foi mais isso, a qualidade do equipamento ter favorecido uma melhor escuta do que você está fazendo, uma melhor escuta no sentido de você escutar algo mais próximo do que seria uma mixagem, já que você tem aquilo que é abafado normalmente pelo volume da percussão. Os tambores têm um som muito alto, os tambores, as alfaias. Isso era um problema também quando a gente ensaiava o Coração Tribal, porque a gente sempre dava uma abafada nos tambores, porque o volume era alto, grave, tomava conta de tudo. Então, você ter um amplificador mais pulsante de baixo, um amplificador mais potente de guitarra, caixas que respondiam bem para o volume da voz favoreciam que você entendesse melhor o som que estava rolando, sabe? Principalmente no caso lá da Nação Zumbi que tinha uma formação, uma composição diferente. Não tinha mais ali, não era naquele momento bateria, né? Era a caixa e os tambores e percussão. A mixagem, no caso aí, tem uma importância grande para a questão estética mesmo, né? Então, acho que foi mais isso, favoreceu nesse sentido para eles", pondera Gabriel Furtado, mais de três décadas depois.

ALÉM DA MANGUETOWN

A chegada dos mangueboys da Mundo Livre S/A e do Chico Science & Nação Zumbi a São Paulo foi notícia nos principais jornais da cidade. Os dois grupos eram naquele momento, abril de 1993, os mais comentados do país, ainda sem disco, mas não por muito tempo. Na primeira apresentação no Aeroanta se encontravam, além de curiosos, jornalistas, representantes de pelo menos três gravadoras, a nanica Tinitus e duas *majors*, Sony e Warner. A Tinitus, criada pelo produtor de discos Pena Schmidt, foi a primeira a se interessar pelos mangueboys: cogitou-se de lançar uma coletânea do manguebeat. Schmidt, já veterano na época, captou as mudanças que se processavam no rock e lançou pelo seu selo bandas como a Yo-Ho Delic, Virna Lisi, Banda Bel (que tinha Toni Garrido nos vocais), discos solo de Nasi. Mas a Sony Music chegou primeiro com contrato e adiantamento.

O diretor musical da Sony Music, Jorge Davidson, e seu assistente Ronaldo Viana estavam no Aeroanta, pois Chico Science já estava apalavrado com a gravadora, já tinha assinado a citada carta de intenção com a Sony no Recife, dias antes da primeira viagem ao Sudeste. Depois da ida a BH, ele e Fred 04 voltaram a São Paulo, e de lá foram, com o empresário Ferdinando Jujuba, de avião para o Rio. Na reunião com os executivos da multinacional, Chico deu uma mostra do seu caráter. A Sony estava interessada apenas em Science, portanto, somente ele e o empresário iriam conversar no Rio. No entanto, Science exigiu que 04 fosse também. Davidson e outros executivos

CHICO SCIENCE

queriam que apenas ele assinasse o contrato. Chico exigiu que todos da banda também fossem contratados, formavam um grupo, reforçou.

"A gente foi de avião conhecer a gravadora, o selo Chaos, que era dirigido por Alice Pellegatti, mulher de Roberto Frejat, do Barão Vermelho. Almoçamos com Jorge Davidson, ele conversou com Fred sobre fazer uma coletânea manguebeat. Fred que não ficou muito satisfeito. Depois desse almoço, um mês depois, viajei de novo com Chico pro Rio, Maria Duda, a namorada dele, também foi. Ficamos lá uma semana, negociando o contrato. O nosso advogado junto à empresa foi Clávio Valença, primo de Alceu. Até que o contrato foi assinado para três discos. Eles ainda queriam que Fred capitaneasse uma coletânea de nomes do mangue. Ele não topou", conta Jujuba.

Quando a banda estava nos preparativos da pré-gravação para o disco de estreia, Ferdinando Jujuba deixava de empresariar o grupo. Na volta da segunda viagem ao Rio, Chico e a namorada foram direto para o Recife, enquanto Ferdinando Jujuba foi para Salvador para conversar com a produção do Fest in Bahia, um festival de música afro-brasileira, jamaicana e africana, com atrações nacionais e estrangeiras. O pessoal queria Chico Science & Nação Zumbi no evento.

"Era um dos principais festivais do Brasil na época, cheio de estrangeiros. Consegui o contato do produtor Daniel Rodrigues. Liguei pra ele, dizendo que era produtor da Nação Zumbi, que a gente tinha assinado com a Sony. Mandei o clipe de 'A Cidade' para ele. Em Salvador acertei o contrato, o valor, a quantidade de gente que poderiam levar. Era a banda, um operador de áudio, acho que um roadie, e eu. Mas Chico queria levar a namorada de todo jeito. Disse que ela tinha jeito pra produção. Tentei conseguir mais uma passagem, eles disseram que não dispunham de verba para isso. A gente era uma banda nova, ainda sem disco, não podia fazer exigências. Disse a Chico que não rolaria. Então ele me disse que Duda iria e eu não. Fiquei abismado. O produtor que fechou o show não vai? Liguei pra Dengue, Lúcio e Jorge, eles disseram que aquilo não poderia acontecer de maneira nenhuma. Então Duda não foi. Eu fui. Chico ficou de cara

CRIANÇA DE DOMINGO

amarrada comigo. Não nos falamos em Salvador, a não ser o necessário – roupa, repertório para imprimir. Ele não era o dono da banda, era para todo mundo ser sócio. Os meninos de Peixinhos é que não tinham direito a nada. Não recebiam pelos ensaios. Jorge, Lúcio e Dengue confirmaram que eu iria. Eu nem falei mais com Chico. Falei com Jorge, com quem eu tinha mais afinidade, que não dava mais pra mim. Não tinha clima. Mas Duda só soube dessa história muito tempo depois. Não impôs sua ida à Bahia, Chico é que queria que ela fosse. Não nos falamos mais. Muito tempo depois nos reencontramos numa rádio onde Renato L. tinha um programa. Ele estava lá para falar sobre o disco novo, eu sobre outro assunto. Voltamos a conversar, numa boa. Ele perguntou como ia minha banda (Coração Tribal), perguntei pela Nação. Uma conversa cordial, como se nada tivesse acontecido. Dentro de pouco tempo ele morreu."

Jujuba passaria a produzir a banda Coração Tribal, também foi letrista das canções do grupo, contratado pela Virgin. E com Jujuba aconteceu uma dessas ironias do destino. O pessoal da Virgin veio ao Recife para conferir um show da Mundo Livre S/A, que estava na mira da gravadora. O grupo ia se apresentar num festival na praia de Piedade (na limítrofe Jaboatão dos Guararapes), no qual também estava escalado o grupo Coração Tribal, que tinha Jujuba como um dos compositores. Pelo visto os olheiros da Virgin, que estava começando no Brasil, apreciaram mais a Coração Tribal, que tinha um suingue mais caribenho, mesclava reggae com ritmos pernambucanos, com uma forte base percussiva. Viram um potencial comercial no grupo, o que não aconteceu. A Coração Tribal gravou apenas um disco na Virgin.

Chico assumiu a produção do CSNZ, uma tarefa mais braçal, que não estava entre suas qualidades. Assim, convidou Paulo André para ser empresário da banda. Ele assumiu o cargo às vésperas da gravação de *Da Lama ao Caos*. Uma aquisição que seria fundamental para a banda chegar tão rápido ao exterior. Paulo André Moraes Pires falava inglês fluentemente. Em meados da década de 80, ele viveu três anos em San Francisco, na Califórnia. Na época testemunhou as mudanças que aconteciam no rock americano, o

CHICO SCIENCE

começo do crossover de rock pesado com rap, o thrash metal, bandas que logo dominariam o mercado, nos EUA e no restante do planeta (Metallica foi uma dessas). Fissurado em música, acompanhava de perto a cena recifense. Conhecia quase todo mundo das bandas locais, inicialmente por causa da loja de discos de que era dono, a Rock Xpress, depois com o Abril Pro Rock. Estava no show do Ira! e testemunhou quando Chico Science (que estava com o baterista Vinícius Sette) convenceu os integrantes do grupo paulista a irem assistir a uma apresentação da Loustal. Aliás, ele levou o baterista André Jungmann (que nasceu no Recife) para o local do show, o espaço Oásis, próximo à praia de Casa Caiada, e viu pela primeira vez Chico Science no palco:

"O que me atraiu a atenção na banda foi como Chico se movimentava no palco. O resto era tosco: instrumentos, som... Não havia plateia além da gente", relembra o produtor.

Paulo André Pires, que tem uma memória afiada, conta os detalhes de como começou a trabalhar com Chico Science & Nação Zumbi:

"Logo depois do Abril teve uma história do Sea Paradise (complexo aquático, em Maria Farinha, Paulista), meio caretão, mas Manolo, meu primo, do Classic Hall, era de outro rolê, dono do bloco do Nana Banana (do Recifolia). A gente tinha uma boa relação, ele estava na Empetur. Teve uma história de um comercial da C&A, as produtoras de audiovisual aqui não tinham a estrutura. Veio de São Paulo uma produtora gigantesca de audiovisual, eu participei das gravações, tinha helicóptero e tudo, na Coroa do Avião, um monte de modelos. Como eram 80 pessoas, Manolo me ligou e disse que queria que eu indicasse uma banda que participou do Abril Pro Rock, para tocar na festa de encerramento. A gente era muito carente. Quando chegava um negócio desses, um comercial nacional, caralho, porque só era a Bahia. Rolou esse no Sea Paradise. Fui numa camionete cabine dupla da Empetur, marquei com os meninos. Iniciativa minha, Chico me pediu ajuda. Disse: 'Vou passar os telefones dos meninos em Peixinhos, depois tu vai em Jardim Atlântico para pegar Dengue e Lúcio. Depois tu pega eu e Jorge em Rio Doce'."

CRIANÇA DE DOMINGO

O empresário continua.

"Marquei com os meninos perto da delegacia de Peixinhos, que era meio central para todos eles. Onde tinha táxi. Cheguei lá na hora marcada com o motorista da Empetur. Só faltava Gira. Até que ele aponta lá no fim da rua. Ele andava assim de um jeito que o cara não encosta a parte de trás do pé no chão, parece que tá subindo. Todo tranquilo, de longe sinalizei, botei os braços pra cima. Gritei: 'Olha a hora!', apontei pro relógio. No mesmo passo que vinha, continuou. Perguntei a ele o que tinha acontecido. Ele disse que tinha ido rezar. Eu perguntei se não daria para rezar depois. Ele disse que não, que quando estava com mau-olhado tinha que rezar logo. Aí entrou, pegamos Dengue e Lúcio, depois Chico e Jorge."

"A galera no banco de trás, ali no Janga, os caras brincando, rindo, só bullying e putaria, não saía nada que prestasse. Chico me disse: 'Tás vendo a galera? Dá um trabalho da porra, tô precisando de ajuda, velho'. Eu perguntei se ele estava pedindo minha ajuda. Ele disse que sim. Eu disse que parava tudo que estava fazendo para me dedicar à banda. Só queria continuar fazendo o Abril Pro Rock, que era uma vez por ano, mas assumo geral, agora, a te ajudar a tirar esse peso das tuas costas, para você terminar a criação do disco. Não teve contrato, não teve nada. No outro dia teve um ensaio na casa de Lúcio, que terminou no começo da noite. Aí a gente sentou na calçada da casa e fizemos a primeira reunião", diz Paulo André.

O empresário continua.

"Sonally (irmã dele) tinha um fusca, eu deixava ela de manhã cedo na Universidade Federal, para ficar com o carro durante o dia, ela arrumava carona de volta. Chico vinha de busão, saltava no Eufrásio Barbosa, eu ia até lá, pegava ele, e a gente ia para a reunião com Hilton e Dolores, aí já era a capa. Se olhar a capa de *Da Lama ao Caos*, tem meu nome na produção executiva do disco, mas assinei um contrato com a gravadora abdicando de qualquer pagamento. Banda nova não tem moral, aceita tudo. Apesar de que Chico sabia muito o que queria, mas não tinha disco vendido, ia de mansinho com a gravadora, dentro da realidade. No grupo era tudo decidido no dia a dia. O resto da galera, desde sempre, não se envolvia em abso-

CHICO SCIENCE

lutamente nada, além de ensaiar, tocar, compor e fazer show. Muitas vezes a gente colocava alguma coisa numa reunião pra todo mundo opinar, mas muitas das decisões nem tinha tempo."

Chico Science fez o convite a Paulo André guiando-se pela intuição, mas também pela carência de empresários de artistas em Pernambuco. O segmento pop ou rock no Recife era produzido e empresariado pelos próprios artistas, com raras exceções. Havia contratantes de shows como José Carlos Mendonça, ou Pinga, um dos maiores do país, que tinha exclusividade com Roberto Carlos, para todo o Norte e Nordeste, mas produzindo, empresariando artistas quase ninguém. Paulo André pode ser considerado o primeiro produtor a trabalhar profissionalmente no Recife com uma banda de rock, e levá-la a mares nunca antes navegados. Graças também à conjuntura da época, em que artistas de países periféricos que faziam o que ainda era rotulado de world music, porém alternativa e experimental como a do CSNZ, deixavam de ser vistos como algo exótico e recebiam convites para festivais de rock, como foi o caso do grupo pernambucano.

Chico Science sabia o que queria, e o que queria não era pouco:

"Quando eu assumi comecei a intermediar as conversas com a Sony sobre quem seria o produtor. Chico dizia que queria Bill Laswell. Se não desse, a outra opção seria Arto Lindsay. Eu não tinha experiência. O pessoal da Sony me disse que já havia fechado um pacote com Liminha, para produzir no estúdio dele. Reservaram hotel em Copacabana. Todos os dias vinha uma kombi apanhar a gente, às dez horas da manhã, sem hora pra voltar. Tinha um esquema para almoçar, no estúdio. A gente só não gravava nos sábados e domingos. *Da Lama ao Caos* foi feito rapidamente. Bem diferente de *Afrociberdelia*, que estourou o orçamento. A produção foi da Nação e de Eduardo Bid. Só que a Nação não tinha experiência, Bid muito menos. Ele tinha um estudiozinho, fez uns beats com Chico, que se entusiasmou", continua Paulo André.

O meteoro Chico Science foi detectado, porém ninguém imaginaria que teria uma trajetória tão rápida. Em outubro de 1993, o CSNZ foi convidado para abrir a convenção anual da Sony brasileira no Rio e gravaria um

CRIANÇA DE DOMINGO

clipe no Circo Voador. Chico Science pretendia, desde que se confirmou a gravação do disco, que a produção fosse feita pelo americano Arto Lindsay, na época badalado no Brasil pelos trabalhos em discos de Caetano Veloso e Marisa Monte, além de colaborações com Naná Vasconcelos. Também porque Lindsay participou, em Nova York, do quase movimento No Wave e da banda DNA, que a turma escutava no apartamento nas Graças ou Rua da Aurora. Igualmente porque Arto morou em Pernambuco. Estava com três anos de idade quando veio para Garanhuns. Permaneceu entre Garanhuns e Recife até o início dos anos 70. O pai dele era missionário e diretor de um colégio em Garanhuns, a duas horas e meia de carro da capital pernambucana. Não conhecia a fundo, mas sabia o que eram maracatu, caboclinho, ciranda, coco, embolada, enfim, ritmos da cultura popular turbinados por Chico Science e a banda. Lindsay, em conversa para este livro, revelou que também queria produzir o CSNZ:

"O grupo era totalmente original. Todas as raízes estavam visíveis, mas o resultado era uma surpresa. Chico queria sim que eu produzisse o disco, mas a gravadora preferiu algo mais in house."

Ele trabalharia com a Nação Zumbi, em 1998, assinando o remix de "Cidadão do Mundo" no terceiro disco da banda, formado por gravações ao vivo, inéditas, e um disco de remixes.

Em entrevista a Antônio Carlos Miguel, de *O Globo*, no início das conversações com a Sony Music, Chico Science chegou a confirmar Arto Lindsay como produtor do álbum de estreia:

"Nós tínhamos pensado também em dois outros produtores, Bill Laswell e Rick Rubin, mas o Arto tem tudo a ver. Além de estar ligado a uma certa vanguarda pop, morou em Pernambuco."

Nessa, como na maioria das conversas com jornalistas de todo o país, Science via-se sempre obrigado a esclarecer do que se tratava sua música:

"O movimento mangue não é um novo ritmo ou uma nova onda. Não vamos ser engolidos pela indústria, queremos crescer aos poucos."

Ficava patente que jornalistas de outras regiões, boa parte bem jovem, muitos dos quais nunca tinham ido a Pernambuco, não conheciam a sua

CHICO SCIENCE

rica tapeçaria de manifestações da cultura popular, até porque várias delas não ultrapassaram as divisas do estado, nem mesmo os limites entre as cidades da Zona da Mata e o Recife. Numa entrevista com Chico Science sobre o recém-lançado *Da Lama ao Caos*, Luís Antônio Giron, da *Folha de S. Paulo*, questionou a motivação do mangueboy ao reprocessar o folclore de sua terra. Teria intenção de acabá-lo?

"A intenção era exatamente o contrário", rebateu Science. "Nossa ideia não é acabar com o folclore, é um resgate dos ritmos regionais, envená-los com uma bagagem pop. Isso pode chamar a atenção das pessoas para os ritmos como eles são e criar interesse pelo folclore", argumentou, de modo visionário.

Esse resgate que ele empreendeu fez mais pela divulgação do cavalo-marinho, ciranda, maracatu, rural e nação, coco, embolada, entre outros, do que comissões oficiais de folclore e ações de órgãos de chapa branca afins. Ao procurar definir os elementos com influência nas letras de Chico Science, sozinho ou com parceiros, citam-se muito repente e cordel, que são duas manifestações da poesia oral nordestina, mas bem distintas entre si. Do cordel até há alguma coisa, mas nada do repente (poesia feita de improviso pelos cantadores de viola, obedecendo métricas rígidas). E ainda não distinguem muito bem ambos da embolada, esta assemelhada com o rap, só que quase sempre com versos tirados de improviso, cantados com extrema velocidade, um verdadeiro malabarismo, quase sempre com tiradas de humor. A embolada está mais presente na música de Chico Science.

Inevitáveis as comparações com Alceu Valença, único nome da música pernambucana que se tornou bem-sucedido nacionalmente desde o Quinteto Violado, em 1972. O Quinteto, por sinal, entrou em cena com um furor que comunga de semelhanças com Chico Science e Nação Zumbi. Sem fazer misturas, mas estilizando manifestações da cultura popular, sua música, que trazia elementos de cavalo-marinho, ciranda, frevo, baião, também causou estranheza fora de Pernambuco e estados vizinhos. Numa das entrevistas mais incisivas com Chico Science, a já citada feita pelo baiano Luiz Claudio Garrido, de *A Tarde*, em 1994, ele mais uma vez procurou

CRIANÇA DE DOMINGO

esclarecer que a música criada com a Nação Zumbi tinha pouco a ver com Alceu, tanto em sonoridade como na poética. Eles viam o Recife, Olinda, Pernambuco por prismas diferentes:

"Fica até uma coisa meio chata falar sobre o que difere, mas é diferente. Acho que a gente trabalhou as coisas de um jeito, ele de outro. Se você analisar os dois trabalhos vai ver, é fácil. Só é uma questão de análise das duas coisas. Acho que ultimamente ele mudou muito o som dele. O que a gente faz é mais moderno. Existe uma fome de informação. Não é só música, mas sobre todas as coisas que acontecem no mundo, na sociedade, na tecnologia, na ciência de hoje. A gente pega o ritmo como ele é. Eu toco com tambores, caixas, não com bateria. Posso usar bateria, mas de acordo com a necessidade. O que é diferente é que as ideias que tivemos vamos botar nas músicas. Não vai ter medo de fazer nada, não vai deixar de ter fome de informação. Não queremos ficar fazendo a mesma coisa o tempo todo. Aí é que está a diferença. Está respondido?"

A diferença fundamental entre aquela então nova cena, sobretudo as duas bandas à frente do movimento, CSNZ e Mundo Livre S/A, era que seus integrantes pertenciam a uma geração nascida em meados dos anos 60, não tinham o ranço antiamericano, que atrelava o rock ao imperialismo ianque, como se dizia nos protestos contra os Estados Unidos realizados diante de embaixadas dos EUA no Brasil. Alceu Valença era da geração 1968, foi naquele ano que começou a participar de festivais de música popular. Durante a maratona de entrevistas para divulgar o *Da Lama ao Caos*, Chico Science citou quatro discos ao jornalista Carlos Marcelo, do *Correio Braziliense*, incluídos na matéria: *Amor Louco*, do Fellini; *Black President*, de Fela Kuti; *Duck Rock*, de Malcolm McLaren, e *Sex Machine*, de James Brown. Não poderia ser mais eclético e de gosto tão díspar nessas referências em relação à geração de Alceu. A parabólica fincada na lama captava os sons do planeta, sem preconceitos.

Mas a incompreensão para o som dos mangueboys acontecia também em sua própria terra. Quando o Caderno C, do *Jornal do Commercio*, abriu suas páginas para o manguebeat, os jornalistas de cultura eram gozados pelos

CHICO SCIENCE

colegas de outras editorias pela divulgação dos "caranguejos com cérebro", o título do manifesto mangue. Vinícius Enter, um músico que fez parte da cena punk de Candeias e que frequentou o apartamento da Rua da Aurora, onde moravam Mabuse, Fred 04 e Chico Science, afirmou numa entrevista ao autor deste livro que disse que a expressão foi criação dele. Porém, Renato L., o "Ministro da Informação" do manguebeat, afirma ter sido invenção sua. Mas Vinícius compôs uma música com esse título, gravada na primeira demo coletiva do mangue, e pelo próprio, postada anos depois no SoundCloud.

Vinícius Vieira de Vasconcelos Pires, o Vinícius Enter, é um personagem enigmático do manguebeat. Participou das articulações iniciais do mangue, mas não como integrante de bandas, porque queria uma carreira solo. Chico Science lhe propôs formar uma parceria. Ele fazendo a letra e Vinícius, a música. Este se recusou, alegando que também fazia letra. Quando o movimento decolava, ele saiu da cidade. Foi para o Rio, onde terminou o curso de Jornalismo, depois andou pela Amazônia. Passou por problemas pessoais, com crises de depressão. Em 2008, reapareceu, esteve na redação do *Jornal do Commercio* para divulgar o disco que acabara de terminar, chamado *Dedo Indicador*, disponível apenas no formato digital, um álbum instigante, de vanguarda, que permanece no SoundCloud. Desde então, não soube mais dele.

Com o álbum de estreia nas lojas, Chico Science tentou arrefecer as expectativas que pairavam sobre ele e a banda, de que renovavam a música brasileira, mas sem a pretensão de ser uma nova axé music, o ritmo do momento país afora:

"Não acho que o fato de usarmos ritmos regionais de Pernambuco possa dificultar alguma coisa, mas não vamos mudar. As pessoas têm que ter a curiosidade de correr atrás da informação", disse em entrevista a Antônio Carlos Miguel.

Chico Science não se valia de retórica. Uma prova de que as pessoas procuravam se informar sobre a cultura pernambucana, e recifense em particular, pode ser constatada no YouTube, num vídeo do CSNZ, no programa *Carnaval É Legal*, da MTV, em 1995. Chico e a Nação Zumbi

CRIANÇA DE DOMINGO

cantaram a "Marcha da Cueca" (Carlos Mendes/Livardo Alves/Sardinha), uma marchinha despretensiosa que se tornou uma das mais tocadas no país no Carnaval de 1977. Particularmente no Recife, onde fez tanto sucesso que foi incorporada ao repertório de frevos-canção da cidade e do estado. Chico e Jorge cantam a marchinha como MCs e a transformam num rap, além de enxertarem o refrão das la ursas do Carnaval pernambucano, em ritmo de embolada: "A la ursa quer dinheiro quem não der é pirangueiro". E aí temos Chico incorporando um Chiquinho da Rua do Girassol, quando ele se fantasiava como o urso do brinquedo. Folião inveterado, Chico voltou a cantar um sucesso carnavalesco na TV, em fevereiro de 1996, no *Matéria Prima*, programa de Serginho Groisman, ainda na Cultura. Os dois fizeram um dueto no passo doble "Touradas em Madri" (de 1938, assinada por João de Barro/Alberto Ribeiro). Uma participação solo, sem a banda.

Só a título de explicação: a la ursa é um dos brinquedos carnavalescos menos conhecidos entre os muitos com que é animado o Carnaval pernambucano. Mesmo assim, a la ursa deve ser a brincadeira da época com o maior número de agremiações. Chico costumava ter esses rompantes musicais. Na gravação de "Todos Estão Surdos", cantou os versos iniciais de uma ciranda do mestre Baracho: "Roberto Carlos é o rei do iê-iê-iê/ Jamelão cantando samba/ Faz o morro estremecer". Os não nativos certamente atribuíram os versos a Science, mas a música vem dos anos 70, um clássico da ciranda.

Era muito comum comparar Chico Science e a Nação Zumbi com grupos que praticaram misturas de ritmos – Picassos Falsos, Paralamas do Sucesso (dos discos *Selvagem* e *Severino*), a Plebe Rude (do *Nunca Fomos Tão Brasileiros*). O produtor Carlos Eduardo Miranda, que produzia o forrocore, a mistura de forró com hardcore de Os Raimundos, comentou a profusão de novos grupos de rock incursionando pelo forró:

"Não consigo entender por que de repente bandas de lugares diferentes retomaram o rock a partir da música nordestina, sem conhecer o trabalho dos outros."

Na mesma matéria (de Carlos Marcelo, no *Correio Brasiliense*), Miranda começara a produzir o álbum de estreia da Mundo Livre S/A, e entrou no

CHICO SCIENCE

espírito do manguebeat, cujos músicos não estavam tão somente fundindo ritmos e gêneros variados, mas criando uma música própria, globalizada, quando a expressão começava a ser usada:

"No disco que nós estamos gravando tem samples de Led Zeppelin, Black Sabbath e Thelonious Monk; batucada afro, guitarra death metal, MPB, maracatu, reggae funk, tudo isso costurado com melodia pop". E comparou: "É um *Sgt. Pepper's* ainda mais doido".

ATENÇÃO, GRAVANDO!

Liminha conhecia a banda apenas de nome, não tinha ideia da música que fazia quando foi sondado por Jorge Davidson para produzir o disco de estreia. Davidson enviou para o produtor, que estava em Los Angeles, uma fita cassete que o grupo gravou no Recife:

"Naquele tempo eu vivia na ponte aérea, vindo e voltando dos Estados Unidos. Aquilo me causou um impacto, era diferente de tudo que eu já tinha ouvido. As bandas brasileiras tinham influência maior do rock que vinha de fora. Paralamas foi a primeira que, uns dez anos antes, com o disco *Selvagem*, meteu o pé no Brasil. Aí, ouvir essa coisa do Chico, mistura de maracatu, de hip-hop, com rock, um som pesado, enfim, isso foi muito impactante, que troço estranho, no bom sentido. Eu topei: 'Bora, Jorge, vamos fazer.' A ideia era ótima, a concepção, as letras, tudo era ótimo, a personalidade vocal de Chico dava pra sentir uma atitude forte", relembra Liminha.

Se bem que o citado álbum dos Paralamas era um disco com uma maioria de reggae, influência do The Police. Quando cantam "Você", um clássico de Tim Maia, o fazem em levada de reggae.

Chico Science, depois do primeiro dia de trabalho no Nas Nuvens, comentou com o repórter Edmundo Barreiros, do *Jornal do Brasil*:

"Com essa infraestrutura podemos realizar velhas ideias que não tínhamos condições de executar no Recife. O som que estamos tirando dos tambores, por exemplo, está muito bom."

No entanto, uma das poucas críticas negativas ao disco *Da Lama ao Caos* foi exatamente pela perda do peso do som das alfaias. O próprio Science endossaria as críticas a Liminha em relação à captação do som das alfaias. Achava que a percussão poderia ter ficado mais forte, com o mesmo impacto que produzia ao vivo.

Renato L., que participou das primeiras conversas com os executivos da Sony, apresentado como o "Ministro da Informação" do manguebeat, função que provocava cenhos franzidos, também concordou que as alfaias não soavam no disco como eles esperavam:

"Eles achavam que, por ter tambores, como vinha do Nordeste, o pessoal fazia axé. Quando começaram a discutir sobre quem seria o produtor, eu falei que por mim seria Rick Rubin, da Def Jam, porque ele daria potência aos tambores. Os meninos queriam Arto Lindsay, mas ninguém foi contra o Liminha. Estavam todos animados, porque naquela época gravar um disco já era um feito. Inclusive, o nome *Da Lama ao Caos* existia antes do disco, foi uma festa que a gente fez. Mas essa coisa dos tambores eu imaginava que daria problemas, porque os produtores brasileiros naquele tempo não tinham know-how para gravar som grave. Não sei se era exigência do padrão do que se fazia aqui, mas acho que ficou devendo na potência dos tambores."

Chico amenizou a crítica em entrevista a Antônio Carlos Miguel, de *O Globo*, em matéria sobre o lançamento do *Da Lama ao Caos* no Circo Voador, numa sexta, 15 de abril de 1994:

"Os tambores que dão a base rítmica perderam o peso. Além disso, tem o lance do nosso visual e da movimentação no palco. Ninguém estudou dança, não é por aí, mas pulamos muito, tem muita malandragem que não dá para passar em disco."

Anos depois, numa entrevista ao autor desse livro, para um caderno especial do *Jornal do Commercio*, quando Chico Science completaria 50 anos, Lúcio Maia comentou a "polêmica" do som das alfaias:

"Acho que a gente foi inconsequente, porque nem nós mesmos entendíamos exatamente o que queríamos no estúdio. Liminha foi muito impor-

CRIANÇA DE DOMINGO

tante e hoje tenho outra visão. Antes de Liminha pensamos em convidar Arto Lindsay, mais por causa daquela banda dele em Nova York, a D.N.A. Mas acho que Arto também não teria entendido o som da banda. E quanto à percussão, a gente usava uns tambores meia-boca, baratos, que não ajudavam. Tem que ver que a gente era moleque de subúrbio, e com Liminha tivemos o maior aprendizado. Ele foi muito importante, ter trabalhado com ele foi uma maneira de enxergar melhor o processo de gravação. Tanto que no segundo disco a gente já estava produzindo com Bid."

LIMINHA

Liminha rebateu, bem tranquilo, as críticas, numa conversa no estúdio Nas Nuvens. Na verdade, não contestou. Apenas esclareceu o que aconteceu na gravação, falou sobre as dificuldades de extrair o melhor som dos tambores:

"No espectro de frequência não tinha nada brilhante, estridente, o que era legal no som deles, com exceção da caixa e do ganzá. Ao vivo você tem o auxílio visual, fica mais legal, quando estou mixando um DVD começo a olhar, depois fico fazendo sem imagem, começo a ver defeito. Na hora que bota a imagem, 50% da sua atenção vai para ela. Num show tem essa sensação. Esperava-se um som enorme, e na verdade as alfaias não têm. Estava falando com o produtor Kassin outro dia, que gravou a Nação recentemente, e ele falou: 'Aquilo não tem muito som, tem som de nada'. O pessoal falava pra Nação e Chico: 'Que som das alfaias!'. Mas ao vivo são os caras batendo com aquela força toda, aquela mise-en-scène, acaba dando impressão de que tem muito som. Eu disse: 'Gente, o som delas tem um limite, o grave das alfaias vai até um certo ponto'. Botava o som da bateria eletrônica 808, era muito mais grave do que o som das alfaias, eles ficavam meio injuriados. Diziam que as alfaias não tinham esse grave que eles queriam, tinha de somar com alguma coisa. Quando lidava com frequências graves, as três alfaias faziam a mesma figura, faziam variações. Quando batiam muito junto, às vezes podia dar um cancelamento, quando não estavam muito junto ficava uma appoggiatura, um som meio metralhado, que não somava."

CRIANÇA DE DOMINGO

Mas ele concorda que não foi fácil gravar as alfaias:

"Em algumas músicas, não me lembro mais quais, peguei o melhor das alfaias, mixava, ficava aquele sonzão, sampleava, colocava nas fitas, fazia um looping. Acho que o resultado ficou bem interessante, hipnótico. Tinha uma música que a gente queria uma coisa, a linha de baixo do Dengue, sampleei um pedaço que ele tocou. Eu fiquei chapado de ouvir porque tudo isso foi feito em fita de 24 canais, a gente resolveu o disco inteiro em 22 tracks, o pro tools tem centenas. No caso deles, tudo gravado em fita, é legal, porque o som da fita é melhor, mas é difícil, não tem essa mordomia toda de editar, botar no tempo. Tudo que tá aí é verdade, não tem truque, os caras tocavam assim mesmo."

Liminha exemplificou selecionando e tocando tracks só com os tambores, reforçando a explicação:

"Quando você abre um microfone bom, tem uma boa captação, o que é bom vem, mas o que é ruim vem também. As pessoas gostavam da performance deles, não tem como ficar parado vendo a Nação tocar ao vivo. Mas no estúdio é outra história, quando você tem um som no alto-falante pequeno assim, tem que ser bem gravado. Os garotos foram mestres, eles se dedicaram de uma tal forma. É difícil, tinha a coisa das três alfaias, tocar aquilo certinho é complicado. Tinha guitarra, baixo, tinha a coisa do andamento. Gravei com eles como se fossem músicos com prática de estúdio. Ouvindo as sessões agora vejo como o resultado ficou bom, tanto que é um disco que o *New York Times* falou muito bem, o David Byrne gosta, um disco que está em todas as listas de melhores. Lembro que, quando fui masterizar o disco em Los Angeles, o cara do estúdio me perguntou o que era aquilo, achou muito bacana."

As sessões de gravação transcorreram sem problemas, sem discussões, com Liminha aceitando as intervenções de Chico Science, que atuou como uma espécie de maestro da banda, testemunha o empresário Paulo André Pires:

"Com a galera Liminha sempre foi muito de boa, nunca pintou clima ruim no estúdio, era sempre de boa. Não me lembro se Liminha tocou al-

CHICO SCIENCE

guma coisa. Quando Lúcio pegou papeira (caxumba), quem tocou foi 04, o pior show da vida da Nação Zumbi, não tinha cem pessoas. Num festival de quadrinhos, nessa época quase todo mundo já tinha voltado, só ficaram Chico e Jorge para discutir a mixagem. A Sony trouxe todo mundo de volta do Recife, eu teria empregado esse dinheiro em outras coisas."

As críticas que atribuíam a ele o fato de os tambores não soarem tão pesados quanto no palco não fez com que Liminha limitasse os elogios à banda:

"Eles davam o sangue pra tocar, é difícil num estúdio bom, quando você capta tudo aparece. Acho que no início não entendiam por que exigiam tanto deles. Acho que entraram no estúdio de uma forma e saíram de outra. Viraram outra banda. Tiveram oportunidade de ouvir o som deles. Quando reclamavam, eu parava: 'Vamos ouvir, vamos tocar apenas as alfaias, botar uns loops'. Lúcio, me lembro, queria umas guitarras africanas, que foi sugestão minha, a gente fez uma malha de guitarras. Lembro do Chico com uma sacola de vinis de que ele gostava, tinha muitas ideias. Paulo André, o empresário, era dono de uma loja de discos, então eles eram muito informados."

Claro, a loja de Paulo André era muito atualizada em relação ao que rolava no Brasil e lá fora, mas os mangueboys tinham sede de informação muito antes de conhecerem seu empresário, e bandas brasileiras dos anos 80, com as já comentadas poucas exceções, não banhavam a praia deles.

Nos meios musicais do Rio, a gravação do disco de Chico Science e Nação Zumbi tornou-se o assunto do momento. Liminha relembrou que todos os dias aparecia algum artista para conhecer Chico e o grupo:

"Frejat, Marina Lima, Lulu Santos, Paralamas do Sucesso… Isso aqui virou um point, todo mundo vinha pra cá, ficou bem animado. Lembro de Lenine ter vindo, ele não conhecia ainda os garotos. Causou um impacto nele."

Atraindo tanta atenção, o disco poderia ter participações de nomes conhecidos do rock brasileiro, ou da MPB, mas o único convidado foi André Jung, do Ira!, tocando berimbau. O que surpreendeu o produtor:

CRIANÇA DE DOMINGO

"Quando me disseram que André Jung estava vindo e trazendo um berimbau, perguntei ao Chico se não seria melhor convidar um baiano. Mas ele tocou legal."

Fazem-se muitas comparações, ou analogias, entre o manguebeat e o tropicalismo, que só comungam de duas afinidades: a primeira é que foram atitudes, não um ritmo. Não existe música tropicalista, assim como não existe música mangue. No repertório de *Da Lama ao Caos* o tema é recorrente, *leitmotiv*, um pouco menos no *Afrociberdelia*. A segunda é que ambos não foram entendidos, provocando questionamentos quando finalmente chegaram ao disco. Os álbuns *Tropicália ou Panis et Circensis* e *Da Lama ao Caos* tocaram pouco no rádio, venderam menos ainda. Ainda mais do que o disco-manifesto dos tropicalistas, *Da Lama ao Caos* trazia informações que mesmo no Recife boa parte das pessoas não conseguia decodificar.

"Saiu o single e ninguém tocou. Ainda mais um single que tem uma introdução de pastoril, depois começaram umas batidas que ninguém conhecia, tambores de maracatu, mas nem era maracatu. Inclusive em algumas músicas de *Da Lama ao Caos* as levadas são de Maureliano, Mau, que fez parte da primeiríssima formação da banda. Na novela *Tropicaliente*, passada no Ceará, entrou 'A Praieira'. Eu brinco que 'A Praieira' é a balada do disco, mas é estranhíssima pra quem nunca viu ou ouviu Nação Zumbi. Tocar na novela não alavancou as vendas do disco, pelo contrário. A galera do rock criticava: 'Que merda é essa?'. 'A Cidade', acho que ninguém lembra, entrou na trilha de um remake de *Irmãos Coragem*. Vivo procurando o disco, nem sei se foi lançado", comenta Paulo André Pires.

Em tempo: o disco foi lançado em 1995, com selo Som Livre, número de catálogo 2010-1. O outro pernambucano no LP é Geraldo Azevedo, com "Talismã" (dele e de Alceu Valença).

DA LAMA AO CAOS

Poucos discos na história da música brasileira receberam tanta atenção da imprensa enquanto estavam sendo produzidos. Tinha-se a impressão de que todo jornalista que escrevia sobre música queria comentar o álbum *Da Lama ao Caos*, sempre tecendo parâmetros com empreitadas anteriores de grupos que se voltaram para a música brasileira quando até então o foco era Londres, ou Nova York:

"A banda Plebe Rude fornece uma senha há quase dez anos, a partir do título do seu segundo álbum, *Nunca Fomos Tão Brasileiros*. Nesse disco o grupo, o então quarteto, experimentou, sem muito sucesso, adicionar ritmos como baião e xaxado a seu rock politizado", escreveu Carlos Marcelo, no *Correio Braziliense*.

Na mesma matéria, Gilberto Gil, então se aproximando de uma nova geração consumidora de música e flertando com os sons da África (pelos quais incursionou já em 1977, com o álbum *Refavela*), comentou a tentativa de se incluir, no rock nacional, a mistura de rock com ritmos nordestinos:

"Não acho que exista um caminho para a música jovem. Fazer aquilo que se gosta com convicção é mais importante, a forma pode variar."

Os Paralamas do Sucesso entravam nas matérias sobre as fusões rítmicas de Chico Science & Nação Zumbi pelo pioneirismo em se traçar outros caminhos sonoros sem se espelhar, não raro exacerbadamente, em grupos como The Police, e do selo miscigenado inglês Two Tone. Ora, a guinada de Paralamas e outros grupos do Brock deu-se quando bandas e artistas

CRIANÇA DE DOMINGO

gringos, como Talking Heads ou Paul Simon, aglutinaram à sua música elementos da efervescente cena pop africana. Os países africanos tornaram-se a fonte em que os músicos, não apenas brasileiros, passaram a beber.

O rock nacional chegou mais perto desse veio com um grupo surgido em Brasília, o Obina Shok, com núcleo formado por dois africanos (um senagalês e um congolês) e um surinamês, com cinco brasileiros. Parte do grupo era de filhos de diplomatas. O senegalês Jean Pierre Senghor era neto do poeta, político e ativista pela negritude Leopold Senghor. O repertório do Obina Shok trazia ritmos senegaleses, gaboneses e surinameses. O grupo lançou dois discos, pela RCA. No primeiro deles emplacou uma faixa, "Vida", que teve participação de Gal Costa e de Gilberto Gil, que canta em mais duas faixas, sendo parceiro em uma delas.

O Obina Shok se apresentou no Recife em 1986, com Luiz Melodia, no palco do Circo Voador, point do verão, cujos shows eram conferidos pelos futuros mangueboys. Mas não há nada do rock nacional, nem mesmo do Obina Shok, na música de Chico Science & Nação Zumbi. Havia na Orla Orbe, nas primeiras parcerias de Chico França com o guitarrista Fernando Augusto. Porém, Chico incluía o "Advogado do Diabo", do Ira!, que destoava do ensolarado pop carioca. A crítica dividia-se, uma parte dela constatava a originalidade da música dos pernambucanos, entendendo que o que havia de África em *Da Lama ao Caos* tinha a ver com o que Chico Science ou Jorge du Peixe escutavam nos bailes da periferia. Tinha muito dos discos que tocavam nas reuniões no apartamento de Helder Aragão, no edifício ABC, nas Graças. Um deles era do camaronês Manu Dibango, um inovador, dos primeiros grandes nomes do continente africano a emplacar mundo afora.

Mas o que pegava de outros rincões com a antena parabólica fincada na lama usava-se como complemento para a argamassa básica de sua música, os ritmos pernambucanos, e na possibilidade disso ser replicado em outros estados:

"Só assim o pop brasileiro vai ter destaque lá fora, temos uma variedade de ritmos que não podem ser desprezados (...) Eu pelo menos gostei do

CHICO SCIENCE

Olodum ter colocado guitarras no novo disco, mantendo a base característica deles", ponderou Chico Science numa entrevista ao jornalista Hagamenon Brito, da *Folha da Bahia* (a Hagamenon é creditado o rótulo "axé music" com que batizou a então nova música soteropolitana).

Chico reforça a aposta no envenenamento dos ritmos locais ao jornalista Paulo Paniago, do *Jornal de Brasília*, em entrevista para divulgar o *Da Lama ao Caos*:

"A música é uma coisa que você recicla, você pega o velho e faz o novo, pega o novo e faz o velho. Nossa originalidade está em trabalhar com ritmos regionais do jeito que eles são, sem alterá-los, mas acrescentando outros instrumentos (...). A questão para nós era como trabalhar com as coisas do Brasil com uma visão pop. Nosso trabalho é diferente de tudo o que já se tentou em termos de ritmos regionais (...). Escuto muitos ritmos africanos, Fela Kuti, as influências são feitas com tudo o que se escuta. Basta estar antenado. O que se escuta é uma interferência. Gosto de Bezerra da Silva, de Moreira da Silva e, claro, dos emboladores das feiras do Recife, que fazem uma música bem explicada. Ao mesmo tempo me identifico com os raggamuffin."

O jamaicano raggamuffin, ou dancehall, era uma inovação relativamente recente no reggae, disseminou-se pelos EUA e mundo afora. O jamaicano Shaba Ranks foi um dos nomes mais bem-sucedidos do ragamuffin, vencedor de um Grammy, com quem o CSNZ dividiria palco no início de 1994 no festival M2000 Summer Concerts, na praia do Boqueirão, em Santos.

"O símbolo do movimento é uma parabólica enfiada na lama, como se fosse um satélite de baixa tecnologia, mas de longo alcance. 'Rios, Pontes & Overdrives', que enumera vários bairros do Recife, é um coco de zabumba com trechos de coco de roda", explicou Chico Science ao jornalista Antônio Carlos Miguel, de *O Globo*, em matéria sobre *Da Lama ao Caos*.

"Coco de zabumba com trechos de coco de roda". Como um jornalista carioca, há três décadas, entenderia essa mistura de cocos, sobre os quais até os próprios pernambucanos sabiam muito pouco? O entusiasmo pelo disco atingiu igualmente jornalistas gringos. A americana Daysann McLane escreveu sobre o álbum para o Village Voice:

CRIANÇA DE DOMINGO

"Minha primeira reação depois de escutar o intelectualmente denso, intelectualmente bate-cabeça *Da Lama ao Caos*, disco de estreia de Chico Science & Nação Zumbi, foi começar a poupar a fim de viajar pro Recife, no Brasil (...)"

A essa altura, Daysann já havia visto três concertos do CSNZ. O primeiro no Fest in Bahia, dois em Nova York – no Central Park, com Gilberto Gil, e outro no CBGB, com direito a Naná Vasconcelos e David Byrne na plateia.

Como se não bastassem os ritmos da cultura popular pernambucana, *Da Lama ao Caos* tem um raramente detectado clima proustiano. Em suas letras, Chico Science encaixou estrofes, expressões, reminiscências de sua infância e adolescência. Quando citou Biu do Olho Verde e Galeguinho do Coque, dois lendários bandidos que agiam na Região Metropolitana do Recife nos anos 70, voltou à sua época de criança em Rio Doce. O amigo de infância, Aderson Marques, confirma como esses bandidos amedrontavam os meninos da rua, porque estavam onipresentes no noticiário.

"Nossos monstros eram mula sem cabeça, Galeguinho do Coque, Biu do Olho Verde. Tinha alguém lá na rua que, se dizia, era parente de Galeguinho do Coque. Então a gente tava brincando e, lá no começo da rua, aparecia um cara que a gente não reconhecia, e se perguntava: e se for Biu do Olho Verde? A gente criava mais essa expectativa, mas como uma brincadeira, pra mexer com o nosso lado emocional, levava a sério, ao mesmo tempo não levava. A Perna Cabeluda também dava medo."

Os dois marginais e a Perna Cabeluda, lenda urbana, uma perna amputada de alguém num acidente, que circulava pela Região Metropolitana do Recife dando chutes e pontapés nos transeuntes. A trinca se tornou, obviamente, personagens da literatura de cordel. Dificilmente alguém que não fosse da Grande Recife iria entender o que significava "Biu do Olho Verde fazia sexo com seu alicate". Essa do alicate foi uma fake news, na época, boato. Biu do Olho Verde era um adolescente de 16 anos, violento, a ponto de matar a tiros um monge, em Olinda, porque, ao anunciar o assalto, o religioso disse-lhe que não tinha dinheiro. A história do alicate foi inven-

CHICO SCIENCE

tada para dar um molho mais forte à história, e acabou tocando o terror na parcela feminina da população. Biu do Olho Verde, quando assaltava uma mulher, perguntava se ela preferia um tiro ou um beliscão. Elas preferiam um beliscão, mas não sabiam que seria com um alicate e no mamilo, atrocidade que nunca foi confirmada.

Da Lama ao Caos, para empregar uma expressão em voga quando ele foi lançado, era uma quebra de paradigma na música brasileira, uma ruptura com tudo o que vinha se fazendo até então. A bossa nova era, grosso modo, samba com o jazz da Costa Oeste americana; a geração seguinte, samba com baião, influência da bossa nova, o tropicalismo, empregava os mesmos elementos da MPB que Gil e Caetano vinham fazendo até então, porém com uma nova poética e outra temática. A abertura proporcionada pela Tropicália levou a geração surgida depois deles, nos anos 70, a não ter pejo de pegar de tudo, ainda embasados na MPB, Luiz Gonzaga, estilos tradicionais correntes, porém com um viés para o rock, por aí vai. O Brock fechou-se para o ecletismo de gêneros. A maioria espelhou-se no rock inglês e americano, mais o primeiro do que o segundo.

De repente surgiu, de uma cidade que não tinha entrado no mapa do rock nacional, a Capital do Frevo, um óvni chamado manguebeat, ou melhor, Chico Science & Nação Zumbi. Os mangueboys no início diziam-se contrariados pelo que faziam ser chamado de movimento. O que acontecia, alegavam, era uma movimentação, com a intenção de trabalharem como uma cooperativa cultural. E a cooperativa se fez presente na produção da capa do álbum de estreia do grupo. O departamento de arte da gravadora apresentou uma sugestão que horrorizou os mangueboys. Uma guitarra enterrada na areia, inspirada numa capa de um disco do Asa de Águia (*A Lenda*, de 1995), isso numa época em que havia uma polarização musical no Recife, em relação ao carnaval baiano, alimentado a axé music (com uns poucos trios recifenses), que acontecia na avenida beira-mar de Boa Viagem, na semana pré-carnavalesca, o Recifolia. Em Olinda, um vereador chegou a querer estipular percentuais para os gêneros a serem tocados no Carnaval da cidade: 60% de frevo, 40% para outros ritmos, claramente uma lei criada para cercear

CRIANÇA DE DOMINGO

o avanço do axé na folia de Olinda. A lei não passou. Mas, por exemplo, no bar A Soparia, que abrigava os mais variados estilos musicais, o axé não tinha vez. Pelo contrário, nos dias de Recifolia, bandas de rock faziam da Soparia uma espécie de trincheira para enfrentar a música baiana. No primeiro dia da edição inaugural do Recifolia, as bandas Paulo Francis Vai Pro Céu e Dreadful Boys tocaram num palco em frente à Soparia para um público alternativo que não curtia o som dos "baihunos". O Recifolia aconteceu entre 1993 e 2003, mas só foi forte na capital pernambucana enquanto os astros da axé music desfrutavam de muita exposição no rádio e na TV, graças à ampla divulgação das grandes gravadoras às quais estavam ligados.

Voltando à capa de *Da Lama ao Caos*, a arte foi assinada pela dupla Hilton Lacerda e Helder Aragão, que também atendia pelo pseudônimo Dolores & Morales (do espanhol "dores" e "morais"). Eles reprocessaram as fotos dos caranguejos, ampliaram, colaram sobrepostos, recortes sobre recortes. A intenção era passar a impressão de ser um trabalho high-tech, computadorizado. Inicialmente seria em preto & branco, o que foi recusado pela gravadora, que queria cores na capa. Segundo Paulo André, quem informou à gravadora que a capa seria produzida no Recife teria sido Chico Science, o que era incomum na indústria fonográfica, embora no Recife a prática tenha sido iniciada nos anos 70, com os discos dos artistas da cena underground da cidade quase todos gravados e com embalagem impressa na Rozenblit. Mas o Ave Sangria, único nome daquela cena cujo LP saiu por gravadora do Sudeste, a Continental, também teve sua capa criada na capital pernambucana, pelo cartunista e músico Lailson de Holanda. No entanto, o desenho não foi aproveitado, apenas a ideia, mesmo assim, quase uma caricatura da original.

A capa de *Da Lama ao Caos*, sem dúvida, é plasticamente atraente, bonita e sofisticada. Porém, para uma banda que trazia uma estética totalmente inovadora, ainda não digerida pela imprensa, causando estranheza ao público, a embalagem não contribuía para impulsionar o álbum de estreia do CSNZ. O empresário Paulo André, em entrevista ao autor, teceu alguns comentários sobre a arte de *Da Lama ao Caos*:

CHICO SCIENCE

"A gente está falando de venda de CD em loja de disco, o nome do disco e da banda estão na capa em letras pequenas, quem não enxerga não consegue ler sem óculos. Pensar num disco de uma banda desconhecida, o nome diminuto, o caranguejo é bem conceitual, tem um caranguejo que originalmente era pra ter uma tonalidade só, aí o pessoal da Sony pediu para que fossem colocadas cores. A capa é preta com esse caranguejo. Atrás, quando você vira, só tem a relação das músicas. As características ficaram subliminares. Quando você escuta, não sabe que os caras estão tocando com aquela formação de três tambores, percussão, baixo, guitarra e voz. Eu disse a Chico que a banda tinha que aparecer na capa, porque tem um visual bacana. Em *Afrociberdelia* a banda vai pra capa, o tambor está na contracapa."

Na parte interna do encarte havia a reprodução do manifesto Caranguejos com Cérebro, escrito por Fred 04, mais uma história em quadrinhos, de Hilton Lacerda e Helder Aragão. Houve críticas em relação ao excesso de informação em tão pouco espaço.

Abrindo um parêntese, para reforçar a asserção de que, a rigor, quem fazia uma música que justificava o "mangue" era Chico Science. A Mundo Livre S/A ou Fred 04, apenas no início, em poucas canções, como "Mangue Bit", e na parceria de Fred e Chico em "Pontes, Rios e Overdrives", enveredaram por esse conceito. Como foi dito antes, na segunda metade dos anos 80 proliferavam bandas pela região metropolitana, em 1993, antes, portanto, da estreia em disco de CSNZ e Mundo Livre S/A. O Arte Viva, com a Talento Produções, promoveu um festival competitivo, o Recife Rock Show, que teve 59 grupos inscritos. Foi vencido pelo Jorge Cabeleira e O Dia em que Seremos Todos Inúteis, nome inventado para que o grupo concorresse também como Os Mordomos, como realmente se chamava. O Jorge Cabeleira, no entanto, venceu o festival, e acabou sendo o terceiro grupo da era mangue contratado por uma grande gravadora, a Sony Music. Das bandas que participaram, algumas já eram adjetivadas como "veteranas". Casos da Arame Farpado, Mendigos da Corte, Estado de Sítio e Devotos do Ódio. Numa das eliminatórias, o show da noite foi apresentado por uma das mais antigas bandas de rock da cidade, a Herdeiros de Lúcifer. Músicos dessas

CRIANÇA DE DOMINGO

bandas formariam grupos que seriam inseridos no manguebeat, a exemplo de Eder O Rocha, da Cruor, um dos fundadores da Mestre Ambrósio. Como disse Fred 04:

"Mangue não era uma batida, nunca foi. Era uma espécie de utopia que a gente queria construir."

O álbum de estreia de Chico Science & Nação Zumbi era conceitual, tinha a lama como metáfora da cidade, ou até mesmo do mundo, mas lançava sobre o Recife um olhar totalmente diferente do olhar de poetas que o cantaram antes, tanto no lirismo dos versos, os quais Alceu Valença escreveu com mais inspiração, quanto os poetas da literatura mesmo, Manuel Bandeira, Joaquim Cardoso, João Cabral (este com algumas incursões fora da paisagem vista da casa-grande). Embora Chico Science fosse romântico, de paixões arrebatadoras (segundo um comentário da irmã, Goretti), em todo o disco só havia uma canção de amor, "Risoflora", composta para tentar reconquistar a namorada Duda Belém, sua companheira mais constante até a gravação do segundo disco. Nas demais ele estava "urubuservando" a situação. Um repertório permeado de caos e lama, aberto por "Monólogo ao Pé do Ouvido", um discurso, proferido em tom messiânico, criando um clima para o que vem a seguir, "Banditismo Por Questão de Classe", em que se valia de revolucionários, Sandino, Zapata, ao bandoleiro Lampião, até os citados criminosos urbanos do Recife, Galeguinho do Coque e Biu do Olho Verde, mais a lenda urbana da Perna Cabeluda.

"Rio, Pontes e Overdrives" era uma das poucas parcerias entre Fred 04 e Chico Science, rendeu até um mal-estar, porque tinha um trecho da música, uma embolada, citando linhas de ônibus da Região Metropolitana, criada por Otto como jingle para a campanha do petista Humberto Costa à prefeitura do Recife – cantada na época por Science (foi quando ele e Otto se conheceram). O título da música veio de um texto de Fred 04, que serviu como mote para Science escrever o restante da letra, com exceção do refrão ("impressionantes esculturas de lama/ Mangue, mangue, mangue"). No meio da música foi incluído o jingle de Otto. Porém, nos créditos do disco a canção tem como autores apenas Fred e Chico. Otto procurou um advo-

CHICO SCIENCE

gado, mas ficou chocado quando soube que poderia ser solicitado o recolhimento do álbum *Da Lama ao Caos* como parte do processo. Ele contou em algumas entrevistas que caiu no choro. Aquilo iria detonar o manguebeat, algo que jamais passaria por sua cabeça. Ficou a mágoa, mas se evitou um episódio que teria consequências imprevisíveis. A Sony recolheria o disco, para reeditá-lo com a inclusão do nome de Otto como um dos autores de "Rios, Pontes e Overdrives"? E, claro, prejudicaria ainda mais um álbum que estava vendendo tão pouco?

Aliás, uma história que se repetiria na música pernambucana. Em 1975, o grupo recifense Ave Sangria, que integrou a psicodelia da capital pernambucana dos anos 70, lançou o disco de estreia pela Continental, que na época investia no novo rock nacional, lançando, além do Ave Sangria, entre outros, Secos & Molhados, Almôndegas, Bixo da Seda ou Moto Perpétuo. Quando o Ave Sangria começava a alçar voo, relativamente bem tocado nas rádios do Rio e São Paulo, a faixa "Seu Valdir", um samba-choro que contava a paixão de um jovem por um homem mais velho, foi proibida pela censura, e o LP recolhido em todo o território nacional. A Continental o relançou sem "Seu Valdir" (gravada, em 1981, por Ney Matogrosso), mas o momento do disco tinha passado. A banda logo acabaria. A título de curiosidade, o Ave Sangria voltaria 40 anos depois, inclusive com Ivinho, o guitarrista que abriu a primeira noite da música brasileira no festival de Montreux em 1978 (com direito a disco do show pela Warner). O grupo tornou-se o mais cultuado na cena musical pernambucana desde 2014, adicionando mais dois álbuns à sua discografia.

"Rios, Pontes e Overdrives" era uma das canções que mais imergiam na temática do mangue, com uma panorâmica de um Recife visto pela ótica bem particular de Chico Science. Muito se conjecturou sobre a enigmática frase que abria a canção: "Por que no rio tem pato comendo lama?". A explicação sobre o seu significado era a mais prosaica possível. Chico viu patos comendo lama no rio que passava por trás da casa do guitarrista Lúcio Maia, onde a Loustal ensaiava. Uma das letras mais metafóricas de Chico, onde o molambo ganhava vários significados. Um dos melhores exemplos da poética personalíssima de Science. Jamesson França, irmão mais velho do mangueboy (também DJ e que chegou a ter uma banda chamada Clã Malakof), pediu-lhe que explicasse o "molambo". Chico teria dito que seria a bandeira nacional. Conhecido como Jamelão, Jamesson faleceu em 2021, vítima da covid-19. Na abertura da música se escutava um verso sampleado da música "Fireworks", da banda pós-punk inglesa The Fall ("at night over rivers and bridges").

Chico Science, nas entrevistas para divulgação de *Da Lama ao Caos*, definiu em poucas palavras as canções do álbum. Algumas: "'Salustiano Song', ciranda psicodélica; 'Risoflora', maracatu com letra romântica; 'Lixo do Mangue', um thrash frevo; 'Antene-se' é uma batida mangue, a mais legítima, já que é um ritmo criado pela gente; 'Computadores Fazem Arte', ciranda-frevo; 'Banditismo', maculelê com apliques de rap."

Da Lama ao Caos teve quase todo o repertório testado ao vivo, quando o CSNZ passou a atrair público para suas apresentações. O hit do grupo, o que agitava a plateia, era "A Cidade", que passou pelo set-list da Bom Tom Radio, Loustal, Chico Vulgo e Lamento Negro e Chico Science & Nação Zumbi. Uma renovação na poética sobre a capital pernambucana, a Cidade Lendária de Capiba, das artérias de nomes líricos, evocadas em "Pelas Ruas que Andei", de Alceu Valença, ou de imagens sublimadas, nostálgicas, de "Recife, Manhã de Sol", do compositor de frevos J. Michiles. O malungo Chico as conhecia bem. Porém, não cruzando a cidade em automóvel, com ar-condicionado e vidro fumê, mas a pé, de andada, sabia dos contrastes e desigualdades sociais, aspirava os "aromas" exalados pelos becos, fétidos de urina pela ausência de banheiros públicos. Testemunhava as avenidas do centro invadidas por camelôs, menores de rua aspirando cola de sapateiro, de garrafas de plástico, a degradação da outrora terceira cidade do país, a Veneza Americana. "Domingo de sol/ O Recife acordou/ Com a mesma fedentina/ Do dia anterior", na introdução, um sample de pastoril profano, "Boa Noite do Velho Faceta/Amor de Criança".

Um esclarecimento sobre o pastoril profano, mais uma jabuticaba pernambucana. É uma variação do angelical pastoril natalino, porém surgido

CHICO SCIENCE

nas periferias, com um repertório de cançonetas fesceninas, as pastoras na maioria das vezes escolhidas em puteiros e, não raro, de menor idade. O Velho Faceta fez um relativo sucesso no final dos anos 70, gravou uma trinca de discos lançada pela Clark/Bandeirante Disco. Suas músicas foram regravadas por Chacrinha, por forrozeiros que trilhavam duplo sentido, Os Trapalhões. Aliás, Chacrinha criou seu personagem inspirado nos "véios" de pastoril, as chacretes eram suas pastoras. Alceu Valença também costumava incorporar um "véio" em seus shows, assim como o próprio Chico Science, quando criou sua indumentária, um blend de vários brinquedos da cultura popular.

Lúcio Maia criou um dos grandes riffs da guitarra brasileira para "A Praieira", uma ciranda. Chico Science teve a sacada de subverter o gênero, de letras geralmente simples e ingênuas, citando a Revolução Praieira, conflito que eclodiu em 1848 no Recife, quando o Partido Praieira (dissidência do Partido Liberal) insurgiu-se contra o governo da província, que voltara aos conservadores, depois de um breve período com os liberais no poder. A conflagração alcançou também o interior, e foi contida em 1850. Praia era o que vinha à cabeça quando se falava em ciranda, embora ela seja mais praticada em sua região de origem, a Zona da Mata Norte. O brinquedo chegou ao litoral com a migração dos trabalhadores da cana-de-açúcar. Vieram para onde achavam que teriam mais oportunidades, trouxeram consigo suas manifestações culturais. Passaram a brincar ciranda na praia, certamente pelo espaço que oferecia. "A Praieira" trazia um dos versos mais lembrados de todas as composições de Chico Science: "Uma cerveja antes do almoço/ É muito bom pra ficar pensando melhor." Os amigos próximos, quando o escutaram, não aprovaram. Mabuse achou péssimo. Realmente, não soava bem, mas pegou e se tornou uma expressão popular em Pernambuco. "A Praieira" tinha também reminiscências da ida de Chico com a família para a praia. Quando ele estava com dez, onze anos, a ciranda ainda era popular na região metropolitana, onde se tornou a dança da moda durante quase toda a década de 70. Um programa de final de semana na região metropolitana era ir dançar ciranda na praia do Janga, em Paulista, bairro próximo ao Rio Doce.

222

CRIANÇA DE DOMINGO

Mais adiante abordaremos a quase fixação de Chico Science pelo samba. Não o samba carioca, tornado na era Getúlio Vargas a música da nacionalidade, mas como ele o entendia, algo de alcance muito mais amplo, que se estendia pelas regiões do país onde aportaram africanos nos séculos em que perdurou o regime escravagista no Brasil. "Samba Makossa" era um bom exemplo. Com exceção de uma alusão a "Samba da Minha Terra" (Dorival Caymmi), na paráfrase dos versos "É ruim da cabeça/ Ou doente do pé", que Chico canta "Bom da cabeça/ E um foguete no pé". A percussão era um coco frenético, Lúcio Maia usa o wah wah, frases de funk dialogavam com o baixo de Dengue. A ordem no caos, o samba que Chico elucubrava.

Da Lama ao Caos, aponta Renato L., o "Ministro da Informação" do manguebeat, surgiu quando Chico Science começou a trocar ideias sonoras com os músicos do Lamento Negro.

Quando Chico passou a tocar com batuqueiros do Lamento Negro, um dos integrantes, Joab Ferreira, era vocalista e também compositor. Uma das músicas que compôs para o repertório do grupo chamava-se "Aos Organizados Desorganizadores".

"Joab era o melhor compositor do grupo. Chico pegou essa frase e cantou de outro jeito. 'Aos organizados desorganizadores/ Somos Lamento Negro/ Negros e guerrilheiros e já vencedores'", Gilmar Bola 8 canta os versos iniciais da música, um samba-reggae, somente gravado pelo grupo de Peixinhos no disco *Sisin Tumpé*, em 2016.

"Posso sair daqui pra me organizar/ Posso sair daqui pra desorganizar", afora esse jogo de palavras nos versos que abrem "Da Lama ao Caos", não havia mais semelhança com a composição de Joab Ferreira na música que deu título ao álbum de estreia do CSNZ. Nela, uma característica da poética de Chico Science, os versos ligando-se por livre associação. Quando se espera um tom politizado, engajado, depois de "Ô Josué eu nunca vi/ Tamanha desgraça/ Quanto mais miséria tem/ Mais urubu ameaça", irrompe o fescenino: "Peguei um balaio fui na feira/ Roubar tomate e cebola/ Ia passando uma véia/ Pegou a minha cenoura/ Aê minha véia/

CHICO SCIENCE

Deixa a cenoura aqui/ Com a barriga vazia/ Não consigo dormir". Então ele retoma o discurso político: "E com o bucho mais cheio/ Comecei a pensar/ Que eu me organizando/ Posso desorganizar/ Que eu desorganizando/ Posso me organizar".

O verso "Um homem roubado/ Nunca se engana" seria sobre um golpe de que teria sido vítima. Deu dinheiro para alguém lhe comprar um tênis, e essa pessoa escafedeu-se com a grana. Uma dessas frases que soam aleatórias, como se estivessem na letra errada, mas que não apenas se encaixam, como acabam sendo repetidas como expressão popular. Era a música mais impactante do grupo nos primeiros shows. Nos idos de 1993, não se tocava thrash metal em espaços em que Chico Science & Nação Zumbi se apresentavam. Os tambores faziam a introdução suingada, dançante, súbito, Lúcio Maia irrompia com licks de guitarra, distorcidos e superpesados, uma porrada que deixava a plateia desnorteada. A título de curiosidade: na virada do século, fiz uma enquete na coluna que eu mantinha no *Jornal do Commercio*, do Recife (Toques), para que os leitores escolhessem a pior música do século. Deu "Da Lama ao Caos", o que é curioso porque fazia apenas três anos da morte de Chico Science.

A embolada que falava na tal cenoura com duplo sentido, lembra Aderson Marques, o amigo de infância de Chico Science, eram suas reminiscências do tempo de criança. Era cantada por ele e pelos garotos da Rua do Girassol, em Rio Doce:

"Não acho que Chico inventou, deve ter sido coisa que os meninos aprenderam, talvez de um pastoril."

Realmente eram versos típicos do pastoril profano. A já comentada "Maracatu de Tiro Certeiro" era uma das mais fortes do disco, e a letra cinematográfica, violenta, ganhou o primeiro videoclipe de uma música do manguebeat, de Hilton Lacerda e Helder Aragão, com participação de Paulo Caldas e do ator Aramis Trindade. Da banda, apenas Chico Science estava no vídeo. Uma faixa instrumental evidencia o protagonismo que o manguebeat daria aos artistas de quem assimilava ritmos, ideias: "Salustiano Song". Nesse caso, cairia melhor um Salustiano Theme, já que se trata

CRIANÇA DE DOMINGO

de um instrumental, que homenageia o Mestre Salu da Rabeca, mestre de maracatu rural, cavalo-marinho e ciranda. E nisso o manguebeat diferiu muito do armorial, que reprocessava a cultura popular sem que dirigisse os holofotes sobre os mestres. A cirandeira Lia de Itamaracá saiu da obscuridade a que fora relegada desde o início dos anos 80, quando a ciranda deixou de ser a dança da moda. A juventude recifense dos anos 90 assimilou a cultura popular como só aconteceu antes no início dos anos 60, com a atuação do Movimento de Cultura Popular (MCP), surgido na gestão de Miguel Arraes de Alencar na prefeitura do Recife. Em meados dos anos 90, jovens compareciam às funções do cavalo-marinho do Mestre Salustiano, na Cidade Tabajara, periferia de Olinda, ou formavam animadas cirandas na apresentação de Lia de Itamaracá, no Abril Pro Rock 1998.

Uma das faixas que merecia o clichê "emblemática" era "Antene-se", que exalava o cheiro forte dos mangues, o Recife dos caranguejos com cérebro: "É só uma cabeça / Equilibrada em cima do corpo/ Escutando o som das vitrolas/ Que vem dos mocambos/ Entulhados à beira do Capibaribe/ Na quarta pior cidade do mundo/ Recife, cidade do mangue/ Incrustada na lama dos manguezais". Versos sem rimas descrevem cenas, como se olhadas por uma câmera de cinema.

Da Lama ao Caos trouxe uma das canções mais peculiares da música brasileira, "Risoflora", uma tentativa de reconciliação de um caranguejo com cérebro apaixonado e arrependido, temática mais apropriada para um samba-canção. Também conhecida como mangue vermelho, ou sapateiro, risoflora era planta típica dos manguezais, do gênero *rhizophora*. Fui apresentado à música logo depois de ter sido composta, num encontro casual com Chico Science. Uns dois ou três meses antes, conversando com ele, sugeri que compusesse algo mais melodioso, porque o consumidor de música no Brasil não assimilara o rap e não via com bons olhos a cultura hip-hop. Um dia, por volta das 11 horas, eu passava pela Rua da União (a da casa do avô do poeta Manuel Bandeira, citada por ele em "Evocação do Recife"). Eis que esbarro em Science, que ia em direção à Rua da Aurora. Ele me disse que tinha feito a tal canção melodiosa. E cantou um trechinho. Achei

CHICO SCIENCE

meio estranha, nem tão melodiosa assim na primeira impressão. "Risoflora" gerou especulações. Quem seria a musa inspiradora? Não há mistérios sobre para quem Chico a compôs: para Maria Eduarda Belém, Duda, seu par mais constante durante pelo menos dois anos. O desespero do caranguejo com cérebro para reaver sua amada devia-se a uma pulada de cerca, descoberta por ela, que acabou o namoro. Ela conserva a letra, junto com outros escritos de Chico.

O arremate do repertório era perfeito, o instrumental "Coco Dub", subintitulado "Afrociberdelia", faixa em que Chico Science & Nação Zumbi deram vazão a experimentações sônicas, em cima de uma batida de coco. Alguns dos sons aleatórios que vão recheando o groove foram criados por Chico Science no estúdio, incluindo a voz infantil que insiste ao longo da música com a frase "Dona Maria, tô com fome". "Dona Maria" é como no Recife (e no Nordeste) as pessoas se dirigem a uma mulher cujo nome desconhecem. Os meninos de rua, ou carentes, pedem dessa forma comida às vendedoras de lanches, ou almoços nas ruas da cidade.

As letras de Chico estão repletas de expressões da periferia da Região Metropolitana da capital pernambucana. Um bom exemplo era o citado "urubuservando", dos versos que abrem "Maracatu de Tiro Certeiro". Teorias em dissertações acadêmicas ligavam o termo aos urubus que pousavam nos manguezais atraídos pelo odor de algum animal morto, ou a Josué de Castro, mas se trata tão somente de uma corruptela de observar: "Tô te urubuservando". O "boy" do mangueboy, para designar os caranguejos com cérebro que faziam arte, não era apenas uma palavra em inglês. "Boy" era como o recifense se referia a uma pessoa jovem desde o início dos anos 70, e continuou sendo usado, muitas vezes no diminutivo, tanto para homem quanto para mulher. O equivalente a "cara".

"Mocambo", citado em "Rios, Pontes e Overdrives", era uma palavra recorrente no Recife e fazia parte da paisagem da cidade desde quando a capital pernambucana passou a receber o fluxo migratório de negros libertos no 13 de maio de 1888. Sem recursos, eles construíram casebres, os mocambos, nas áreas ribeirinhas, à beira do mangue. O que só foi aumentando com a

CRIANÇA DE DOMINGO

migração de sertanejos fugindo da seca. O governo do estado criou no Recife, em 1939, a Liga Social Contra o Mocambo, para erradicar os casebres e palafitas (o que nunca aconteceu). Não por acaso, quando abriu a gravadora, com seus irmãos, o empresário José Rozenblit instituiu um concurso para que o recifense escolhesse uma marca para o selo dos seus discos. Ganhou Mocambo, tanto que a gravadora era mais conhecida como "a Mocambo".

Depois da longa tergiversada, voltando a "Coco Dub", nela havia um "chiquismo", frases que quando escutadas pela primeira vez pelos amigos eram inevitavelmente alvo de gozações, como a citada "Uma cerveja antes do almoço...". Dessa vez foi "cascos e caos". Mais uma vez, Mabuse a escutou pela primeira vez. Nessa época, ele dividia apartamento na Rua da Aurora com Fred 04 e Chico. Descia pelo elevador com Science para comprar cerveja e traziam as garrafas reutilizáveis, no Recife também chamadas de "cascos". Chico ensaiou um jogo de palavras "Cascos, caos, cascos, caos". Mabuse achou muito ruim e comentou com Chico, que não era de se incomodar com críticas, nem de engavetar ideias que considerava legais. Cascos e caos estavam na letra que ele declamava em "Coco Dub".

Como vimos, *Da Lama ao Caos* foi um trabalho de escassas participações especiais, apenas André Jung, do Ira!. Liminha participou com um grito na faixa "Lixo do Mangue", e o mineiro Chico Neves, que trabalhava com Liminha no Nas Nuvens, tornou-se cúmplice de Chico Science nos samplers. O repertório quase todo era assinado, letra e música, por Chico Science. As exceções eram "Rio, Pontes e Overdrives", parceria Fred 04, também autor de "Computadores Fazem Arte" e "Maracatu de Tiro Certeiro" (com letra de Jorge du Peixe). O guitarrista Lúcio Maia assinava duas faixas: "Salustiano Song", com Chico Science, e "Lixo do Mangue". Embora os integrantes do CSNZ não tivessem experiência de estúdio, sobretudo um do nível do Nas Nuvens, dos mais bem equipados do país, as gravações fluíram sem maiores problemas, a não ser em detalhes prosaicos. A exemplo de Canhoto ali tocar com baquetas improvisadas, artesanais. Ele ganhou as primeiras de verdade como presente de João Barone, dos Paralamas, que visitou o estúdio e atentou para isso.

227

CHICO SCIENCE

Chico Science comportava-se no estúdio como uma criança numa loja de brinquedos. Experimentou sons e sonoridades até onde lhe foi possível, segundo Lúcio Maia:

"Chico ficou excitado com as possibilidades, viu que poderia utilizar tudo que imaginou. *Da Lama ao Caos* é um álbum muito denso, tem muita informação, estava à frente do seu tempo, tanto que só passou a ser reconhecido de verdade de uns cinco anos para cá. O que acho importante nele é que a gente não estava só fazendo música, como todas as bandas, havia uma ideia por trás do trabalho da gente. Até hoje não consigo fazer uma música 'arroto', tenho que sedimentar alguma ideia com ela", comentou o guitarrista numa entrevista ao autor, nos 25 anos do álbum.

A tese de que os tambores teriam perdido o peso por Liminha nunca ter trabalhado com banda sem bateria, com a formação instrumental do CSNZ, certamente influenciou a crítica a considerar que o *Afrociberdelia* é um disco muito mais bem resolvido do que *Da Lama ao Caos*, o que não é, por exemplo, o que pensa Lúcio Maia:

"Acho que *Da Lama ao Caos* é um grande disco, melhor do que o *Afrociberdelia*, porque Chico, eu, Jorge, Gilmar, todo mundo, tivemos o tempo de uma vida inteira para pensar nele."

AFROCIBERDÉLICOS

"*Afrociberdelia* de África, o ponto de fusão do maracatu, da cibernética e da psicodelia. *Afrociberdelia* é um comportamento, é um estado de espírito, é uma ficção, é a continuação de *Da Lama ao Caos* (primeiro álbum). *Afrociberdelia* é tudo isso", foi a definição de *Afrociberdelia* por Chico Science, na citada entrevista à UpToDate.

A palavra foi uma tirada do então cartunista Paulo Santos. Mais tarde incensado escritor de ficção em Pernambuco, ele na época era cunhado de Mabuse. Talvez tivesse conhecimento do romance de ficção científica *The Embedding*, do inglês Ian Watson, que abordava a África, a cibernética e a psicodelia. O interesse pela sci-fi levou Chico Science a inovar também no texto de apresentação do *Afrociberdelia*: não um release convencional, centrava-se mais na temática FC do que nos detalhes do álbum. Era até estranho que os encarregados pela área de divulgação da Sony Music não tivessem vetado o release viajante, assinado pelo escritor paraibano Braulio Tavares, no Rio havia décadas. Pelo contrário, o texto de Braulio Tavares foi distribuído à imprensa num folder com o CD. O escritor confessa que nem escutou o disco para escrevê-lo.

Braulio era compositor, autor de "Caldeirão dos Mitos", sucesso de *Capim do Vale*, segundo disco de Elba Ramalho, parceiro, em várias canções, de Lenine, Antonio Nóbrega, gravado por Zé Ramalho, Ney Matogrosso, Virgínia Rosa, Chico César, entre muitos outros. Também premiado autor de sci-fi, roteirista de cinema e TV, tradutor. De uma

CHICO SCIENCE

geração anterior a de Chico Science. Mas quem chegou a quem, Chico a Braulio, ou Braulio a Chico?

"Por volta de 1994, eu e Lenine (recentemente tínhamos trabalhado juntos fazendo esquetes para 'Os Trapalhões') fomos chamados para fazer o mesmo num piloto da TV Globo, um programa musical a ser conduzido por Thunderbird, aquele cara que fazia sucesso na MTV. Foram feitos vários pilotos, ao que parece, que não deram muito certo. No nosso caso, ficamos algumas semanas, mas não funcionou. Nossos textos tinham um tipo de humor diferente, eu nem sequer tinha assistido ao cara, eu não via MTV. Nesse piloto, Chico foi um dos artistas convidados para cantar, e Lenine nos apresentou no camarim. Ele conhecia meu livro *O Que é Ficção Científica* (da coleção Primeiros Passos). Dias depois, teve show de Chico no Circo Voador, na Lapa, fui lá, voltamos a conversar. Falávamos de música e de temas de ficção científica."

Braulio prossegue:

"Algum tempo depois, Chico me ligou, falando do disco novo. Disse que tinha muita coisa de tecnologia, coisa meio ficção científica, que o tema vinha forte, comentamos o nome *Afrociberdelia*. Mas eu só tinha o primeiro disco, o *Da Lama ao Caos*, ouvia bastante... Não ouvi o *Afrociberdelia* até vê-lo pronto.

"A primeira ideia de Chico foi a respeito da faixa 'O Encontro de Isaac Asimov com Santos Dumont no Céu'. Ele queria que eu botasse a voz, numa espécie de narração. Eu não me entusiasmei muito, porque na verdade não gosto muito da minha voz, por isso não gravei o disco. Falamos a respeito e Chico disse que talvez pedisse ao astrônomo Ronaldo Rogério de Freitas Mourão, agora falecido – um grande divulgador da ciência, eu tinha vários livros dele também. Chico queria que entrasse uma voz diferente da dele fazendo esse texto. Acho que acabou ele mesmo fazendo.

"Eu sugeri escrever um release, ou um texto de encarte. Mandei um texto cheio de frases curtas, fragmentos. Ele ligou dias depois, falou que estava legal, mas não era o que queria para o disco. Voltamos a falar da palavra 'afrociberdelia' (África + cibernética + psicodelismo) e mandei outro texto,

230

CRIANÇA DE DOMINGO

que ele de fato gostou e usou. Nesse texto eu citei um livro de ficção científica que muita gente pensa que é inventado, mas existe, é *The Embedding*, do inglês Ian Watson, e toca nesses três temas da afrociberdelia. Há anos sugiro traduzirem esse livro aqui, nenhuma editora se interessa, o autor é pouco conhecido aqui, o tema é difícil...

"Chico & Nação era uma coisa muito de palco, de porrada, de envolvimento corporal da plateia com o som, com tudo. As letras não vêm na frente de tudo, como nas minhas músicas por exemplo. São uma parte. Têm achados magníficos tipo 'A cidade não para, a cidade só cresce/ O de cima sobe e o de baixo desce', aquele papo de 'Não há mistério em se descobrir o que você tem e o que você gosta, etc.', 'Quando degolaram minha cabeça, etc'... São palavras de ordem muito claras mas com uma abertura de interpretação imensa, uma linguagem direta: ouviu no palco, bateu na hora. É tribal, é instantâneo, é visceral... Não tem aquele lirismo de Alceu, Geraldo, Carlos Fernando, as estrelas de Olinda, etc. No CSNZ, é batuque de guerrilha o tempo todo."

Indagado sobre as comparações do manguebeat com o tropicalismo, Braulio diz:

"Ninguém que tenha ouvido o tropicalismo saiu virgem desse contato. Acho que alguma coisa sempre tem, mas não vejo como homenagem deliberada ou confissão de influência, vejo por que a beberagem é coletiva. Tem pequenos detalhes que apontam, como a gravação de 'Maracatu Atômico', de Jorge Mautner, mas já me disseram que foi ideia da gravadora, não da banda. Tem referências aqui e ali. Em 'Cidadão do Mundo' tem um sample de 'Louvação', de Gilberto Gil. Pequenas citações. Manguebeat e tropicalismo misturam as águas aqui e ali, mas o ponto de origem de cada um é diferente. Manguebit é pulsação tribal do começo ao fim, algo que no tropicalismo só aparece de vez em quando, misturado com bolero, colagem eletroacústica, rock progressivo... Uma aproximação que acho importante é a do manguebit com o movimento armorial via maracatu, via outros ritmos."

Braulio Tavares, na cultura popular, é um especialista da poesia oral nordestina, autor do já clássico mote de Brasil independente ("Imagine o Bra-

CHICO SCIENCE

sil ser dividido/ E o nordeste se tornar independente"), desenvolvido pelo repentista Ivanildo Vilanova, e que, de clássico da poesia improvisada com a viola, terminou virando canção lançada por Elba Ramalho, em 1984. No Rio, ele não acompanhava de perto a cena musical pernambucana, a não ser pelo pouco que ouvia do parceiro Lenine. Braulio acabou assinando um texto indissociável do álbum *Afrociberdelia*, uma inovação na indústria fonográfica, porque se não trazia detalhes do repertório, teorizava sobre o conceito do título do disco. Ei-lo, na íntegra:

> AFROCIBERDELIA (de África + Cibernética + Psicodelismo) -- s.f. -- A arte de cartografar a Memória Prima genética (o que no século XX era chamado "o inconsciente coletivo") através de estímulos eletroquímicos, automatismos verbais e intensa movimentação corporal ao som de música binária.
>
> Praticada informalmente por tribos de jovens urbanos durante a segunda metade do século XX, somente a partir de 2030 foi oficialmente aceita como disciplina científica, juntamente com a Telepatia, a Patafísica e a Psicanálise.
>
> Para a teoria afrociberdélica, a Humanidade é um vírus benigno no software da Natureza, e pode ser comparada a uma Árvore cujas raízes são os códigos do DNA humano (que tiveram origem na África), cujos galhos são as ramificações digitais-informáticas-eletrônicas (a Cibernética) e cujos frutos provocam estados alterados de consciência (o Psicodelismo).
>
> No jargão das gangs e na gíria das ruas, o termo "afrociberdelia" é usado de modo mais informal:
>
> a) Mistura criativa de elementos tribais e high-tech: "Pode-se dizer que o romance *The Embedding*, de Ian Watson, é um precursor da ficção científica afrociberdélica".

CRIANÇA DE DOMINGO

b) Zona, bagunça em alto-astral, bundalelê festivo: "A festa estava marcada pra começar às dez, mas só rolou afrociberdelia lá por volta das duas da manhã."
(Extraído da Enciclopédia Galáctica, volume LXVII, edição de 2102)

Curioso é que Braulio Tavares é também admirador do movimento armorial (era amigo de Ariano Suassuna) e foi o autor da adaptação de *A Pedra do Reino* para uma série da TV Globo. Sua participação no *Afrociberdelia* apenas ratificava como Chico Science não hesitava em quebrar paradigmas, para empregar uma expressão, hoje clichê, que entrara em moda nos anos 90.

Depois da capa conceitual do *Da Lama ao Caos*, a gravadora e o empresário Paulo André sugeriram que dessa vez ela trouxesse uma foto da banda, a fim de que o consumidor que a desconhecesse tivesse ideia do que seria o disco. Na contracapa, a imagem da banda inserida numa alfaia reforçava o esclarecimento. A arte foi mais uma vez criada pelos mangueboys, sendo assinada por HD Mabuse e Jorge du Peixe. A foto da banda era de Vavá Ribeiro.

Embora não tenha decolado em números, o *Da Lama ao Caos* levou o nome do Chico Science & Nação Zumbi mundo afora. A Sony Music não intensificou a divulgação do álbum, que estava vendendo pouco e não entrava na programação das rádios, optando por novos artistas bons de vendas e de execução no rádio, como Planet Hemp ou Gabriel O Pensador. Paradoxalmente, lançou o disco simultaneamente no mercado externo, incluindo o Japão. O empresário Paulo André Pires salienta que foi o primeiro grupo de rock nacional a ter discos gravados no Brasil e lançados simultaneamente no exterior. Com as ações empreendidas pelo empresário e o interesse nas emissoras gringas, logo o CSNZ estaria nos palcos dos EUA e da Europa, ficando fora do país por quase dois meses. Na volta, aconteceu a saída de Canhoto, e surgiu um problema, conforme conta Paulo André: encontrar um substituto para o tocador de caixa da banda. O primeiro nome que

233

CHICO SCIENCE

surgiu foi o do rapper Fábio Spider, amigo de Chico Science e de Jorge du Peixe desde os tempos da Legião Hip Hop:

"Spider era maestro de uma banda marcial de uma escola de Rio Doce, a gente saiu doido pra conversar com ele. A banda toda na casa de Lúcio, esperando para ensaiar. A gente levou Spider pra ensaiar com os caras. Quando cheguei, no fim do ensaio, pela cara de Chico eu já sabia que não tinha rolado. Então fomos atrás de Pupillo. A turnê acabou na segunda semana de agosto, quando voltamos tinha um monte de demanda, uma turnê no Sudeste para fazer, Curitiba, São Paulo, outras datas que não me lembro de cabeça. Era o primeiro VMB (Video Music Brasil, da MTV), tinha uma apresentação com Gilberto Gil, a gente tava doido por um substituto pra Canhoto. Era correndo contra o tempo. Até que chegamos em Pupillo, que tocava com Areia e outro músico, um trio instrumental. Fomos ao estúdio de Rogério, ali em Campo Grande, mais para perto do Centro de Convenções, onde ele guardava o equipamento, que servia para ensaio, mas também gravava alguma coisa. Chegamos lá, eu e Chico. Falei pra Pupillo: 'Meu irmão, a gente veio conversar contigo. O grupo acabou de voltar de uma turnê, já tem convite para voltar no ano que vem. Tem umas datas, o VMB, Canhoto saiu da banda, a gente está procurando alguém para substituir. Tás a fim?' E ele: 'Tô. Quando seria?' Eu disse: 'Se tu topar, é para sair daqui agora. A banda está esperando pra ensaiar'. Ele disse: 'Bora'. Entrou pra falar com os caras, deu a notícia, e fomos. Chico abriu um sorriso quando Pupillo ensaiou. O negócio rolou bem pra caralho. Foi a melhor coisa que poderia ter acontecido. Além de mudar a vibe, carregada depois de dois meses de convivência na turnê e com a saída de Canhoto. Trouxe uma atmosfera nova, principalmente musical, foi uma evolução musical fodida a entrada de Pupillo, isso fica claro em *Afrociberdelia*."

As fracas vendas de *Da Lama ao Caos*, em épocas outras, resultariam na inevitável dispensa do CSNZ pela Sony. No entanto, em 1994, a indústria estava se aproximando do apogeu comercial. Naquele ano, as vendas aumentaram 40%, lembrando que o mercado ainda refletia o impacto da hiperinflação, e o recente Plano Real ainda era uma incógnita. Em abril,

CRIANÇA DE DOMINGO

quando *Da Lama ao Caos* foi lançado, o índice da inflação mensal foi de 42,68%. Quando foi implantado o real como a nova moeda brasileira, em 1º de julho, a inflação acumulada estava em 815,60%. Mesmo assim os números da indústria fonográfica eram mais que promissores, caso a estabilização econômica se confirmasse em 1995.

No final de dezembro a ABPD (Associação Brasileira de Produtores de Discos) anunciou que o ano seria fechado com 62 milhões de unidades vendidas, contra 44 milhões de 1993. O presidente da associação, João Carlos Müller Chaves, exalava otimismo e considerava que as vendas não haviam sido maiores porque as fábricas não conseguiram atender à demanda das gravadoras pela produção de CDs. A Sony Music foi campeã de vendas, seguida pela Polygram, vindo logo atrás a Warner, BMG-Ariola, e em quinto lugar a EMI-Odeon. Estimava-se que, em 1995, as vendas poderiam ultrapassar as 80 milhões de unidades, pelo aumento do poder aquisitivo do consumidor e pela reedição em compact-disc do catálogo das gravadoras. Ou seja, só a dificuldade de assimilação do repertório de *Da Lama ao Caos* explicaria a venda ínfima para um período de pujança da indústria. A Sony, pois, apostou numa volta por cima do CSNZ com o segundo disco. Mas Chico Science parecia menos preocupado no que os patrões queriam dele do que com o que ele queria para a sua música.

Um encontro casual num ônibus que levava algumas bandas para Bauru (SP), onde fariam apresentações no Sesc local, decidiu a produção do *Afrociberdelia*. O grupo pernambucano viajava com Os Raimundos e Professor Antena, esta segunda menos badalada, talvez por fazer um pop com inovações, como, por exemplo, misturar rap, reggae, rock, e ser a primeira de então a ter um DJ. Aliás, a banda foi formada por Rodrigo Leão, que foi VJ da MTV. O guitarrista da formação inicial chamava-se Eduardo Bidlovski, ou Bid. Ele e Chico Science encetaram uma amizade durante a viagem, como vizinhos de poltrona. Ambos nasceram no mesmo ano, 1966, e tinham gostos musicais parecidos.

Na primeira visita que fizeram à casa de Bid, saíram de lá com parte de uma música, "Macô", da qual participou também Jorge du Peixe, que

CHICO SCIENCE

acompanhou Chico Science. Na mesma noite, Chico e Jorge gravaram uma embolada de Caju & Castanha. Os dois limitaram-se a cantar o refrão; a embolada, como acontecia com o gênero, tinha letra longa e cheia de armadilhas nas rimas, meio um trava-língua, em que Caju & Castanha são mestres:

"'Macô' eu fiz a primeira estrofe. A gente estava na casa de Bid, na mesma noite em que surgiu 'Roda, Rodete, Rodiano' (a citada embolada de Caju & Castanha), que foi uma greia, um despojamento, não tinha intenção de usar. Depois Bid consertou e foi lançada, mas era uma brincadeira. Já 'Macô' foi uma música que Bid pediu. Chico fez a segunda estrofe. A terceira demorou muito. Então Chico disse que 'Macô' não seria mais para Bid, seria para a gente gravar. A letra é minha e de Chico, Bid tem parte na música. A última estrofe fizemos juntos no Recife, na Rua 48, num estabelecimento de um português, onde se vendiam uns bolinhos de bacalhau absurdos. Chico depois botou o 'Cadê Roger?'", conta Jorge du Peixe.

"Para a maioria dos que participaram da movimentação da época, o manguebeat foi, parafraseando o samba de Paulinho da Viola, um rio que passou em suas vidas, e eles se deixaram levar. Roger de Renor abriu o bar A Soparia quando o manguebeat estava sendo arquitetado por Fred, Science & cia. A música da Soparia, a princípio, era de chorinhos, tocados pelo grupo Pingo d'Água, tinha Walmir Chagas como vocalista e alguns dos melhores músicos de choro da cidade, que animavam apenas o começo da noite dos domingos no bar. Mas logo seria o ponto de encontro de toda uma geração. Foi na Soparia que Roger conheceu Chico Science:

"Paulo André fez lá na Sopa a primeira reunião do Abril Pro Rock, e Chico veio com Farfan (pintor amigo de Science). Fiz logo depois do Abril um show com eles, O Som do Mangue, no Pina, com Mundo Livre S/A e Chico Science & Nação Zumbi. E aí ficamos amigos. Mas sempre digo que era uma amizade ligada por laços estéticos, porque a gente se via mais nos bares. Chico gostava, por exemplo, das minhas fantasias de Carnaval. Foi no Carnaval, numa Soparia que armei em Olinda, que ele chegou e contou que estava fazendo uma música com meu nome. Disse que achei arretado, porque assim

CRIANÇA DE DOMINGO

ia pegar todas as mulheres, devia até pagar royalties a ele. Pelo contrário, a música tocou muito, e até hoje neguinho me para na rua, mala quer conversar comigo, e mulher que é bom, nada. Ele é quem devia ter me pagado", brinca.

Gravada em dueto com Gilberto Gil, no *Afrociberdelia*, "Macô" foi cantada pelos dois no Abril Pro Rock de 1996. Muita gente esperou quase até o dia amanhecer para cantar em coro com Science e Gil o "Cadê Roger, cadê Roger, cadê Roger, ô". O rosto de Roger fantasiado de Girassol estava estampado no encarte de *Afrociberdelia*.

Se em *Da Lama ao Caos* houve imposição de um produtor, e não o nome que a banda pretendia, em *Afrociberdelia* Chico Science resolveu assumir a produção e convidou Eduardo Bid para trabalhar com o grupo no estúdio. Na época questionou-se a inexperiência de Bidlovski para a empreitada. Se bem que ele não era exatamente só um curioso no assunto. Trabalhou três anos na Capitol Records, em Los Angeles. Ao voltar ao Brasil, em 1993, foi convidado por Tico Terpins (Joelho de Porco) para trabalhar com ele e Zé Rodrix num estúdio, cujo forte eram os jingles. Mesmo assim Bid confessou, numa entrevista ao site Monkeybuzz, que quando recebeu o convite de Chico achava-se despreparado para o tamanho da tarefa. Dessa vez a gravadora queria um produtor gringo para o segundo disco do grupo, mas Chico optou por um produtor brasileiro que compactuasse das mesmas ideias que ele, fazendo o convite a Bid. O pessoal da Sony Music ligou para ele pedindo-lhe o material que havia produzido.

"Olha, eu não tenho nada, eu disse. Não tenho nada pra mandar, a gente está cheio de ideias, vamos somar loop, sample, scratch, não sei o quê, tambores...", disse.

A Sony então autorizou que Bid fosse ao Recife e gravasse uma demo com o CSNZ para entender qual seria a proposta. A fita guia foi trabalhada entre outubro e novembro de 1995, no citado estúdio de Rogério Andrade, que se tornou um dos mais disputados técnicos de som da era manguebeat, parte da equipe na turnê de *Afrociberdelia*:

"Assim começa minha história com a produção. Com esse pontapé inicial do Chico Science de me dar essa bênção. Foi uma coisa de sorte com

CHICO SCIENCE

o momento. Na hora certa. E meio a cara de pau de aceitar e ir, que é uma característica minha desde pequeno", comenta Eduardo Bid.

A demo gravada no Recife tinha "Um Passeio no Mundo Livre", "Corpo de Lama" e "Samba de Lado". Ela foi aprovada pela Sony Music, mas o diretor musical Jorge Davidson queria um hit, o que não pode ser tomado por imposição do executivo. O papel dele era contribuir para fortalecer o caixa da gravadora, e para isso precisava de hits. Saindo do manguebeat, e indo para o outro lado do Atlântico. Em 1971, David Bowie terminou a gravação de *Ziggy Stardust and the Spiders of Mars*. O diretor musical da RCA não viu nenhuma faixa com potencial para ser lançada como single e puxar as vendas do álbum. Pediram ao cantor que lhes trouxesse uma. Bowie levou "Starman", que deixara fora do repertório. A música chegou ao topo das paradas, alavancou o álbum e fez de David Bowie, ainda artista emergente, uma estrela de primeira grandeza do rock.

Elogiado como mais bem-resolvido do que o álbum de estreia, *Afrociberdelia* foi criado num ambiente meio conturbado. A começar pelo desconforto do apartamento em Santa Teresa, de mobiliário espartano. O pessoal precisava levar gelo do estúdio pra tomar água fria, pois o apê não dispunha de geladeira, e o disco foi gravado no tórrido verão carioca. Como foi dito, a banda teve que antecipar a ida ao Rio para participar do Hollywood Rock. A Sony queria um clipe para soltar nas rádios e tentar incensar o grupo ainda pouco conhecido. Gringo Cardia foi contratado para realizar o clipe de "Manguetown", canção finalizada às pressas para ser lançada como single. Tocou em poucas emissoras.

A gravadora até então tinha lucrado com a Chico Science & Nação Zumbi apenas prestígio para o selo alternativo Chaos, que abrigava bandas que vendiam muito disco, entre elas também a mineira Skank. Na época uma vendagem de cem mil álbuns era considerada razoável, já que em meados dos anos 90, como se viu, as gravadoras estavam no apogeu, nem imaginavam que em pouco tempo a pirataria virtual abalaria suas estruturas. *Da Lama ao Caos*, segundo Paulo André Pires, vendeu dez mil cópias no primeiro ano. Uma "flopada" paradoxal para o grupo mais incensado

CRIANÇA DE DOMINGO

pela imprensa nos anos 90, antes e depois do lançamento do álbum, já com ecos no exterior. Em novembro de 1993, o CSNZ, ainda sem disco, estreou nas páginas da revista *Billboard*, numa matéria sobre a nova cena musical brasileira, assinada por John Lannert: "Chico Science & Nação, do Recife, ateia fogo através do mangue beat, que mescla as levadas do maracatu e da embolada com rock e rap". Lannert noticiava que o grupo estava em estúdio com o produtor Liminha gravando o primeiro disco. Na época uma das mais importantes publicações sobre world music, a revista *The Beat* (que saiu de circulação) também citava o grupo.

Era de se questionar até onde ser tema de matéria em jornal de grande circulação propulsionava um artista ou grupo musical. *Da Lama ao Caos* foi abordado por críticos do país inteiro, o que não ajudou as vendas, certamente porque a música era um óvni para a grande maioria dos que escreveram sobre o disco, e igualmente para os que o escutavam, mesmo em Pernambuco. Chico Science sempre foi solícito com a imprensa, não recusava pedidos de entrevistas, e precisava quase sempre explicar a música que fazia com a banda. Os jornalistas, por sua vez, divergiam nas análises sobre o disco. Um deles, Carlos Marcelo, do *Correio Braziliense*, fez até uma correlação entre o título *Da Lama ao Caos* com o selo Chaos, criado pela Sony Music para abrigar a nova cena pop/rock brasileira. Marcelo realçou também o emprego de ritmos regionais em outras bandas, Os Raimundos e Skank, o primeiro no forró e o segundo no calango mineiro:

"Acho que o que mais nos une realmente é o fato dos três grupos trabalharem com coisas brasileiras, mas nós não usamos bateria, por exemplo. A alquimia não é tão fácil assim porque o nosso trabalho é mais regional, e por isso mais universal", comentou Chico Science na entrevista.

Afrociberdelia é a continuação de *Da Lama ao Caos*. Alguns temas vêm da época da Bom Tom Radio e da Loustal, casos de "Samba de Lado", "O Encontro de Isaac Asimov com Santos Dumont no Céu" e "Manguetown". A diferença é a sonoridade mais bem definida, com o emprego de muitos elementos assimilados pelo grupo, sobretudo Chico Science, na turnê que fizeram pelos Estados Unidos e Europa. Na volta da segunda turnê euro-

CHICO SCIENCE

peia, fui com Paulo André ao apartamento que Chico dividia com a irmã Goretti, no bairro das Graças. No quarto dele havia uma pilha de discos comprados na viagem, boa parte de vinil, muitos maxi-singles, com remixes produzidos para DJs, o que era quase um projeto paralelo de Science, que gostava de animar festas. Aliás, Jorge du Peixe, Helder Vasconcelos, ou melhor, DJ Dolores e Renato L., até os dias atuais, são também DJs.

O segundo disco reflete muito do que foi vivenciado por Chico nos festivais de que participou na Europa, onde teve a oportunidade de ver ao vivo artistas que só conhecia de discos. E Chico Science confirmou a asserção, essa vivência na turnê influiu no resultado final do disco.

"Um amadurecimento da banda, das viagens que a gente teve, das músicas que a gente escutou, da preocupação que a gente veio tendo depois do lançamento de *Da Lama ao Caos*. De escutar o disco, fazer os shows, ver o que pode melhorar no nosso som, como dar uma timbragem nova aos tambores. O que é que a gente pode melhorar em tudo, no geral. Realmente nós demos uma sofisticada no nosso som mesmo. É por isso que obtivemos esse resultado bem legal e bem consistente do *Afrociberdelia*."

Chico não era de improviso. Quando adentrou o Nas Nuvens para gravar em dezembro de 1995, ele já maquinara ideias para o disco, o que confirmou numa entrevista ao *Diário do Povo*, de Campinas (SP), ressaltando que chegou no estúdio com a maior parte do novo repertório de *Afrociberdelia* pronta:

"Tem umas coisas que são feitas só em estúdio. Eu acho que se você deixar para compor as coisas em cima da hora, já no estúdio, você acaba perdendo um pouco da noção de como fazer isso no palco, ou então aquela coisa que pode até ser legal fica muito fora do seu trabalho inicial. Aí as músicas que a gente fez ou terminou no estúdio já tinham uma base boa feita antes. É ou não é (um disco conceitual). Tem esta coisa do título – África, cibernética e psicodelia. Um amigo meu me falou que o som da banda era afrociberdélico, e eu pirei no conceito. Mas não sei bem se é um disco conceitual, porque gira em torno de todas aquelas coisas de que a banda fala. Eu acho que a banda é conceitual, e o disco segue o rumo. Acho

CRIANÇA DE DOMINGO

que está mais maduro, mais pensado. No primeiro trabalho não sabíamos direito como mexer naquilo tudo, e o disco ficou bem longe do que queríamos. A história desse disco tem mais força, tem mais peso, mais suingue. Ficou entre o primeiro disco e o que a banda fez ao vivo. A gente gostou muito do resultado."

No entanto, o empresário do CSNZ não viu com bons olhos a intenção de Chico em produzir o álbum com Bid:

"Nas idas a São Paulo nos *day off*, o Chico ia muito na casa do Bid e aí foi quando resolveu tomar essa decisão. Virou para mim e falou assim: 'Paulo, a gente vai produzir o disco'. Aí eu falei: 'Brother, mas a galera não tem experiência'. Ele falou: 'Não, a gente vai chamar Bid para coproduzir o disco'. Todos eram inexperientes, inclusive o Bid, e pagamos um preço por isso. A gente resolveu se mudar para o Rio com a grana que a gravadora ia gastar com hotel, porque a gente fazia muito mais show morando no Sudeste do que no Recife. Então, nessa história, o limite de tempo no Nas Nuvens estourou. O orçamento, que era de 80 mil, foi para 120 mil e a Sony fez a banda pagar aqueles 40 mil de diferença. Naquela época, com esse valor se comprava um apartamento de dois quartos no Recife."

Um gasto que levou Paulo André a ser convocado por Jorge Davidson a comparecer aos escritórios da Sony Music, no Rio, para tomar um esporro corretivo do diretor artístico da gravadora.

Ao contrário de *Da Lama ao Caos*, *Afrociberdelia* teve muitas participações. Gilberto e Marcelo D2, em "Macô"; Fred 04 tocava cavaquinho em "Samba do Lado"; Mario Caldato Jr fez o mix de "O Encontro de Isaac Asimov com Santos Dumont no Céu". E ainda: o percussionista Gustavo de Dalva, o tecladista Marcelo Lobato (O Rappa), Lucas Santtana (flauta), Hugo Hori (flauta), Tiquinho (trombone), Serginho Trombone. Extrapolar o tempo de estúdio permitiu que cada faixa do álbum fosse muito mais burilada do que as do disco anterior, em que Liminha foi o único produtor, embora aceitando pitacos de Chico Science ou de Lúcio Maia, de quem se confessou admirador como guitarrista.

CHICO SCIENCE

Chico Science comentou, em entrevista ao *Diário do Povo*, de Campinas (SP), na coluna Serviço Sujo, de Alexandre Matias, as participações especiais em *Afrociberdelia*:

"Com Gil a gente já tinha fechado na época em que tocamos em Nova York com ele. Com o Marcelo do Planet Hemp, porque, além da música ('Macô') falar de maconha (tema recorrente na música do Planet Hemp), ele estava ali, e a gente convidou pra gravar. O Fred (04, da Mundo Livre S/A) rolou por razões óbvias. Ele fez uma introdução de cavaquinho que teve que ser cortada. Era um pouco maior, cortamos por causa do tamanho do CD. Os metais, Bidinho, Serginho Trombone, Tiquinho e Hugo Hori, porque são pra lá de bons. Deram um clima a mais pro disco. E o Mario (Caldato Jr, engenheiro de som dos Beastie Boys). O Mario é brasileiro e foi para Los Angeles quando tinha dois anos. Mas ele ainda vem pro Brasil de vez em quando. Uma dessas vezes foi agora, um amigo em comum me pediu para dar uns toques a ele, sair com ele, inevitavelmente levamos o cara pro estúdio – a gente estava no meio da gravação. Aí Mario curtiu, achou legal e foi ficando. Pedimos para fazer uma música pra gente. Mas só uma, o cara estava de férias."

Fãs incondicionais dos Beastie Boys, os mangueboys nunca imaginariam que um dia iriam conhecer Mario Caldato Jr, muito menos tê-lo nos créditos de um disco do CSNZ. Ele voltaria a trabalhar com o grupo no primeiro álbum sem Chico Science, ao mesmo tempo o último da Nação Zumbi com ele (em gravações ao vivo). A faixa "Amor de Muito" foi remixada por Caldato Jr.

Em *Afrociberdelia*, entregaram-se às experiências. Chico, o homem-sample, saiu salpicando trechos de músicas ao longo das faixas, dando motivos para que se considerasse que ele sofreu influência do tropicalismo. Em "Cidadão do Mundo", tem "Louvação" (Gilberto Gil/Torquato Neto, composição pré-tropicalista) e "Batmacumba" (Gilberto Gil/Caetano Veloso). Em "Macô" escutavam-se se as tosses pinçadas de "A Minha Menina" (Jorge Ben Jor), com os Mutantes. No entanto, Renato L., sócio fundador do clube dos mangueboys, afirma que de tropicalismo nas "ouvidorias" da turma só rodava Mutantes, mas acha que Helder ou Mabuse tinham discos da Tropicália:

"No caso dos samplers tropicalistas, imagino que tenha sido por conta da aproximação com Gil. Acho que todo mundo daquela turma gostava de um monte de sons do Tropicalismo. Mas, na virada dos 80 pros 90, os Mutantes eram o que mais a gente escutava dos artistas associados ao movimento."

Além desses, havia samples de Beastie Boys, Paul Desmond, Jorge Ben Jor (em mais de uma faixa).

Afrociberdelia era marcado também pela participação maior dos integrantes da Nação Zumbi. Chico Science ainda se sobressaía como letrista, mas não levavam seu nome "Samidarish" (Lúcio Maia/Dengue), "Baião Ambiental" (Lúcio Maia/Dengue/Gira), "Interlude Zumbi" (Gilmar Bola 8/Gira/Toca Ogan), "O Encontro de Isaac Asimov com Santos Dumont no Céu" (HD Mabuse/Jorge du Peixe), "Criança de Domingo" (Cadão Volpato/Ricardo Salvagni) e "Maracatu Atômico" (Jorge Mautner/Nelson Jacobina). As demais eram creditadas a Chico e banda, ou parte dos seus integrantes. Eduardo Bid era parceiro em "Macô" e "Cidadão do Mundo". Chico comentou essa participação mais coletiva na criação em entrevista que me concedeu quando o disco foi lançado:

"Realmente, a banda trabalhou bem junto, em harmonia, todo mundo colaborou. A maioria das letras são minhas, outras divido com Renato, Du Peixe, Mabuse, que faz o baixo em 'O Encontro de Isaac Asimov com Santos Dumont', a turma dos tambores está mais solta, já estão até começando a falar inglês."

Um detalhe: HD Mabuse corrigiu Science, numa conversa para este livro:

"Eu tocava o baixo no Bom Tom Radio, numa gravação demo que fizemos, mas no disco quem toca é Dengue."

Chico abria o repertório seguindo a cartilha dos brincantes da cultura popular, anunciando o seu grupo. Porém, assim como fez em *Da Lama ao Caos*, também com um discurso retumbante, voz impostada, o texto era um manifesto: "Eu vim com a Nação Zumbi/ Ao seu ouvido falar/ Quero ver a poeira subir/ E muita fumaça no ar/ Cheguei com meu universo/ E aterriso no seu pensamento/ Trago as luzes dos postes nos olhos/ Rios e pontes no coração/ Pernambuco debaixo dos pés/ E minha mente na imensidão."

Uma abertura que durava 33 segundos, quando irrompe uma das mais ritmicamente complexas músicas do CSNZ: começava com uma batida meio baião, a letra sobre uma treta nos canaviais, alguém fugia de um capitão (do mato?), então entrava o que Jorge du Peixe chamava de o "baque de arrodeio", que logo se aproximava do baque do maracatu nação, e a letra ia ao mangue. Pela segunda vez, Josué de Castro era citado numa composição do grupo. O título da música, "Cidadão do Mundo", veio do epíteto que deram ao cientista. No final irrompe uma embolada, com evocações da infância, as idas à missa, as morcegadas nos ônibus com os amigos de rua.

Na letra eram citados também Dona Ginga, Veludinho, Zumbi e Mestre Salu. Ginga seria a Rainha Ginga, ou Ngola Ana Nzinga Mband, falecida em 1663. A lenda africana "Ngola" levou os portugueses a batizarem a terra da Rainha Ginga de Angola. Veludinho (João Batista de Jesus) foi um batuqueiro do Maracatu Leão Coroado, fotografado pela antropóloga Katarina Real em 1967, quando contava cem anos de idade. Zumbi era o dos Palmares, obviamente, cuja cabeça foi exposta no Recife, no Largo do Corpo Santo, onde havia um pelourinho. O local foi demolido em 1913, para abertura de uma avenida. Por fim, o Salu da Rabeca, o mestre da cultura popular pernambucana mais em evidência nos anos 90. Chico Science costumava visitá-lo na Cidade Tabajara, onde morava o mestre (falecido em 2008, aos 63 anos). "Cidadão do Mundo" era também uma das duas músicas em que Pupillo tocava bateria no álbum. A outra era "Corpo de Lama".

"Etnia" remontava às primeiras composições de Chico Science, em que ele associava a mestiçagem racial à mestiçagem musical. A batida era a que Maureliano criou nos ensaios de Chico Vulgo com batuqueiros do Lamento Negro. Aliás, até então nunca se dera protagonismo aos tocadores de tambores de maracatu. Embora seu toque fosse a característica, o combustível do maracatu de baque virado, o batuqueiro era relegado a segundo plano. O músico, compositor, teatrólogo, estudioso da cultura e do Carnaval

CRIANÇA DE DOMINGO

pernambucanos Valdemar de Oliveira (1900-1977) enfatizou o papel dos batuqueiros do maracatu ao comentar:

"(...) são os únicos participantes do maracatu para quem não há qualquer exigência de indumentária. Nem especial, nem particular. São seres desconhecidos, desprezíveis (*sic*), compondo como que uma senzala, situada em seu lugar próprio, perdida na sombra, porém, poderosamente presentes pelo mesmo ruído que chegava às casas-grandes nos sábados patriarcais. O zabumba era no maracatu o anonimato, a servidão, o grande apoio de todos os tronos à frente a Corte e seus dignitários, as baianas, a Dama do Paço (...)."

Os batuqueiros assumiram o protagonismo com o Chico Science e Lamento Negro, e depois com Nação Zumbi. Os tambores, ou alfaias (este segundo nome popularizou-se com o manguebeat), eram o trunfo do CSNZ, o que causava impacto no som da banda, contrastando com a guitarra pesada de Lúcio Maia e o baixo de Dengue. Essa engenharia acústica, criada por intuição, mexeria com os maracatus, com os tambores, tornando-se o símbolo das nações. O que se consolidou com Naná Vasconcelos, que reuniu batuqueiros de diversas nações de maracatu para a cerimônia de abertura do Carnaval da capital pernambucana. Nos dias atuais, aos sábados e domingos, à tarde, os tambores invadem as ruas do Bairro do Recife, a área mais antiga da cidade. Só a percussão, sem o cortejo, que continua nos maracatus tradicionais.

Anos depois, com questionamentos trazidos pelo politicamente correto, "Macô" causou discussões pelos versos "Olha só que menina bonitinha/ Pra poder ficar comigo tem que saber de cozinha". A letra inteira era de entendimento bem particular de Jorge e Chico. "Macô", claro, era maconha, assim como "zambo" – Chico usava também o pseudônimo Dr. Charles Zambohead, o equivalente ao "pothead" americano. A música era uma embolada estilizada, nonsense, com uma citação à radiola de fichas da Soparia, ao bar de Roger de Renor, cujo nome estava no refrão de "Macô". Salientando-se que, para evitar tretas com a polícia, o segurança do bar não permitia que se fumasse a erva lá dentro. "Macô" ainda é uma

CHICO SCIENCE

das faixas mais tocadas do *Afrociberdelia*. Na citada entrevista que fiz com Chico, quando do lançamento do *Afrociberdelia*, arrisquei uma pequena provocação. Se o disco fixava-se tanto na pernambucanidade (a palavra passou a ser muito utilizada a partir dos anos 90 no estado), por que Gilberto Gil em "Macô" e não Alceu Valença? E Chico deu uma resposta bem mais ampla do que eu esperava:

"Acho que uma coisa de sintonia, Gil sacou logo o lance da gente. Com Alceu, acho que nunca tivemos uma aproximação mais forte, não sei se faz parte do temperamento dele, sei que estou aberto para fazer experiências juntos. Quero escutar Guerra-Peixe, mais coisas da música armorial, como Ariano Suassuna, quem sabe ainda não vou juntar o popular ao erudito?"

Chico escrevia numa linguagem cifrada que levava a várias interpretações. A já comentada "Um Passeio no Mundo Livre" era um libelo antirracismo, pelos "baculejo" a que integrantes negros do CSNZ eram submetidos quando andavam pelas ruas do Recife ou do Rio, a ponto da polícia ter apreendido um walkman de Gilmar Bola 8 porque ele não mostrou a nota fiscal do aparelho. A letra podia ter influência do "Rap da Felicidade", o funk dos MCs Cidinho e Doca, de imenso sucesso em abril de 1995, dos versos: "Eu só quero é ser feliz/ Andar tranquilamente na favela onde eu nasci".

Na edição de 1999 do PercPan, grandioso festival de percussão realizado no Teatro Castro Alves, em Salvador, os apresentadores Gilberto Gil e Naná Vasconcelos introduziram uma espécie de vinheta entre uma atração e outra. Uma dessas foi com "Samba do Lado", de Chico Science, uma performance que não foi além daquele momento no palco, mas que merecia um registro em vídeo ou disco, porque acompanhado pela percussão de Naná. Gil improvisou em cima de um samba inovador, no contexto em que Chico Science tinha o samba, que para ele vinha direto do maracatu. Uma das facetas mais interessantes das ideias de Science foi a de discernir que havia outros sambas, não apenas o que tocava no rádio, emanado do Rio para o país, este era tão somente uma variante dos sambas que o africano disseminou pelo Brasil.

246

CRIANÇA DE DOMINGO

E esse samba com que Chico Science revestia "Maracatu Atômico" foi um dos arranjos mais originais da banda. Aliás, qualquer dúvida sobre o malungo enquanto intérprete era só conferir as canções que ele regravou. Gilberto Gil emplacou a música de Mautner e Jacobina nas paradas em 1974; duas décadas (e um ano) depois Chico Science fez uma versão que influenciou a interpretação do próprio Gil quando a cantava. Ele ratificou isso no Carnaval de 2024, no Marco Zero, palco principal da folia recifense, cantando "Maracatu Atômico" com Jorge du Peixe e Louise, filha de Chico Science. O malungo tornou "Todos Estão Surdos", de Erasmo e Roberto, sua. Chico não poderia ter encontrado ninguém melhor do que Mario Caldato Jr. para produzir "O Encontro de Isaac Asimov com Santos Dumont no Céu", um título inspirado no folheto de feira (que os intelectuais rebatizaram de literatura de cordel), em que se costumava promover esses encontros, a exemplo de "O Encontro de Lampião com Satanás no Inferno". Nem nas viagens mais lisérgicas de Chico, du Peixe e Mabuse, no quarto da casa desse último, em Casa Caiada, eles tiveram um Beastie Boys honorário trabalhando uma música que veio da Bom Tom Radio. Uma das faixas menos tocadas do álbum, ao mesmo tempo uma das mais interessantes.

Que rumo Chico seguiria depois de *Afrociberdelia*? Quase certo que se afastaria da temática mangue, feito que acontecia em quase todo o segundo álbum. A faixa "Corpo de Lama" já não soava tão natural quanto as canções em que focavam caranguejos com cérebro e manguezais em *Da Lama ao Caos*. É autorreferente e pleonástica, retomando a batida criada por Maureliano. Na faixa seguinte, "Sobremesa", com Renato L. e Jorge du Peixe, Chico acrescentava mais um "chiquismo", uma frase solta e que não soava encaixada nos demais versos: "Enquanto caminho pelas ruas da cidade/ Lembro que uma sobremesa me espera em casa". Parte da letra era cantada em inglês:

"Eu participo só na letra. Só na letra. Chico pegou uns versos em inglês que eu tinha escrito, meio de brincadeira, como uma paródia de uma letra psicodélica, e incluiu na música", explica Renato L.

"*Afrociberdelia* é o disco que *Da Lama ao Caos* poderia ser, só que não tivemos acesso a uma tecnologia melhor. A gente tem essa coisa de uma

CHICO SCIENCE

crueza que a produção não conseguiu passar para o primeiro disco. Nele, 'Coco Dub' é a única faixa em que essa crueza foi alcançada, e um pouco em 'Maracatu de Tiro Certeiro'", comentou Chico Science na mesma entrevista que me concedeu divulgando o *Afrociberdelia*.

Nessa conversa, Science já martelava uma palavra recorrente em todas as entrevistas na época: o seu samba embutido no *Afrociberdelia*:

"É muito uma releitura do samba, mostrando a possibilidade de ramificar a música brasileira, pegando influência de fora. A gente revisita o samba, que é uma coisa africana que se espalhou pelo Brasil, numa concepção mais ampla; tem o samba de maracatu, de caboclinho, de cavalo-marinho, do morro, do bumba-meu-boi, com elementos árabes, holandeses, de índios, espanhóis, de toda a miscigenação brasileira. No disco tem essa parte de groove, parte mais viajada, melódica."

Ele voltou ao samba em entrevista concedida ao Toda Música:

"*Afrociberdelia* é muita coisa, todos esses elementos que nós temos. Exaltação do maracatu como o grande samba, o berço do samba. O ponto de fusão do maracatu com a cibernética e a psicodelia. Tem essa nova parte que é a afrociberdelia. Mostra como trabalhar com esses elementos da música brasileira. Psicodelia, tecnologia e o roots do computador. A cultura do sampler, do DJ, tantas coisas."

Porém, reforçando, se entenda por samba não o formato que se espalhou do Rio para o Brasil, alçado a música da nacionalidade na era da ditadura Vargas, que levou compositores a um subestilo patriótico, o samba exaltação, dos quais "Aquarela do Brasil" foi o mais bem-sucedido. Science imaginava outro samba, num aspecto mais amplo, ao mesmo tempo sob uma ótica particular. Já acenando para a probabilidade de uma guinada que tirasse do *cul-de-sac* da estética mangue dos dois discos, que poderia engessar sua música, disse que o rótulo "manguebeat" ainda lhe cabia como uma questão de identificação:

"Mas eu encaro como samba. O samba tem milhares de caras, do Jorge Ben ao Raça Negra, Paulinho da Viola, Gilberto Gil, maracatu, frevo, samba de roda. Tudo no Brasil, no fundo, é samba."

CRIANÇA DE DOMINGO

Foi-lhe perguntado se o samba seria o jazz brasileiro (*sic*), ao que Chico respondeu:

"Não sei. Sei que é uma espécie de pai musical do Brasil. Quase todos os gêneros musicais do Brasil devem alguma coisa ao samba", disse ele, sinalizando que maquinava algo que teria o samba como fio condutor.

O que se convencionou se pensar como samba é o carioca, cuja criação era atribuída a baianos que migraram para a capital do país. "Baiano" era um reducionismo. Para o Rio, com o fim do regime escravocrata, dirigiram-se ex-escravos de várias regiões do país e de todos os estados nordestinos. Era recifense Hilário Jovino Ferreira (1873-1933), criador do primeiro rancho carioca, o Dois de Ouro, embrião das escolas de samba. Nascido dois anos depois da Lei do Ventre Livre, Hilário Jovino foi com a família morar em Salvador, não se sabe com que idade. Da Bahia partiu para o Rio, provavelmente na última década do século 19. Sabia-se pouco dele. Na maioria das vezes que o citavam, o davam como baiano. Aliás, até os dias atuais, no exterior, Salvador é, juntamente com o Rio e São Paulo, a cidade brasileira mais conhecida. Quando o CSNZ tocou com os Paralamas do Sucesso no Paradiso, em Amsterdã, no flyer do show, foram apresentados como baianos: "Rock, ska, reggae, manguebeat, hip-hop, hardcore, da Bahia, um som intenso".

Antes de considerar o samba como gênero nascido no Rio, o termo era comum no Nordeste para designar batuques de negros. A primeira vez que a palavra foi constatada na imprensa havia sido no jornal recifense *O Carapuceiro*, em 1838 (talvez até antes na imprensa de outros estados). Na Zona da Mata de Pernambuco, até os tempos atuais, uma função de maracatu rural era chamada de uma "sambada". No sertão, uma festa da cabroeira era um samba. Um arruaceiro era um "acaba samba". Chico tinha essa quase fixação pelo samba: "Eu vou fazer uma embolada/ Um samba/ Um maracatu", cantava em *Da Lama ao Caos*, em "Samba Makossa".

Uma inovação introduzida por ele em *Afrociberdelia* estava na controversa gravação de "Maracatu Atômico". Foi feita a contragosto, já depois do repertório do disco fechado, no estúdio Mosh em São Paulo, sem parte da banda, que voltara para o Recife. Nela, Chico cometia uma ousadia, ao

CHICO SCIENCE

trazer para a canção os dois tipos de maracatus, de baque virado e de baque solto. Este segundo estava na abertura da música de Jorge Mautner e Nelson Jacobina que, originalmente, só tinha de maracatu o título. Quem conhecia a cultura popular pernambucana sabia que essas duas manifestações eram bastante diferentes. O maracatu rural era composto por muitos elementos indígenas, não tinha exatamente um baque, não havia polirritmia na percussão, só o chacoalhar de gonguês, caracaxás, e os chocalhos que forravam o surrão, uma espécie de poncho multicolorido, que vestiam os caboclos de lança.

O maracatu rural, assim como as demais manifestações da Zona da Mata, devia muito à valorização que lhe fora dada por Science. No Recife, o maracatu rural, ou de orquestra, sofreu discriminações até o final da década de 70, pelo menos. Chegou-se ao ponto da Federação Carnavalesca pressionar maracatus rurais a se transformarem em maracatus de baque virado, para que desfilassem no Carnaval do Recife, o que aconteceu com o Cambinda Estrela e o Indiano, segundo informou a antropóloga Katarina Real, no livro *Eudes, O Rei do Maracatu* (Fundaj/Editora Massangana, 2001).

Jorge du Peixe comentou sobre o samba de que Chico falava:

"A gente brincava muito com nomenclatura samba, S.A.M.B.A Serviço Ambulante da Afrociberdelia, este é o samba em questão. O samba nesse caso queria dizer muita coisa, como algo maior. Não restrito ao samba carioca. Existem vários sambas no Brasil. Aí depois veio o *Rádio S.A.M.B.A* com essa nomenclatura" (refere-se ao primeiro disco da Nação Zumbi com Jorge nos vocais, com músicas autorais, apenas uma assinada por Chico Science/Doutor Charles Zambohead).

Nas novas canções, já havia uma busca por temas que não têm a cidade do Recife ou o mangue nas letras, como é o caso de "Um Passeio Pelo Mundo Livre", assinada pelo grupo quase inteiro, com exceção de Gilmar Correa e Toca Ogan. É a primeira das canções dos dois discos da Nação Zumbi com Chico Science que não se centrava na temática do mangue, nas mazelas da cidade, em cenas observadas pelas ruas do Recife. Pode ser considerada uma canção de desagravo, como comentou o próprio Science:

250

CRIANÇA DE DOMINGO

"Fizemos na nossa pré-produção. Gilmar e Gira foram pra casa. A polícia parou os dois, encostou na parede. Gilmar mostrou a carteira de músico. 'Músico o quê?' Os policiais deram o baculejo (em pernambuquês, uma típica averiguação policial no Brasil), e acabaram liberando a dupla."

Voltando a Science:

"Eles ficaram chateados com essa história, então 'Passeio no Mundo Livre' é isso, andar livremente sem ser perturbado, andar com minha garota sem ser incomodado, andar com meus amigos, que são gente boa. Um sonho a que você tem direito. Vem muito em cima dessas coisas. Andar no mundo livre. Quero andar nas ruas de Peixinhos, pelas ruas do Brasil, em qualquer cidade. Naquele groove, segura essa levada, segura o maracatu."

Os músicos da Nação Zumbi, com exceção de Lúcio Maia e Alexandre Dengue, eram negros ou mulatos, e passaram por algumas situações vexatórias devido ao preconceito de cor ou, como se passou a dizer, "racismo estrutural". Paulo André Pires conta que, quando a banda voltava para o hotel, ou para Santa Teresa, depois das sessões de gravação no Nas Nuvens, o carro era constantemente parado pela polícia, cismada com aquele grupo de negros circulando pela cidade na madrugada. O CSNZ foi tocar no Hollywood Rock, em 1996. Gilmar Bola 8 e Toca Ogan assistiam a um show no gramado. Ao lado deles, uma turma queimava fumo. A polícia pintou e levou os dois pernambucanos, evidentemente por serem negros. Por sorte, ambos foram reconhecidos por alguém da equipe do Barão Vermelho, que falou com os PMs, e a dupla foi liberada.

Músicas como "Manguetown" já estavam maturadas como parte das criações mais antigas, remontando ao Loustal, com letra de Chico e melodia de Lúcio Maia e Alexandre Dengue. Foi desde as primeiras apresentações, no início dos anos 90, um dos hits de palco do grupo. *Afrociberdelia* ia apontando rumos que o grupo poderia seguir, em faixas como "Um Satélite na Cabeça (Bitnik Generation)", no subtítulo o bit da cibernética num trocadilho com a beat generation, cujos livros eram lidos pelos mangueboys. A faixa mais rock and roll do álbum. Aliás, o repertório tinha um viés para o rock pesado em outras faixas, a exemplo de "Sangue de Bairro", esta segunda parceria com Ortinho (então no Querosene Jacaré), criada para a trilha do filme *O Baile Perfumado*:

"Eu estava no bar Guitarra's e encontrei Chico por lá. Ele estava trabalhando na trilha do filme (os diretores Lírio Ferreira e Paulo Caldas tinham escritório na Galeria Joana D'Arc, um dos redutos do manguebeat, onde ficava o Guitarra's)", conta Ortinho.

Os dois engataram a parceria ali.

"Eu estava lendo um livro sobre Guillotin, o cara que cortava a cabeça das pessoas na França, e ele dizia que o degolado passava dois minutos para morrer, então fiz os versos 'Quando degolaram minha cabeça/ Passei mais de dois minutos vendo meu corpo tremendo/ E não sabia o que fazer/ Morrer, viver, morrer, viver'. Chico colocou os nomes dos cangaceiros."

Science ainda faria mais uma canção para o filme, "Angicos". A guitarra thrash emoldurava essas duas faixas.

É certo que a extrapolada no tempo gasto em estúdio foi grande, mas não se podia dizer que não foi bem aproveitada. Sem contar com os repudiados remixes de "Maracatu Atômico", o álbum tinha 20 faixas. Sobrou tempo para compor ali mesmo o "Baião Ambiental", um instrumental, de Maia, Dengue e Gira; o tema tinha uns efeitos especiais, criados intuitivamente. A percussão se aproximava e se afastava, o que foi conseguido de forma experimental e trivial: Lúcio Maia, no triângulo, Toca Ogan, no pandeiro, e Gilmar, no gonguê, tocavam enquanto caminhavam pelo estúdio.

"Mas enquanto o mundo explode/ Nós dormimos no silêncio do bairro/ Fechando os olhos e mordendo os lábios/ Sinto vontade de fazer muita coisa" – os versos de "Enquanto o Mundo Explode" eram uma divagação típica de Chico Science. As suas cadernetas de anotações, ou scrapbooks, como já se dizia por aqui, que a irmã Goretti e a filha Louise disponibilizaram em 2023, no acervo Chico Science, estavam repletas de textinhos semelhantes. "Enquanto o Mundo Explode" era a mais zoeira do álbum, um thrash baião. Gilmar Bola 8 era o vocalista em "Interlude Zumbi", que também saiu do estilo mangue, tinha letra de Chico Science, mas foi criada pelos percussionistas, Gilmar Bola 8, Toca e Gira:

CRIANÇA DE DOMINGO

"Surgiu assim quando estávamos fazendo o *Afrociberdelia*. Eu achei uma fita k-7 de ritmos afro, capoeira, maculelê. Virei pra Chico e disse que faltava um toque para xangô, já que o nome do disco seria *Afrociberdelia*. Chico sempre me ouvia, enquanto gravamos a percussão, ele escreveu esses versos que gravei, e como ele gostava muito de Beastie Boys, havia uma música deles que tinha uma risada, ele pediu para eu gargalhar."

A percussão predominava, com toque de terreiro, um berimbau. Os versos eram curtos, "Zumbi bateu no tombo e correu no chão/ De dentro pra fora, de fora pra dentro/ Onde o pensamento apareceu pela primeira vez no mesmo lugar."

O disco surpreendia do meio para o fim, apontando para mais surpresas na sequência de *Afrociberdelia*, um balanço caribenho envolvia a romântica "Amor de Muito", parceria de Chico com a banda. Um instrumental, de quase cinco minutos, fechava o repertório, "Samidarish", de Lúcio e Dengue.

Ao contrário de *Da Lama ao Caos*, cujas gravações aconteceram tranquilas, sob a batuta de Liminha, que interferia pouco nas elucubrações de Chico Science, as do *Afrociberdelia* ocorriam com atropelos, nuvens carregadas. A matéria na revista *Bizz* sobre o álbum fugia à crítica corriqueira de um lançamento para entrar em detalhes das tretas acontecidas entre as sessões de estúdio até a finalização do álbum, e no centro da história estava a inclusão de "Maracatu Atômico". Bid assegura que a ideia de trazer a música para o disco foi dele, o que foi negado por Jorge Davidson:

"A música foi ideia minha! Bid foi quem mais colocou resistência", assegura Davidson.

Voltando à transcrição da matéria: "O Bidlovski, contudo, tem outra história: 'Meu plano original era usar um sample de 'Get Up Upon the Sun', dos Smiths, mas não conseguimos a liberação e chegamos a desencanar da versão. Segundo Lúcio Maia, o disco já estava longo demais, e banda e produtor acharam que não seria necessário incluir mais uma música. Porém o diretor artístico insistia em 'Maracatu Atômico' e pediu que a banda gravasse mesmo sem o sample e sem a presença de Jorge du Peixe, que estava no Recife finalizando a arte do CD."

CHICO SCIENCE

"A companhia acreditava no trabalho da banda, mas com essa música teria mais abertura na rádio", explica Davidson.

"Aí, não satisfeitos, inventaram os remixes", complementa Paulo André.

Sem a aprovação do grupo, a Sony encomendou a Edu K e ao DJ Cuca três remixes de "Maracatu Atômico".

"Não lembro se a banda foi informada ou não. Faz tempo", desconversa Davidson. "Mas eu não fui a favor dos remixes. Foi uma imposição da presidência."

Segundo Paulo, a Nação não concordava, mas não podia fazer nada. Não é o que os integrantes contam e nem mesmo o que Chico Science falou aos jornais na época. Segundo a *Folha de S. Paulo* de 8 de junho de 1996, ele disse que gostaria de ter sido informado sobre isso.

"Não sabia que os remixes iam entrar", completou.

Jorge, Lúcio e Bid endossaram o coro e atribuíam isso ao estremecimento final da relação da banda com a gravadora.

Os remixes de *Afrociberdelia* foram a cereja do bolo que estava sendo arremessado em fatias contra a banda. Antes deles, ainda houve outra pendenga envolvendo o Hollywood Rock.

"Levamos alguns dias para ajustar os instrumentos no estúdio e, 15 dias depois de começarmos os ensaios, o Liminha pediu pra gente mudar de sala, porque tinha de ensaiar com o Gil para o festival", diz Lúcio Maia.

Foi a primeira tensão com o dono da bola.

"Fizemos um acordo para usar o estúdio num horário meio estranho, das 19 às quatro horas da manhã", lembra Bid. "Não é fácil trabalhar com esse relógio revirado. Para piorar, chovia muito no Rio, e a luz do estúdio acabava direto. Às vezes, o sistema contra a queda de energia falhava e o computador não salvava o material de um dia inteiro... Foi muito estresse."

Mas na grande maioria, a imprensa nacional e internacional derramou-se em elogios a *Afrociberdelia*, incluindo a revista Manchete, que dividiu uma página (assinada por Silvio Essinger) entre o americano Beck Hansen e Chico Science & Nação Zumbi, pela inovação em seus discos mais recentes:

CRIANÇA DE DOMINGO

"Em consonância com este espírito de invenção, aqui no hemisfério de baixo Chico Science & Nação Zumbi fizeram *Afrociberdelia* (Sony Music), não por coincidência também seu segundo disco. Hip-hop com tambores de maracatu de Recife, guitarras, samples, groove e ambiências, é música de ponta, antenada com as novidades de Londres e, ao mesmo tempo, absolutamente regional. Gilberto Gil deu seu alô na faixa 'Macô', e o produtor dos Beastie Boys, Mario Caldato Jr., pilotou a mesa em 'O Encontro de Isaac Asimov com Santos Dumont no Céu'. Além de trazer o melhor de dois mundos, *Afrociberdelia* ainda ajuda a forjar a música do próximo século."

Jorge du Peixe analisa os dois discos da Nação Zumbi gravados com Chico Science, para ele dois trabalhos que se complementam, ao mesmo tempo em que seguem por outros caminhos. Na estreia, enfatizavam o conceito do manguebeat:

"O primeiro é panfletário, a fundação, *Da Lama ao Caos*; o segundo vem mais poético, mais solto, futurístico, textos mais periféricos, mais sampler, mais espacial. Porém está no contexto. No primeiro a gente falou de tudo isso. No segundo não queria se repetir, todo disco da gente tem isso, nenhum é igual ao outro. A Sony se enganou quando achou que a Nação Zumbi era parecido com o que a Bahia fazia, depois que caiu a ficha viu que era bem diferente. A gravadora sequer sabia o que Pernambuco oferecia culturalmente, maracatu, ciranda, coco. Pra gente, era sempre trazer algo novo em cada disco. O conceito foi a partir do primeiro disco, da fundação, *Da Lama ao Caos*, as coisas não exatamente se diluíram, mas continuaram sendo tudo aquilo, indo para outros lugares, existe uma diferença gigante entre *Da Lama ao Caos* e *Afrociberdelia*, dois discos bem distintos. O *Afrociberdelia* é mais poético, mais spoken word, enquanto *Da Lama ao Caos* é mais cantado. A diferença é gritante."

A Sony cumpriu o contrato com o grupo, lançando o terceiro título do contrato firmado. O álbum duplo CSNZ, o último da banda com participação de Chico Science, seis faixas ao vivo e uma letra musicada. Curioso é que desde as primeiras entrevistas Science aventava as chances que sua música tinha de alcançar outros países. Um alcance que provavelmente

255

CHICO SCIENCE

não seria possível se Paulo André não fosse o empresário do CSNZ. Desenvolto e empreendedor, ele passou a mandar discos para as produções dos festivais gringos, anexando o material publicado na imprensa sobre o grupo. Parte dos que receberam o material entrou em contato com o empresário da banda:

"Então, com cinco meses depois da saída de *Da Lama ao Caos*, eu comecei a agendar a turnê internacional da banda. A Sony não ficou muito feliz com a ideia porque o disco não tinha vendido, queriam a banda aqui. Achavam que a gente não devia dar aquele passo internacional ainda. Eu falei que respeitava a opinião deles, mas não podia deixar de ir, não podia deixar de tocar no Central Park Summer Stage, nos Estados Unidos, e no Montreux Jazz Festival, na Suíça, aquilo faria bem para a banda. E assim rolou em 1995, oito meses depois de começar a ser planejada a primeira turnê, que a gente chamou de *From Mud to Chaos*, que era a tradução de *Da Lama ao Caos*, para que a galera entendesse o conceito da história."

Ressaltando-se que a música brasileira só chegava à gringa esporadicamente. Alçar voos altos ao exterior no comecinho da carreira só acontecera antes com Milton Nascimento, que, assim como a Nação Zumbi, surgiu com um estilo musical próprio, sem quase nada de Luiz Gonzaga, nem de João Gilberto, influências fortes na MPB da era dos festivais (Milton foi exceção, tornou-se internacional logo depois de sua impactante participação no Festival Internacional da Canção, edição de 1967). A música brasileira tinha tanta dificuldade de chegar ao exterior que a futura ministra da Cultura, Margareth Menezes, elevou a autoestima pátria quando abriu turnês de David Byrne no final dos anos 80. Em 1994, era exaltada na Bahia por circular por palcos de 20 cidades europeias, em mais uma turnê pelo continente, isso quando Caetano Veloso e Gilberto Gil começavam a entrar para o primeiro time do que então se rotulava como world music.

OROPA, FRANÇA, BAHIA TOCANDO PARA O MUNDO

Nos anos 50, a Rádio Jornal do Commercio (fundada em 1948) difundia um slogan que era motivo de gozação no Sudeste: "Pernambuco falando para o mundo", tomado como um exemplo do propalado bairrismo, para muitos megalomania, dos pernambucanos. Mas era o que realmente acontecia. O empresário Francisco Pessoa de Queiroz, que criaria um dos maiores complexos de comunicação do país até os anos 60 (com uma emissora de TV e várias de rádio espalhadas pelo estado), quando foi adquirir os equipamentos para a primeira rádio, comprou transmissores da BBC, usados durante a guerra para propaganda dos aliados contra o eixo, que ficaram ociosos depois do conflito. Então Pernambuco realmente falava para o mundo, inclusive transmitindo também em inglês (por uma locutora canadense, Jane Slater, que trabalhara para a BBC). Quando o Chico Science & Nação Zumbi realizou a turnê de 1995, brincava-se: "Pernambuco tocando para o mundo". Tocou para parte do mundo em duas turnês. Na terceira, que estava se armando para 1997, deveria chegar ao Japão, onde os discos da banda tinham sido lançados. O CSNZ cruzou o Atlântico muito mais rápido do que os mais otimistas dos prognósticos.

"Isso é pela característica do nosso trabalho, primeiro de tudo. Porque *Da Lama ao Caos* foi um álbum que quando saiu a gente mandou o disco para todos os lugares que pudemos mandar. Foi o mercado da world music

CHICO SCIENCE

que nos abraçou. A gente começou a mandar material para vários festivais, o disco lançado começou a tocar nas rádios. Se falava: 'Isso é batuque, isso não é batuque, o que é isso?' Nós pensamos: 'Vamos espalhar'. É esse o nosso satelitezinho. É algo que com parafuso e outras coisas mais você faz e ele sai voando por aí. Aí vai caindo e você vai soprando, tentando botar pra frente. Então atingiu vários lugares, vários países, chegou em vários canais. A galera foi olhando e passando, então foi um disco que atingiu um nível bem alto. Ele alcançou uma coisa que a gente nem pensava. E isso foi bom pra gente. Foi gratificante receber faxes convidando a gente para os festivais, um atrás do outro e tudo confirmado. Aí nós já entramos naquela de se organizar", disse Chico Science.

"No primeiro disco foi uma das coisas que afastou mais a gente de trabalhar junto, o movimento. Isso porque começou a expandir. O danado do satélite com os parafusos pulando e a galera apertando ali e segurando a onda. Uma coisa totalmente fora da gravadora. Nós fizemos por nossa conta. Depois que passou o período do lançamento do disco, de toda história de trabalho em cima do disco, nós corremos por fora. Foi isso", contou Chico Science na citada entrevista à UpToDate.

Quando Caetano Veloso estreou nos palcos dos Estados Unidos, foi acometido por um temor de não ser compreendido pelo público do país.

"Nunca sofri tanto num palco. Me senti ridículo, vi várias pessoas dormindo na plateia. Tentei segurar os restos da minha dignidade, e quando disse umas palavras entre as canções que cantava só de violão, me senti pessoalmente salvo diante dos meus próprios olhos, pois notei que ainda podia conversar e expor meu modo de ver as coisas, apesar de me sentir absolutamente desprestigiado. Ao final do show não quis ouvir os elogios de formalidade, nem de outros. Acho que houve um segundo show no dia seguinte. Alguém me apresentou a Joseph Papp, diretor do Public Theatre. Nada mudou. Chorei uma semana."

Onde Caetano entrava na história de Chico Science? Esse desabafo sincero do baiano exemplificava o quanto, depois da bossa nova, a música brasileira enfrentou obstáculos para penetrar no fechado mercado musical

CRIANÇA DE DOMINGO

dos Estados Unidos. Claro, cantar em português dificultava ainda mais o acesso. Roberto Carlos apresentava-se com frequência no país, mas para plateia de brasileiros . Somente a partir dos anos 90, com o advento do que se convencionou chamar de world music, os ouvidos de consumidores do primeiro mundo, Estados Unidos e Norte da Europa, passaram a prestigiar artistas da África, da Ásia, da América Latina. Mas eram os medalhões já estabelecidos em seus países, Salif Keita, Angelique Kidjo, Juan Luis Guerra, Caetano Veloso, Gilberto Gil, Ivan Lins (este pela penetração que sua música alcançou entre intérpretes de jazz), Milton Nascimento, para citar alguns dos mais conhecidos.

Para nomes emergentes, novatos, que atuavam fora do Rio ou São Paulo, principais caixas de ressonância musicais do Brasil, a chance de turnês no exterior era mínima. Assim, quando se anunciou que Chico Science & Nação Zumbi faria uma turnê que passaria pelos Estados Unidos e Europa, a empreitada foi notícia na maioria dos jornais do país. "Chico Science Faz Turnê Internacional", foi o título da matéria da *Folha de S. Paulo* de 19 de junho de 1995. "Do Recife para o mundo. A banda Chico Science & Nação Zumbi viajou na última sexta-feira, dando início à sua primeira turnê internacional. A primeira escala da banda foi nos Estados Unidos. A segunda é na Europa, onde o grupo toca em quatro países. Chico Science dizia-se 'ansioso e feliz', e que pretendia consumir informações. 'Quero voltar com a cabeça mais aberta, mais antenado com as coisas que estão acontecendo. Quero ir a shows, principalmente na Alemanha, onde a cena de rock é bem interessante'." A repórter Antonina Lemos quis saber como a banda conseguiu engatar aquela turnê: "Conseguimos um roteiro com alguns festivais, e saímos escrevendo para os organizadores", resumiu Science.

O empresário Paulo André Pires foi essencial para essa empreitada no exterior. Paulo usava o telefone da casa da mãe dele para ligar para resolver os negócios do grupo. Na verdade, ele não era totalmente inexperiente quando se tornou empresário do CSNZ. Durante um curto período, ele trabalhou com o cantor, compositor e artista plástico Lula Côrtes, espécie de guru da turma do "udigrudi" pernambucano dos anos 70, mais conhe-

CHICO SCIENCE

cido pelo álbum *Paêbirú – O Caminho da Montanha do Sol*, dividido com Zé Ramalho, em 1975, considerado o álbum mais caro da discografia nacional. Antes, em 1973, com Lailson, músico e depois cartunista premiado, foi pioneiro em disco independente na música brasileira, com o álbum *Satwa*. Carismático, talentoso, Lula Côrtes tocou na banda que defendeu, Vou Danado pra Catende, com Alceu Valença, no festival Abertura em 1975. Sua carreira esteve perto de decolar em 1980. No entanto, nesse ano ele gravou o LP *Rosa de Sangue*, pela Rozenblit, no Recife, e assinou contrato com a Ariola, que lançou o álbum *O Gosto Novo da Vida*. "Desenganos", uma das faixas, começava a ascender nas paradas, quando a Rozenblit acionou a Ariola. Nem sequer chegou a lançar o álbum *Rosa de Sangue*, este sim, raríssimo. Só foram feitas cerca de 50 cópias do álbum. A Ariola retirou *O Gosto Novo da Vida* do catálogo.

Quando Paulo André começou a trabalhar com Lula Côrtes, o cantor reiniciava uma volta aos palcos:

"Eu chamo ele de meu mestre. Foi o primeiro artista que me deu abertura, conheci Lula através do meu tio Beto, que era compadre de Teresa, sua mulher. Eu tinha muita influência desse tio. Um dia Beto passou na minha loja, me chamou pra ir num sarau. Perguntei a ele o que era sarau. Me explicou que era uma reunião em que uma galera ia tirar um som. Quando cheguei lá conheci Lula. Infelizmente, naquela época, o pessoal jovem não dava valor aos caras da psicodelia. Até Renato L. dizia que não respeitava Lula Côrtes, nem a galera do underground. Outra visão, coisa de juventude. Minha escola foi com ele. Tinha loja no Espinheiro e comecei a fazer umas coisas com ele. Ia do Espinheiro para Candeias e pegava Lula Côrtes, fazia o show, depois voltava para deixar ele em Candeias", conta Paulo.

Do Espinheiro, Zona Norte do Recife, para Candeias, bairro praiano de Jaboatão, são 22 quilômetros.

Em julho de 1994, ele encaixou o Chico Science & Nação Zumbi no Fest in Bahia, que realizava sua segunda edição. Tocaram numa noite que teve também Gabriel O Pensador e bandas de axé. Gabriel era a estrela do line-up, bombado nas rádios, com "Lôraburra" e "Retrato de um Playboy", ambas do seu CD de estreia pelo mesmo selo do CSNZ, o alternativo Chaos, da Sony Music. Batendo recordes de vendas, enquanto o CSNZ quase não tocava no rádio e estava com baixíssimo índice de vendas do disco *Da Lama ao Caos*. No entanto, segundo matéria assinada pela jornalista americana Daisann McLane, no *Village Voice*, o CSNZ foi a sensação da noite:

"Já vi Chico Science três vezes, uma vez no ano passado no Fest in Bahia (onde roubaram o show com a força combinada de dez mil pessoas em rodas de pogo, tornando o solo do estádio num trampolim)."

Paulo André conta que depois da apresentação do CSNZ, em Salvador, bateram na porta do camarim, ele abriu. Eram três jornalistas americanos, a citada Daysann McLane, Banning Eire (da revista *The Beat*, então a mais prestigiada revista de world music) e Sean Barlow (da *Afropop Worldwide*). Paulo conta, em seu livro *Memórias de um Motorista de Turnês* (Cepe Editora, 2023), que o entusiasmo da trinca de jornalistas gringos o levou a acreditar ainda mais no potencial internacional da banda. Depois de conversar com integrantes do grupo, Sean Barlow presenteou o empresário com o livro *Afropop Worldwide Listener's Guide 1993* (com um ensaio assinado por Gilberto Gil). Esse guia foi a chave que abriu as portas da rota internacional de shows não apenas para a Chico Science & Nação Zumbi, mas para todas as novas bandas pernambucanas e brasileiras que carimbaram seus passaportes mundo afora em seguida. O pioneirismo dos mangueboys teve uma importância pouco comentada. Até então música brasileira para os gringos era o sambão para turistas, ou a bossa nova. O próprio Luiz Gonzaga, que espalhou o baião pelo mundo, influindo até no rhythm and blues pop de compositores como Leiber & Stoller, Carole King & Gerry Goffin, e Burt Bacharach, só esteve duas vezes no exterior, já no ocaso da carreira. A partir de 1994, os produtores estrangeiros descobriram que havia outros estilos musicais no Brasil, e que a região Nordeste era uma de suas fontes mais férteis.

Do guia da Afropop, Paulo André selecionou os festivais que lhe pareciam mais apropriados para o CSNZ e mandou o disco *Da Lama ao*

CHICO SCIENCE

Caos, acompanhado de um texto e seu contato, claro, o telefone da casa da mãe dele.

"O Sfinks Festival foi o primeiro a enviar um fax, em setembro de 1994, convidando para tocar em julho de 1995. Fiquei todo arrepiado quando a máquina cuspiu o papel. Peguei o carro da minha irmã emprestado e fui até o ensaio, em Rio Doce, dar uma injeção de ânimo. Uma boa perspectiva que se abria. Mostrei o fax. 'Galera, chegou o primeiro convite pra gente tocar fora, na Europa, no festival Sfinks, da Bélgica.' 'Eita, Europa, é? Mermão, sempre tive vontade de conhecer o Paraguai', Canhoto se antecipou, mostrando como aquilo tudo era um mundo novo que se abria para aqueles garotos que não tinham tido o privilégio de uma educação digna", diz um texto pinçado do livro de memórias de Paulo André, um preâmbulo para o próximo, em que pretende se aprofundar nas muitas histórias que testemunhou e ajudou a fazer desde o final dos anos 80.

Até a confirmação da turnê ao exterior, ainda eram poucos os shows. Chico Science alugara um apartamento no Espinheiro, bairro classe A da Zona Norte do Recife. Quando estava com dificuldade para pagar as contas, ameaçava retomar seu emprego na Emprel, da qual estava de licença sem vencimentos. Depois desse fax do Sfinks, ele nunca mais falou em voltar para o emprego, segundo Paulo André.

O empresário conta que solidificou sua confiança ainda mais no cacife do grupo, porque, enquanto as rádios brasileiras ignoravam solenemente *Da Lama ao Caos*, o disco ia muito bem na parada World Music Charts Europe, na qual permaneceu durante dois meses. E exercia influência na contratação por empresários gringos.

Nos EUA e na Europa, produtores operavam com muita antecedência. O citado convite pro Sfinks Festival foi acertado em 1994, para acontecer em 1995:

"Eu recebi o primeiro fax do festival em setembro. Uma proposta para tocar no mês sete do ano seguinte, do Sfinks. Foram dez meses de antecedência. Depois veio o Hameitlinger, em Berlim, depois Frank Abraham, uma agência em Berlim que trabalhava com Olodum, Chico

CRIANÇA DE DOMINGO

César e Edson Cordeiro. Dividimos a noite do primeiro show na Alemanha com Edson Cordeiro."

Nesse ínterim, os músicos do CSNZ viveram dias de ansiedade, meio que não acreditando que a turnê ao exterior realmente acontecesse, como relembra o empresário do CSNZ:

"Chico chegava pra mim e dizia: 'Meu irmão, a gente vai mesmo, né? Senão eu vou pagar o maior mico, porque já contei a todo mundo'. Disse a ele: 'A gente só não vai se não quiser. Já tem o patrocínio, as passagens, os convites'. Tive que pensar em tudo no tempo que antecedeu a viagem. Fui como um irmão mais velho. Alertei ao pessoal que quem tivesse uma dorzinha de dente, que cuidasse daquilo antes da turnê. Quem for jogar pelada pode quebrar uma mão ou um pé. Então não podiam jogar. Expliquei que a gente estava entrando num mercado profissional. Expliquei que lá fora médico e hospital são caríssimos. Nem todo país oferecia atendimento público de saúde. Tinha que pensar em tudo pela imaturidade da turma."

O deslumbre dos marinheiros de primeira viagem foi grande, até porque a turnê começou logo pela Big Apple, a cidade mais importante do planeta para o showbiz. Parafraseando a letra de "Para Lennon & McCartney" (Lô Borges/Márcio Borges/Fernando Brant, gravada por Milton Nascimento, em 1970), Chico, Lúcio, Dengue e Jorge du Peixe eram fãs de Talking Heads, Velvet Underground, Television, cujos músicos não sabiam do "lixo ocidental". Aqueles roqueiros da periferia achavam que o CBGB, palco do suprassumo do punk e da new wave, para eles seria, no máximo, um pôster na parede. Alvo inatingível para quem a glória, até então, fora tocar nos bares chiques da Zona Norte do Recife, ou dançar break na Misty, point LGBTQIA+ da cidade. Claro, teve a apresentação no Aeroanta, em Sampa, no Drosófila, em BH, participações em programas de TV de alcance nacional, e a gravação do disco no Rio, que mexeram com eles, elevando a autoestima. De repente, ei-los no palco do histórico muquifo de Hilly Krystal. O salão não estava lotado, até porque o grupo recifense era desconhecido em Nova York, mas a plateia contava com as presenças ilustres de David Byrne, que chegou de bicicleta com a namorada, Melvin Gibbs (baixista de

CHICO SCIENCE

Henry Rollins), Arto Lindsay e Naná Vasconcelos. Paulo André até hoje guarda na sua coleção de memorabilia o cheque de cem dólares que recebeu de Krystal pelo show.

Na turnê americana, o CSNZ tocou também no S.O.B., iniciais de "son of a bitch" (filho da puta), mas um trocadilho com Sounds of Brazil, na área descolada de Manhattan (lower Manhattan). Para uma banda pouco conhecida até em seu país de origem, cantando em português (tão pouco conhecido que, brincava-se, fora usado como código secreto na Segunda Guerra Mundial), a turnê *From Mud to Chaos* nos EUA teve diversas datas: Summerstage, dois shows no S.O.B., Cheetah Club, de Miami Beach, JVC Jazz Festival, e no citado CBGB. De Nova York à Europa, começando por Bruxelas, na Bélgica, na grade de um Viva Brasil Festival, que teve também o show de Edson Cordeiro.

Paulo André Pires conta a empreitada em seu livro, taxando-a de "maior aventura de sua vida". A turnê duraria 54 dias. O pioneirismo entre grupos recifenses pertencia ao Quarteto Yansã, que tinha Naná Vasconcelos na bateria. Em 1967, o grupo de samba-jazz recifense apresentou-se em Portugal e lá gravou com Agostinho dos Santos (o disco foi lançado pela Rozenblit). O CSNZ não foi a primeira banda de rock nacional a tocar no exterior. Os Incríveis estiveram no Japão em 1967. Claro, a bossa nova em peso esteve nos EUA na primeira metade dos anos 60. Nos anos 70, houve algumas "aventuras" de Joyce, Maurício Maestro, Nelson Angelo. Este, com Naná Vasconcelos e o baixista Novelli (também recifense), gravou um álbum, na França, pelo selo Saravah. Os Mutantes tocaram em Paris, porém sem grande repercussão (e gravaram um disco em inglês, só lançado nos anos 90). O Brasil para os gringos continuava sendo o país do samba e da bossa nova, e Chico Science & Nação Zumbi contribuíram para mudar um pouco essa concepção.

Nos anos 80, o Cólera, depois Ratos de Porão, tocou na Alemanha, porém na tora, em squats, nos mais alternativos circuitos. O CSNZ, ao mesmo tempo em que se encaixava em festivais importantes, era uma banda pouco conhecida, portanto, com cachê modesto, para distribuir pelos

CRIANÇA DE DOMINGO

oito músicos e a equipe técnica. Como foi apontado, o fato de o empresário ser fluente em inglês foi a mola propulsora para o CSNZ e outras bandas com as quais trabalhou, tendo as portas abertas para o exterior. Antes da primeira turnê internacional, o Chico Science & Nação Zumbi voltou a São Paulo para uma temporada de um mês, abrigados num albergue. Depois de um show no Sesc Pompeia, Paulo André conheceu Robert Urbanus, da gravadora inglesa Sterns Music, que revelou à Europa a música de Salif Keita e Youssou N'Dour. Ele se mostrou interessado em lançar o disco do CSNZ por seu selo, o que não aconteceu, mas renderia frutos num futuro próximo. Urbanus lançaria DJ Dolores, Nação Zumbi (sem Chico) e o álbum *Baião de Viramundo*, um tributo de artistas pernambucanos a Luiz Gonzaga, produzido no Recife.

Claro, ainda nos EUA, Paulo André Pires teve que se virar nos trinta (para usar um clichê de um quadro do antigo programa do Faustão). Era precária a estrutura do grupo para enfrentar mais de mês na "gringa", com cachê curto, com a Sony Music se lixando para a banda. Contavam com uma força para aguentar os perrengues, a juventude: todos na casa dos 20 anos (Canhoto ainda era adolescente). Em Nova York, por exemplo, depois de dois dias num hotel confortável, bancado pela produção do Summer Stage, foram para um albergue da juventude. Uma dúzia de marmanjos num dormitório, oito músicos, mais o empresário, o roadie, o técnico de som. O cardápio invariavelmente compunha-se de lasanha e pizza. Com exceção de Paulo André, Lúcio Maia e Alexandre Dengue, nenhum integrante da equipe tinha saído do país. Todos estavam conhecendo uma realidade que só sabiam do cinema ou da televisão. Canhoto, quase um garoto, na volta da turnê foi desligado do grupo. Paulo André alega que isso se deveu a ele ter causado problemas devido ao choque cultural. Quase 30 anos depois, Canhoto garante que o que lhe foi atribuído não corresponde ao que aconteceu. Porém, ele trouxe preocupações à equipe em Nova York, ao sumir uma tarde inteira sem que ninguém soubesse do seu paradeiro. Canhoto revela que estava apenas andando por Manhattan, e não surtado ou perdido:

CHICO SCIENCE

"Estávamos no Central Park e eu me sentia muito cansado. Viajávamos de trem ou van pra todo lado, eu pedi pra voltar pro Albergue da Juventude, mas eles não ligaram. Perguntei a um colega de Dengue, que vivia lá, um brasileiro, como fazia pra voltar pro albergue, e ele me ensinou. Eu saí sem ninguém ver, fui pra estação sozinho, sem ler e escrever inglês, só sabia algumas palavras básicas, mas ele me ensinou certinho. Voltei, descansei umas horas e, pela tarde, dei uma volta em NY. Fui até o museu dos dinossauros (o Museu de História Natural), cheguei perto do Empire State, caminhei toda a tarde sozinho em Nova York. Eles ficaram procurando como loucos, achando que eu estava perdido por lá. No começo da noite cheguei ao Central Park descansado e pronto pra qualquer show. Na Holanda andamos pra comer, eu, Gira e Gilmar, nenhum de nós sabia pedir nada. Só hambúrguer e coca-cola, queríamos comer os pratos que ali tinha mas não sabíamos pedir, então vivemos umas aventuras que eu nunca vou esquecer. Pena que não tinha celular de câmera pra fotografar, mas digo que nunca pirei nem na banda, nem agora, nem vou pirar como falaram, estou feliz por ter passado isso."

O show no Summer Stage foi positivo em todos os sentidos. Jon Pareles, o influente editor de música do *New York Times*, ficou fissurado no Chico Science & Nação Zumbi e abriu-lhe um generoso espaço no jornal. No final do ano, num balanço dos discos de 1995, Pareles incluiu *Da Lama ao Caos* entre os melhores da temporada:

"O sincretismo brasileiro entra na era do rap e do dancehall, enquanto Chico Science versa sobre política, música e arte. Samba, juju nigeriano, funk, reggae, hard rock, música da Indonésia, de vorazes grooves globais."

Depois do show no Summer Stage, Robert Flam, um produtor americano, foi até o empresário do CSNZ e acenou para um festival de música brasileira que iria promover no ano seguinte, que realmente aconteceu com Chico Science & Nação Zumbi, Mundo Livre S/A e a Banda de Pífanos de Caruaru. O Brazilian Music Festival foi realizado no Prospect Park, no Brooklyn.

A teoria do caos, a sorte ou o acaso tiveram sua cota de contribuição. O grupo teria uma semana nos EUA, até voar para a Europa. O empresário

CRIANÇA DE DOMINGO

contou com ajuda do produtor do Summer Stage, Bill Bragin. Pediu que ele conseguisse shows para o CSNZ, a fim de que a banda levantasse uma grana para cobrir as despesas e viajar. Conheci Bill no Recife, durante o Carnaval, e o encontrei em Nova York, em 2012. Estivemos em um clube de jazz no Village, perguntei onde encontraria uma boa livraria ali perto. Em vez de dar as coordenadas, ele me levou até lá, e não era tão perto. Sujeito gentil e prestativo, Bragin descolou uma trinca de gigs. No S.O.B., no CBGB e no JVC Jazz Festival. Nesse último a inclusão do CSNZ foi tão de última hora que não deu tempo do nome da banda ser incluído na programação. Foi uma surpresa também para os jornalistas que cobriam esse importante festival de jazz nova-iorquino. No *New York Times*, na matéria sobre a noite em que Chico Science & Nação Zumbi participaram, ele é citado no fecho do texto, focado no grupo de funk setentista Ohio Players (cuja música Chico Science curtiu muito quando descobriu o soul e o funk, ainda em Rio Doce). "Chico Science & Nacão Zumbi, do Nordeste brasileiro, e Pucho and His Latin Soul Brothers, mais cedo, começaram o baile." O Pucho and His Latin Soul Brothers era uma banda veterana, surgida em 1959, e que teve entre seus integrantes um então iniciante Chick Corea.

Chico Science continuava o garoto fissurado em música e em curtir seus ídolos, pirou com The Ohio Players, cuja música tocava muito nas festas disco quando ele entrava na adolescência e fazia exibições de dança com o amigo Aderson Marques. Em Montreux, em 1995, dois produtores franceses foram apresentados ao empresário do CSNZ e disseram ter gostado muito da banda pernambucana, que a queriam no festival que produziam, um dos mais importantes da Europa, o Rencontres Trans Musicales de Rennes, que aconteceria em dezembro de 1995. Presentearam Paulo e Chico com o CD promo do festival. Chico conferiu quem participara da edição anterior: Prodigy, Beck, Massive Attack, Portishead, a nata da nova música que se fazia na Europa e EUA. Pirou e exultou, as bandas eram suas contemporâneas, apelou para o empresário, dizendo que tinha que tocar "naquela porra". Pois tocaram naquela porra, e entraram no disco promo da edição de 1995, com "Banditismo por Uma Questão de Classe". Com

CHICO SCIENCE

o CSNZ no disco estavam Garbage, Chemical Brothers, Money Mark e Fun-Da-Mental, grupos que Chico também curtia.

Graças a Cecília McDowell, do departamento internacional da Sony Music do Brasil, conseguiu-se com que a filial da gravadora brasileira e a francesa (*Da Lama ao Caos* fora lançado na França) bancassem as passagens para a apresentação no Rencontres Trans Musicales de Rennes.

Voltando a 1995, depois da estreia em Bruxelas, a próxima parada foi a Alemanha, em festivais em Tübingen e Mainz, onde cruzaram com Gilberto Gil, também em turnê pelo verão europeu. Pela primeira vez no continente, o grupo estava excitado, em Mainz encheram a cara com a cerveja artesanal que patrocinava o evento, liberada para os artistas. Sempre que calhava de a cerveja ser liberada rolavam efeitos colaterais, que podiam ser tanto uma investida de cães ferozes, quanto perder a hora da entrada no albergue. Na volta para esse albergue onde se alojavam, estavam sem a chave e não havia porteiro noturno. Tentou-se subir para o quarto fazendo uma escadinha, um subindo nas costas do outro. Chico Science estatelou-se no chão, mas por sorte saiu ileso. Salve a juventude. Umas moças, na ala feminina do albergue, penalizaram-se, abriram a janela e deixaram que uma dúzia de marmanjos adentrassem o recinto através do quarto delas. Na turnê de 1995, a grana era curta, até porque era muita gente para cachês ainda pouco generosos. Seguiram a rotina de albergues, pensões, um ou outro hotel, quando a produção pagava. O item principal do cardápio era o que matava a fome de turistas de orçamento curto, o quebabe, ou kebab. Na Europa, é um sanduíche de um pão de tamanho considerável com muita carne, geralmente de carneiro, às vezes de peru e carne bovina, vendido por um preço camarada.

A série de apresentações com Os Paralamas do Sucesso tornou a turnê mais confortável. O grupo também tocou em espaços importantes como o Paradiso, em Amsterdã, cujo palco já teve shows dos Rolling Stones e Bob Dylan. Somente no último show da turnê europeia, o festival Heimatklänge, em Berlim, Alemanha, foi que o CSNZ se apresentou com um line-up inteiro que falava português. Nascido em 1988, promovido pelo pessoal da gravadora Piranha Records, direcionada à world music, o Heimatklänge dedicou a edição de 1995 à música de países lusófonos. Do Brasil também participaram Margareth Menezes, Oswaldinho & Banda Som de Forró. De Angola, Waldemar Bastos e Bonga, do Cabo Verde, Simentera e Agostinho de Pina, e da Guiné-Bissau, Gumbezarté e Maio Coope. Foi a única experiência de Chico Science com a música lusófona. No hoje raro CD *Lusomania – Transatlântica – Lisboa, Salvador da Bahia*, o CSNZ está em duas faixas: "A Cidade" e "Rios, Pontes e Overdrives". Por essa época, Pernambuco, para os gringos, ainda não fazia parte do mapa verde-amarelo-azul-anil. Brasileiro fazendo samba, era carioca. Tocando tambor, era da Bahia.

Chico Science & Nação Zumbi poderia ter estreado na Europa com apresentações em Portugal. Uma parceria entre a Fundaj e entidades de alguns estados nordestinos e um órgão cultural de Tondela, no norte português, criou o projeto Cumplicidades. Abrangendo música, teatro, audiovisual, o projeto a cada ano acontecia em um país. Em 1994, artistas nordestinos iriam a Portugal. O autor deste livro participou da curadoria de música, na qual Chico Science & Nação Zumbi concorriam. Eram três os curadores, votei no CSNZ, os outros dois foram contra. Um deles chegou a dizer que a banda não fazia música, já que as canções não tinham harmonia. Até se entendia tal asserção, afinal o rap no Brasil era uma manifestação restrita à periferia, ainda mais para artigos de sociólogos do que para os programadores de rádio e produtores de TV.

Antes da participação no Summer Stage, só uma ação de um órgão de turismo, municipal ou estadual, para levar a cultura popular pernambucana a Nova York. Mas em 1996, graças aos contatos do empresário do CSNZ e ao interesse que o som do grupo despertou, lá estavam novamente o ma-lungo Chico e sua banda, com a Mundo Livre S/A e a Banda de Pífanos de Caruaru num minifestival de música pernambucana. Paulo André lembra que Chico Science & Nação Zumbi tocavam a sexta música quando desa-bou um temporal, com relâmpagos e trovões, impossibilitando a continua-ção do show, que foi interrompido pela produção do evento. Seria a última apresentação de Chico Science em Nova York, que conheceria também a

CHICO SCIENCE

arte do poeta e xilogravurista J. Borges, autor do cartaz do The Brazilian Music Festival. A título de curiosidade, os músicos da Banda de Pífano de Caruaru, escolados de uma viagem a Portugal, em 1994, ressabiados, em lugar de lasanhas, sandubas ou pizza, levaram sua própria comida, feijão, farinha e carne de charque.

Nessa derradeira passagem por Nova York, Chico Science foi a um estúdio no Brooklyn gravar vozes, incluindo aboios, para o remix que o DJ Soul Slinger fez de "Maracatu Atômico" para o disco *Red Hot + Rio*. A faixa foi incluída por Goldie no controvertido álbum *Saturnz Return* (1998), seu segundo disco, em que tentava exorcizar traumas de infância na faixa "Mother", com quase uma hora e 11 minutos de duração. A homenagem a Chico Science, em *Saturnz Return*, ganhou o título de "Chico – Death of a Rock Star", um jungle de mais de sete minutos, com samples da percussão de "Maracatu Atômico", devidamente creditada a Mautner e Jacobina, que devem ter estranhado quando receberam os dólares de direitos autorais. Goldie era então muito badalado, namorava com Björk, e até recusou convite para produzir disco de Madonna.

A *Afrocyberdelia European Tour*, em 1996, passaria por sete países, dessa vez com mais estrutura, ônibus com poltronas leito. Em seu livro, Paulo André relata mais um caso de racismo com integrantes do grupo. Recomendou que todos saíssem de casa três horas antes do horário do voo. Começaram o check-in e nada de Gira e Gilmar Bola 8. Os dois se atrasaram porque foram parados numa blitz da polícia. Não adiantava alegar que eram músicos e iam viajar para o exterior. Eram negros, tiveram que descer do táxi, ser revistados, todos os trâmites desse tipo de abordagem. Gira e Gilmar chegaram no aeroporto quando o pessoal já estava no ônibus em direção ao avião. Chico não escondia a decepção pelo que considerava irresponsabilidade da dupla. Nisso, os vê correndo, gritando para o ônibus parar. Os músicos avisaram ao motorista. Ele deu a maior freada e Gilmar e Gira juntaram-se ao grupo. E embarcaram para Zurique, na Suíça. De lá para Lausanne, onde a turnê foi iniciada com duas apresentações, abertas ao público. Próxima parada em Bruges, na Bélgica, para participar do

CRIANÇA DE DOMINGO

Cactus Festival, cujo line-up revelava a abertura dos europeus para os sons de países periféricos, e também que a expressão "world music" tornava-se obsoleta. A produção escalou o outsider Willi Deville, o regueiro sul-africano Lucky Dube, seus conterrâneos do Lady Smith Black Mambazo, os cubanos Candido Fabré y su Banda.

O festival seguinte teve um line-up de primeiríssima, com alguns dos nomes mais importantes do passado recente e do presente, Morcheeba, Frank Black, Ministry, a lenda Iggy Pop, No Doubt, Placebo, ou seja, os pernambucanos estavam sendo chancelados como banda de rock, não de "world music" exótica. Nesse dia conheceram e fizeram amizade com os suíços do Young Gods, conversaram sobre a possibilidade de o grupo tocar com o CSNZ na turnê brasileira de 1997, embora a sonoridade das bandas não tivesse semelhança (a YG é do rock industrial), pintou a maior empatia entre os brasileiros e o líder do grupo suíço, o vocalista Franz Treichler, filho de brasileiro. A morte de Chico Science adiou a dobradinha, que aconteceu em 2016, quando a Nação Zumbi e o Young Gods se apresentaram em São Paulo, Rio e no festival de Montreux. Paulo André Pires tentou trazer o Young Gods para o Abril Pro Rock 1997, mas esbarrou nos custos do transporte por avião de meia tonelada do equipamento da banda.

Em Dour, rolou cerveja "de grátis", e terminou em treta. Dessa vez entre dois grandes amigos, Chico Science e Jorge du Peixe. O grupo veio direto de Bruges para o festival, sem passar no hotel. Quando chegaram lá, a recepção estava às escuras, não funcionava à noite. Todo mundo biritado e cansado. Por uma bobagem Science e du Peixe ameaçaram, como se dizia nos antigos programas policiais, ir às vias de fato. Mas foram apartados pela turma do deixa-disso.

Como não tinham feito o check-in, apelaram para a sorte e ela colaborou. Uma banda americana saiu do hotel, e os mangueboys ocuparam os aposentos em que eles estavam. Paulo André conta que estava conversando com Chico no quarto, quando Jorge du Peixe veio pedir desculpas. Está bem tudo que acaba bem, diria o bardo inglês. Ao festival de Forest Glade cabe uma expressão popular: nada como um dia atrás do outro.

271

CHICO SCIENCE

Quatro anos antes, no show do Olodum, promovido pelo Alafin Oyó no Eufrásio Barbosa, como já foi contado, Nick Cave não deu atenção a Chico Science, seu fã, que foi até ele para lhe entregar a primeira fita demo gravada pelos grupos do manguebeat. Naquela época, quem sequer sonharia que Chico Science um dia tocaria no mesmo palco que Nick Cave num festival na Europa? Aconteceu no Forest Glade, na Áustria. Chico Science & Nação Zumbi foi escalado para o sábado, com The Pogues, Skunk Snansie, Such a Surge, Dirty Three, Ballyhoo e Nick Cave. Encorajados pela cerva que rolava free, Jorge du Peixe e Chico Science foram até o camarim de Cave, que recebeu os mangueboys, mas não deve ter entendido muito do que falaram, o inglês dos dois nem chegava a ser macarrônico, era ininteligível, ainda mais depois da enxurrada de cerveja. Chico Science & Nação Zumbi, graças à sonoridade totalmente original, mesclando roots com rock pesado, mas sem exotismo, cantando em português para uma plateia de maioria austríaca, era um peixe, ou melhor, um crustáceo aceito naquela maré.

A essas alturas, o empresário do grupo se ocupava apenas nos afazeres referentes aos seus pupilos, as contratações de shows ficavam por conta de uma agência alemã, a Transatlântico, que agendou meia dúzia de shows de Chico Science & Nação Zumbi com os Paralamas do Sucesso em quatro países, Suíça, Holanda, Alemanha e França. Combinaram os empresários que uma banda abriria para a outra e vice-versa, em três shows. Os Paralamas, a essas alturas, já eram veteranos, de carreira consolidada no Brasil e América Latina, porém para os europeus era como se fosse um novo grupo. O CSNZ era mais conhecido nas emissoras FM, por ter frequentado a World Music Charts da Europa com seus dois discos. O que foi confirmado por Herbert Vianna, conforme narrado lá atrás, quando ele e Chico foram entrevistados para os shows em que voltaram a tocar juntos no Rio. Na segunda turnê, pelos line-ups em que a banda entrou, a recepção da plateia, Paulo André diz que teve a convicção de que Chico Science & Nação Zumbi se encaixariam em qualquer lugar, os horizontes do grupo tornavam-se ilimitados.

CRIANÇA DE DOMINGO

Como acontece em mudanças de guarda, os músicos do manguebeat mantinham distância da geração surgida nos anos 70, nomes como Geraldo Azevedo ou Alceu Valença, ou mesmo dos medalhões do Sudeste, com exceção de Jorge Ben Jor, que passava a ser cultuado pelos mangueboys, sobretudo pelo álbum *Tábua de Esmeraldas*, apresentado à turma por Fred 04 que, vez por outra, criticava duramente Alceu Valença ou o próprio Caetano Veloso, o que não acontecia com Chico Science, que não hesitou, conciliatório, em conversar até com Ariano Suassuna, que afirmava abertamente considerar o manguebeat um movimento equivocado.

"Chico era de boa, diplomata. Ele tinha um senso de pragmatismo, coisa que Fred não tinha", opina Renato L.

ARIANO

Em livros, matérias e dissertações acadêmicas insiste-se num embate estético entre o armorial e o manguebeat. Há entre esses trabalhos até autor que rotula Chico Science de armorial. Não chegou a haver exatamente um confronto com o armorial, tampouco com o criador do movimento. O conservadorismo de Ariano Suassuna ia além da música. Nos anos 50 ele escreveu artigos detratando a arte moderna, enfatizando sua preferência pelo figurativismo, e foi muito mais exacerbado em relação ao tropicalismo e às mudanças estéticas radicais que se processavam na década de 60. Pode-se afirmar que, em boa parte, a idealização de um movimento purista feito o armorial foi uma reação ao tropicalismo e aos rumos que a cultura brasileira tomava, que o atingiam de perto.

Paralelo ao chamado tropicalismo baiano, aconteceu um pouco conhecido tropicalismo recifense, cujo principal teórico, Jomard Muniz de Britto, escritor, poeta, cineasta, agitador cultural da cidade, foi ex-aluno de Ariano Suassuna e contestador do mestre, que perdeu as estribeiras depois de um bate-boca pelos jornais e agrediu o jornalista e crítico de arte Celso Marconi, depois de um virulento artigo publicado no *Jornal do Commercio*, assinado por Jomard. A querela girava em torno da primeira versão para o cinema da peça *O Auto da Compadecida*, dirigida pelo húngaro George Jonas, escolha duramente criticada por Celso Marconi, parceiro de agito de Muniz de Britto. Para esse tropicalismo pernambucano foram redigidos inclusive manifestos. Um deles, lançado em Olinda, teve Caetano Veloso e Gilberto Gil como signatários.

CRIANÇA DE DOMINGO

Com poucas exceções, a maioria da imprensa da capital pernambucana fazia oposição ao tropicalismo, tanto o local quanto o nacional, mais porque não entendia do que se tratava do que pela análise da música ou atitudes. Ariano Suassuna, que era então professor de estética, entendia muito bem o que se encontrava no cerne do tropicalismo e combatia a subversão que estava sendo disseminada. Ainda no século 21, o autor de *A Pedra do Reino* mantinha-se firme em suas convicções, como revelou em uma entrevista à revista *A Palavra* (edição de janeiro/fevereiro de 2000):

"Porque minha posição contra o tropicalismo é uma questão de convicção. Acho que foi um movimento derrotista. O golpe de 1964 desbaratou o movimento de cultura popular e eles, que fizeram o tropicalismo, trocaram de lado. Numa certa época eles eram do nosso lado, do lado da música brasileira, que tocava violão, viola de dez cordas. Do outro lado, a jovem guarda, que tocava guitarra elétrica e importava a música americana, fazendo versões. O mais grave, no entanto, era que nessa época os americanos espalhavam pelo mundo uma imagem do homem e da mulher latino-americana que me desagradava. O homem era um camarada com costeletas até a boca, de bigodes, uma calça estreita e um paletó largo, com sapato de sola de borracha, requebrando debaixo de um cacho de banana, ao som de rumba. A mulher brasileira em particular era a Carmen Miranda, cheia de abacaxi na cabeça. Eu achava isso uma avacalhação. É deboche da nossa cultura e isso eu não podia aceitar, e jamais vou aceitar."

Em 1995, Ariano Suassuna ocupava a secretaria de Cultura do terceiro governo de Miguel Arraes. Sua reação ao manguebeat foi inicialmente de críticas duras. Numa polêmica entrevista a Mário Marques, de *O Globo*, o escritor pronunciou-se extremamente contrário à introdução de elementos da cultura estrangeira, sobretudo norte-americana, na música brasileira, chegando a afirmar que tanto a bossa nova quanto o manguebeat eram erros "terrivelmente nefastos". Ariano também antecipou que não apoiaria o movimento porque eles já recebiam apoio da mídia e eram patrocinados pela indústria de cigarros (*sic*). Sua opção era apoiar a cultura popular. Era igualmente contrário à fusão de ritmos, que tachava de "cul-

CHICO SCIENCE

tura de massa de quarta categoria". Para ele, pela lógica dos mangueboys, seria um progresso incluir a Mulher-Maravilha e o Super-Homem no seu romance *A Pedra do Reino*.

Fred 04, ao mesmo *O Globo*, rebateu os comentários do escritor:

"É uma visão retrógrada. Não sei se ele está sendo coerente com suas ideias, ou interpretando o personagem que criou para si."

Chico Science foi diplomático na sua réplica a Suassuna:

"Hoje em dia, tanto o menino novo quanto o menino velho têm que pensar com uma cabeça mais aberta", aliviou.

Ariano Suassuna voltava aos seus tempos pré-armorial, dos anos 60, quando sua imagem estava longe da que as pessoas se acostumaram nos seus últimos anos de vida, o idoso talentoso, culto, engraçado, prosaico contador de "causos". O secretário assumiu o cargo exatamente no momento em que o manguebeat decolava, em 1994, quando Chico Science & Nação Zumbi lançavam o álbum *Da Lama ao Caos* e os mangueboys eram notícia no país inteiro, até no exterior. Embora não tivesse influências do tropicalismo, o manguebeat comungava com aquele movimento o fato de não sofrer de pruridos estéticos, trazer para seu trabalho elementos de música estrangeira, americana, europeia, africana, com um escopo bem mais vasto do que o movimento de Caetano, Gil & cia, que teve no rock gringo os Beatles como maiores inspiradores, conheciam muito pouco de outros grandes nomes da época.

A matéria de *O Globo* repercutiu mal, e o secretário arrefeceu sua ira nacionalista convidando Chico Science para um tête-à-tête, testemunhado pela jornalista Ivana Moura, do *Diário de Pernambuco*. Foi um morde e assopra. Ariano continuou a afirmar que o manguebeat era um movimento equivocado, mas bem-intencionado. No final da conversa, o secretário até se prontificou a subir num palco com os mangueboys, desde que Chico trocasse o "Science", por "Ciência". Ariano Suassuna, depois desse episódio bastante explorado pela imprensa, encetou uma convivência pacífica com o manguebeat. Foi a secretaria dirigida por ele que patrocinou as passagens das turnês internacionais de Chico Science & Nação Zumbi aos Estados Unidos e à Europa. Na véspera da segunda turnê, de 1996, novamente aos Estados Unidos e Europa, Ariano Suassuna, devidamente trajado de calça e camisa de mangas compridas, de linho, esteve no Circo Maluco Beleza, onde aconteceram, até 1996, os principais festivais da era mangue, para desejar boa viagem a Chico Science e aos integrantes da Nação Zumbi, que fariam uma apresentação naquela noite. Ariano não esperou para ver. A sugestão para mudar o "Science" por "Ciência" é citada até hoje como símbolo do embate entre armorial e manguebeat, o que não houve, sobretudo por parte de Chico Science. Menos maleável, Fred 04 cutucava a onça com vara curta o tempo inteiro. Em 1998, compôs "O Africano e o Ariano" ("Mas é o ariano que ignora o africano/ Ou é o africano que ignora o ariano?"), não se referindo explicitamente a Ariano Suassuna, mas com uma provocação nada sutil.

Alceu Valença andou levando alfinetadas de alguns mangueboys, pela Olinda que cantava, plena de lirismo, pode-se dizer que ele moldou uma imagem de Olinda sob sua ótica. Alceu não era apenas de uma geração anterior à dos integrantes do manguebeat, como vinha de outra classe social, vivia mais no Rio do que na Marim dos Caetés. Sua Olinda tinha "a paz dos mosteiros da Índia" (verso de "Olinda", de 1985); a de Chico Science, de classe média baixa, tinha a pobreza, mais a lama dos manguezais, caranguejos e urubus.

Algumas das críticas que se faziam a Alceu Valença em relação à cena mangue apontavam uma suposta indiferença à nova música pernambucana. Ele alegou que não comentou sobre o movimento porque o desconhecia, morava no Rio. Confessou que foi apresentado ao Chico Science & Nação Zumbi num clipe de "A Cidade", feito pela TV Viva, em Olinda. Viu a banda ao vivo, em 1993, num show na praia do Pina, promoção da Ação da Cidadania, criada pelo sociólogo Betinho de Souza naquele ano. Por sinal, aquele foi o primeiro grande evento de que o CSNZ participou, numa programação que tinha nomes como Chico Buarque, Gilberto Gil, Ivan Lins, Fagner, entre muitos outros. Nesse mesmo concerto, o manguebeat e o armorial aproximaram-se, quando Chico Science foi cumprimentar Antonio

CHICO SCIENCE

Nóbrega no backstage. Quem testemunhou esse momento foi o escritor, cantor e compositor paraibano Braulio Tavares, que também se apresentou naquela noite:

"Uma aproximação que acho importante é a do manguebeat com o Movimento Armorial. Via maracatu, via outros ritmos. Gente a perder de vista. Eu cantei nessa noite, tinha dezenas de artistas, cada um cantava uma ou duas músicas e saía. Eu acho que cantei uma sozinho, e uma com Antonio Nóbrega, que estava em pleno sucesso com a nossa peça 'Brincante'.

"Nessa noite, no camarim, eu estava com Nóbrega, e Chico se aproximou, falou muito com Nóbrega, dizendo que era súper admirador dele, da importância de resgatar esses ritmos, etc., achava que no palco tinha muita influência de Nóbrega, do personagem Tonheta. Nóbrega é sempre cauteloso em suas aproximações com o rock, mas havia o precedente da simpatia que Ariano tinha (uma 'simpatia crítica') por Chico.

"E no começo de 1997, quando eu estava novamente no Recife, escrevendo outro trabalho com Nóbrega, ele estava ensaiando com Chico Science num trio elétrico que sairia com os dois, no Carnaval. Só não saiu porque Chico morreu naquele acidente, dias antes do Carnaval. Há uma ponte importante entre esses dois grandes artistas."

O próprio Braulio se aproximaria de Chico Science, que o admirava por ser ele um dos principais escritores de ficção científica do país.

ALCEU

Chico Science e Alceu Valença traziam visões diferentes do Recife ou Olinda nas suas letras, mas não havia animosidade entre eles. Em 1994, Science esteve na cobertura de Alceu Valença no Leblon, para uma conversa registrada pelo jornalista Braulio Neto, da *Tribuna da Imprensa*. Foi importante reunir duas correntes da música pernambucana com alcance nacional, porém foi mais um bate-bola, os dois concordaram em quase tudo. Na época as bandas cearenses, que hoje se autodenominam de "forró", foram rotuladas de "óxente music". O jornalista quis saber a opinião deles sobre esse novo ritmo. Chico Science respondeu mineiramente:

"Tem prós e contras. O Brasil tem milhões de ritmos musicais, acho que esse é mais um. A pasteurização é negativa, mas o público pode fazer uma diferenciação dos originais. Existe público para tudo."

Já Alceu foi mais incisivo:

"Eu não gosto, mas quem sou eu para dizer que não deva existir? Eu sinto magia no forró de Sivuca, de Dominguinhos, são coisas que elevam meu espírito. A coisa do Mastruz com Leite me aflige um pouco, pelo fato de todas essas bandas pertencerem a um mesmo empresário, que contrata qualquer músico para fazer aquele tipo de som."

Falam de suas formações musicais, o preconceito em relação aos nordestinos no Sudeste, seleção brasileira (que naquele ano seria tetracampeã mundial), política (era o ano do Plano Real). Perguntado sobre como conheceu a música de Chico Science & Nação Zumbi, Alceu esclareceu:

CHICO SCIENCE

"Em função da centralização da informação no eixo Rio/SP, o que, infelizmente, ainda é uma realidade, só descobri a moda de Chico por um acaso. Fui ao Recife para gravar uma entrevista na TV Viva, uma estação comunitária de Olinda, e lá me mostraram um vídeo deles que me deixou positivamente surpreso. Depois, através de um amigo, ouvi falar de um tal movimento mangue, que eu não entendia o significado. Me perguntava se era música surgida na periferia dessa região. Só tinha ouvido falar."

E confirmou que tinha visto o grupo pela primeira vez no show da Ação da Cidadania, de Betinho, na praia do Pina.

"Gostei da presença de palco de Chico, da percussão."

Discordaram apenas quando o repórter quis saber quais seriam seus heróis. Chico Science citou Zapata, Lampião, Zumbi, "homens que morrem por seus ideais", enquanto Alceu Valença confessou que não tinha mais heróis:

"Você se aproxima de alguns mitos e descobre que eles têm pés de barro. Eles são frutos da nossa necessidade de mitificar."

Três anos mais tarde, logo depois da morte de Chico Science, a cujo velório ele compareceu, Alceu Valença parecia ter entendido melhor a proposta do manguebeat:

"Sou fã incondicional deles. Essa turma está fazendo o que a gente sonhava nos anos 70. Chico Science, com quem me encontrei algumas vezes, era uma pessoa muito talentosa", elogiou em entrevista a Antônio Carlos Miguel, de *O Globo*, na qual ele chegou a analisar o trabalho de Chico: "Esse tipo de artista é daqueles que, antes de saber, sente a musicalidade. Ele foi o grande vetor da geração manguebeat. Só quem conhece a sua aldeia pode se comunicar com o mundo."

O jornalista Braulio Neto, autor da matéria da conversa entre Chico e Alceu, relembra o encontro inédito que promoveu para um jornal que não era bem-visto no Rio, rotulado de imprensa marrom. *A Tribuna da Imprensa* era então dirigida pelo controverso e polêmico Hélio Fernandes, irmão do escritor Millôr Fernandes.

"Tinha pouquíssimos recursos, funcionava dentro de uma sala. A área de cultura trabalhava até as quatro horas, aí entrava a turma que fazia hard news, política, futebol, etc. Então o avião do pessoal que vinha de Recife atrasou, fiquei sem o carro do jornal e sem fotógrafo. Para apanhar o Chico no hotel, peguei o meu carro, uma câmera xereta que eu tinha, e fui até o hotel esperar eles chegarem. Certamente, devo ter remarcado com a assessoria do Alceu, ou com ele próprio. Saí de Copacabana atrasado umas duas ou três horas. Fui dirigindo, do meu lado Chico Science, Paulo André no banco de trás", diz. "Fiquei súper curioso, porque o que Paulo André e ele conversavam tinha muita informação de música. Eu não sabia direito qual era o padrão de acesso de informação deles, talvez por preconceito, sou sobrinho-neto de pernambucanos. Moral da história, fiquei curioso sobre a fala sobre música e filmes, entrei no papo. Alceu morava no Leblon, eu não achava vaga para estacionar. Tive que fazer voltas para encontrar uma", conta Braulio Neto.

No início dos 20 anos, Braulio Neto ainda comenta que era bem jovem quando mediou esse encontro entre dois pilares da cultura pernambucana. Foi ele que pensou a pauta, faria outras semelhantes depois, uma dessas com Carlinhos Brown e Chico César:

"Eu não tinha uma exata noção de que estava contribuindo para um encontro histórico. Eu sabia que havia um distanciamento do Alceu com a turma do manguebeat. Na hora de fazer a matéria, Alceu, com a sinceridade dele, disse que não lia meu jornal. Lia o *Jornal do Brasil* e *O Globo*, nos quais trabalhei depois. Eu nunca tinha entrevistado Alceu, cheguei meio receoso, mas fluiu muito bem.

"A entrevista começou com um clima no ar, que eu não sabia bem o que era. Um certo desconforto quando começamos a conversar. Mas depois eles se soltaram, o papo rolou bem, foram duas horas, na matéria está apenas uma parte, se falou de tudo. Influência musical, futebol, política. Eu fiquei espantado porque só na hora fiquei sabendo que nunca tinham se falado. Eu hoje pensando, fico imaginando, isso não foi tanto na entrevista. (...) A mesma coisa com Alceu, ele me disse várias vezes que não escutava música para não se sentir influenciado. Na entrevista eles se entenderam muito bem, porque acho que teve uma hora em que acabou crescendo ali o fato de

CHICO SCIENCE

que eram duas referências de Pernambuco. Nessa matéria de 1994, Alceu já estava na estrada havia mais de 20 anos, era um sucesso.

"Naquele momento estava meio puto, porque se sentia meio alijado do mercado. Numa parte da entrevista fala nisso. Se sentia um outsider. Tinha sido muito forte na mídia, mas ele mesmo virou a própria marca. Ele deixou passar que havia um ressentimento em relação à música e à obra dele", continua Braulio, que algum tempo depois dessa mediação aceitaria um convite para ser assessor de imprensa de Alceu Valença.

INTERAÇÃO

Science não foi afetado pelo conflito de gerações, o generation gap, expressão muito usada nos anos 60, quando se procederam a mudanças radicais comportamentais, abrindo um fosso geracional na sociedade. Nos anos 90 o racha já não existia como no passado, mas pelo menos na cultura o manguebeat chutou o pau da barraca, o novo chegou, para usar uma expressão popular pernambucana, "com gosto de gás". Chico ratificou que isso não estava em sua pauta no último show que fez com a Nação Zumbi, no Recife, no lançamento do álbum *Afrociberdelia*, no Clube Português. Reforçando a banda, ele convidou dois emblemáticos músicos de gerações diferentes. O citado Zé da Flauta e Inaldo Cavalcanti de Albuquerque, conhecido como Spok, que dali a alguns anos, com sua orquestra, levaria o frevo a mares nunca antes navegados. Curiosamente, o embrião da SpokFrevo Orquestra foi a orquestra que tocaria no bloco Na Pancada do Ganzá, acompanhando Antonio Nóbrega no Carnaval de 1997 com Chico Science & Nação Zumbi, pernambucanizando o Carnaval baiano da Avenida Boa Viagem. Chico Science pavimentou o caminho para os palcos dos EUA e Europa, pelos quais a SpokFrevo Orquestra passaria na primeira década do século 21, em turnês internacionais que a levaram a percorrer EUA, Europa e chegar até a China.

Assim como estava disposto ao diálogo com quem questionava suas elucubrações de rap, rock com maracatu ou ciranda, ou seguia outros traçados estéticos, Chico raramente recusava convites para participar de dis-

CHICO SCIENCE

cos de artistas dos mais diversos nichos, ou até mesmo sugerir projetos com músicos com quem comungava de afinidades. Uma das poucas recusas aconteceu com um dos artistas brasileiros mais populares mundo afora, o fluminense Sérgio Mendes. Science não era de se deslumbrar ao conhecer astros da música que, até meses antes, só via em palcos, quando podia ir a shows. Era rígido em não se desviar da filosofia da estética que criara. Recusou propostas financeiras para participar do Recifolia de estrelas do axé, até para fazer um comercial para um shopping do Recife. Paulo André Pires contou que depois da apresentação de Chico Science com Gilberto Gil, no Central Park, no festival Summer Stage, o mangueboy passou a ser muito requisitado na capital pernambucana:

"Quando voltamos tinha cinco blocos do Recifolia querendo Chico Science por qualquer preço. Ignoramos. O pior é que os caras dos blocos não acreditavam que a gente estava rejeitando a proposta."

Chico esnobou o pianista e bandleader Sérgio Mendes, que veio à capital pernambucana atraído pelos ecos dos tambores, imaginando que seria mais um gênero pop dançante. Subvencionado pela prefeitura da capital, Mendes circulou por pontos do Recife e Olinda, foi inclusive assistir a uma exibição do maracatu Piaba de Ouro, do Mestre Salustiano, na Cidade Tabajara, na periferia olindense. Uma tarde reuniu nomes de destaque da nova cena da cidade para uma espécie de audição, realizada no Conservatório Pernambucano de Música. Chico Science não compareceu, nem quis conversa com o músico. Sérgio Mendes pretendia que o CSNZ fizesse uma apresentação para que ele conhecesse seu som. O mangueboy disse-lhe que não faria, alegando que a música dele não tinha nada a ver com a proposta da sua. No entanto, não era refratário a tocar com músicos que trafegassem por universos musicais aparentados ao dele, conforme comentou à citada revista eletrônica UpToDate, numa de suas mais esclarecedoras entrevistas:

"Eu faria com as pessoas que tivessem mais a ver com a gente. Se o Michael Jackson chamasse a gente para fazer uma história, pô, isso não teria nada a ver. Eu acho que eu não iria. Mas existem tantos outros artistas bem legais e com ideias afins. Antigamente o João Donato tocava com

CRIANÇA DE DOMINGO

não sei quem, o João Gilberto com outro. Teve uma galera de jazz que se envolveu com o pessoal da bossa nova. E o pessoal ainda faz essas trocas. É legal fazer essas jam sessions."

Ratificou que estava acessível a essas trocas na estreia do CSNZ no exterior, quando dividiu palco com Gilberto Gil, algo que não estava nos planos do mangueboy:

"Ele sabia que a gente iria tocar lá, aí pediu para tocar no mesmo dia que a gente. A gente não se conhecia ainda. Eles se animaram para fazer uma tarde brasileira e então colocaram a gente com o Gil no mesmo dia. A gente conversou e tudo, o que iríamos tocar, nada junto, vamos abrir. Quando chegou na hora rolaram algumas coisas de improviso. A galera já tem uma coisa ali de embolada na veia. O público delirou, ele se entusiasmou, fiquei emocionado pra caralho. Depois, na volta, quando rolou o lance no primeiro Vídeo MTV Awards Brasil, o pessoal falou: 'Por que não fazer com o Gilberto Gil?' A gente nem tinha tocado 'Macô', a música que está no disco com ele. Mostrei a música que tinha a ver, então fizemos um ensaio um dia antes. Aí rolou a coisa, que ficou tão legal que a gente pensou: vamos pôr no disco."

O artista plástico Félix Farfan foi uma das companhias mais constantes de Chico Science na fase *Afrociberdelia*. Em entrevista para este livro, ele revela que o amigo fermentava novas ideias e caminhos em 1996, acha até que poderia realizar um trabalho solo:

"A verdade é que Chico era um cara curioso em tudo. Fico imaginando como seria hoje, com a tecnologia que a gente tem, a cabeça daquele bicho. Ele não estaria na banda. Naquela época, pouco antes de falecer, ele estava com intenção de alugar uma casa no Bairro do Recife. Fui com Chico olhar umas casas. Ele queria morar lá, montar um estúdio. Chegou a me mostrar alguma coisa, mas não tinha nada pronto, ainda sendo costurado."

Science, segundo Farfan, aventava a possibilidade de trabalhar em parceria com outros músicos. Max Cavalera seria um desses. Os dois trocaram ideias sobre um projeto que se chamaria Sebosa Soul, pouco tempo antes da morte do mangueboy.

CHICO SCIENCE

Max deixou o Sepultura quando a banda era uma das mais bem-sucedidas no metal do planeta. Eu conheci a banda rapidamente na primeira vez em que veio ao Recife, 1987, mas para tocar em Caruaru. Eram bem garotos, com fama limitada aos headbangers brasileiros. Em 1994, na Europa, constatei como o grupo ficara poderoso. Viam-se pôsteres, cartazes do Sepultura em todas as lojas de discos das cidades europeias. Em 1996, quando Chico Science & Nação Zumbi participou do MTV Music Awards, em São Paulo, Max Cavalera figurava como uma das atrações mais badaladas. O produtor Paulo André o abordou e entregou a ele o CD *Da Lama ao Caos*. Na música que dava título ao álbum, Lúcio Maia faz uma citação na guitarra a uma música do Sepultura. Paulo conseguiu o contato de Max Cavalera.

Algum tempo depois, ele conta que estava com Chico no escritório de sua empresa, a Astronave, na Boa Vista. Iam saindo, quando lhe veio uma ideia do nada. Chamou Science de volta ao escritório. Estendeu-lhe uma folha de papel e o orientou a fazer um convite a Max para tocarem juntos num projeto paralelo, o citado Sebosa Soul, ou "Alma sebosa", uma expressão da periferia do Recife para designar uma pessoa de má índole, malvista na comunidade. O convite foi enviado por fax, então o meio mais rápido de comunicação em tempos de internet engatinhando. Max o recebeu em 2 de agosto, dois dias antes do aniversário dele. Sete meses mais tarde Chico Science sofreria o acidente fatal.

Logo em seguida à morte de Chico Science, Max Cavalera responderia a um fax de Paulo André Pires. A cópia que Paulo me emprestou estava quase apagada (um dos grandes defeitos das mensagens do fax, apagavam-se rapidamente). Com ajuda de uma caneta de tinta fosforescente dá pra ler boa parte do texto:

"Grande Paulo – ilegível – valeu mesmo pelo fax e pela conversa que a gente teve. Eu sei que é coisa do destino, que a gente vai fazer muita coisa legal juntos. Segue o fax que Chico me mandou dois dias antes do meu aniversário em agosto. Já falei com a Glória e estamos muito animados com a ideia de ir visitar vocês no Abril Pro Rock. Mantenha contato. Um grande abraço do amigo Max. Força pra Nação Zumbi."

286

CRIANÇA DE DOMINGO

O empresário do grupo deixou no ar as prováveis chances de que, mesmo que o Sebosa Soul não vingasse, rolaria uma parceria do Soulfly, nova banda de Max, com o Chico Science & Nação Zumbi. O que de certa forma aconteceu. A primeira apresentação da Nação Zumbi depois da morte de Chico Science, no Abril Pro Rock, foi apoteótica. A plateia foi à loucura no pavilhão do Centro de Convenções de Pernambuco, para onde o festival se mudara a fim de evitar as chuvas da época, como acontecera no APR de 1996 (o último de Chico), com a participação de Max Cavalera, canja de Marcelo D2 e Fred 04. Max logo em seguida começaria a gravar o álbum de estreia do Soulfly, e convidou Lúcio Maia para tocar nas sessões de estúdio em Phoenix, no Arizona. Cavalera ainda tentou com que Maia se tornasse integrante fixo da sua banda. Ele optou pela Nação Zumbi, na qual permaneceria até 2022.

"Uma vez Chico me falou que tinha vontade de fazer algumas coisas com Paulo Rafael, de quem era muito fã. Essa coisa de falar de Lampião, ele citava brincando, mas era muito fã do xaxado, do xote. Um cara que também admirava, pelas misturas, era Alceu. Ele fazia aquilo, só que do jeito dele. Dizia 'você não precisa botar o maracatu todo, pega um pedaço de um, pega um pedaço do outro'. Ele admirava todo tipo de cultura popular, gostava de ir ao Alto da Sé ver o artesanato. E o que era bom, e o que era coisa pra turista", conta o amigo Félix Farfan.

Chico estava sempre aberto à troca de informações, ideias e músicas. Contando-se do lançamento do álbum *Da Lama ao Caos* à discotecagem em Olinda, na véspera do fatídico 2 de fevereiro de 1997, Chico Science teve pouco menos de dois anos e dez meses para construir o legado que deixou para a música popular brasileira. Pela variedade de estilos e gêneros com os quais cresceu, dos discos que os irmãos tocavam em casa, Chico tinha admiração por artistas e grupos que foram populares quando ele era garoto, que ainda circulavam pelo país e pelo exterior, mas que estavam quase no ostracismo em sua própria terra. Um desses foi o Quinteto Violado.

Fora a gravação de Chico Science & Nação Zumbi, "Macô" só recebeu mais uma versão, a do Quinteto Violado, no disco *Farinha do Mesmo Saco*

CHICO SCIENCE

(1999). Três anos antes, o quinteto apresentou a música ao vivo com Chico Science, em show realizado na Concha Acústica da UFPE, na Cidade Universitária, para celebrar os 25 anos do grupo. No Carnaval de 1996, o Quinteto dividiu palco com Chico Science & Nação Zumbi, no primeiro palco, produzido pela prefeitura, de shows abertos ao público durante o período de Momo. Um projeto chamado Dançando na Rua. Na primeira noite a programação teve o Quinteto Violado, Cristina Amaral, Orquestra Super Oara e CSNZ. Dudu Alves, tecladista do Quinteto, conta que quando os integrantes da banda se encontraram com Chico Science para definir o que fariam no show, num hotel em Boa Viagem, foram surpreendidos com Science revelando ser fã de carteirinha do grupo.

"Esse momento com Chico Science foi muito bacana. A gente teve um encontro com ele para definir o que ia tocar junto na Concha. Teve uma tarde com ele no Hotel Arcada, lá na Conselheiro Aguiar. A gente estava fazendo show num espaço que havia no hotel. Chico confessou pra gente, meu pai (Toinho Alves), Roberto, Ciano, que muita coisa do primeiro trabalho dele vem de trechinhos de arranjos do Quinteto Violado, que usou na parte melódica de sua música. Ele mostrava a música que fez e citava uma do Quinteto. Foi muito bacana, porque a gente não sabia dessa influência do Quinteto na música de Chico. A interação dele com a gente no show da Concha foi muito legal, fechou com chave de ouro. Marcelo Melo, que cantou 'Macô', ficou muito solto no palco, Chico muito relaxado, entramos na onda de Chico Science. Foi um divisor de águas. O que o Quinteto fez na década de 70, acho que ele trouxe a inovação com a forma de cantar, de batuque, criou bastante coisa. Fico feliz em saber que de alguma forma o quinteto contribuiu para as ideias dele."

Na época houve algumas críticas ao Quinteto Violado, que estaria sendo oportunista pegando carona no badalado movimento mangue.

Mas havia mais afinidades entre o QV e o CSNZ do que se poderia supor, aliás, do que se supõe até os dias atuais. Há até quem pense que o grupo integrou as hostes do movimento armorial, quando aconteceu exatamente o contrário, o quinteto estava à esquerda do conservadorismo xenófobo de

CRIANÇA DE DOMINGO

Ariano Suassuna, que explicitava publicamente seu repúdio à música importada. O Quinteto Violado tinha influências do jazz. Assim como Chico Science, 20 anos depois, reprocessou e incrementou os ritmos regionais com funk, soul, rock, etc, o Quinteto Violado retrabalhou a cultura popular, foi o primeiro grupo a fazer a ciranda ser tocada no Brasil inteiro, e teve como maior sucesso a releitura iconoclasta de "Asa Branca" (Humberto Teixeira/Luiz Gonzaga). Ambas as bandas soavam bastante diferentes mas, no fundo, eram farinha do mesmo saco, cada qual antenada com seu tempo. Aliás, QV e CSNZ também comungam entre si a admiração de Gilberto Gil, que foi entusiasta do primeiro, quando o viu tocar ao vivo em 1972, no Recife, ainda sem disco gravado, o que também aconteceu em relação a Chico Science e a Nação.

DANDO CANJAS

Entre shows no Brasil e no exterior e a demora da gravação do segundo álbum, Chico encontrou tempo de atender a convites para participar de discos de artistas consagrados do rock da época, casos de Arnaldo Antunes ou Fernanda Abreu, como também de grupos pouco conhecidos fora do seu estado, caso do Boi Mamão, de Curitiba. Ou mesmo canjas de palco, como aconteceu em novembro de 1994, quando participou, no Sesc Pompeia, do lançamento de *Quebrando o Gelo do Clube*, disco de estreia do grupo paulistano Unidade Bop (que tinha Paula Lima entre as vocalistas). O mangueboy cunhou uma expressão para tais inter-relacionamentos:

"Então, essa coisa eu chamo de 'musicracia'. Que é justamente se entender e haver essa troca. Se deixar sentir e dar sentido à música. Eles captaram o que a gente também vem sentindo. Isso é muito legal porque, pelo menos, você não está sozinho. Tem outras pessoas pensando como você, isso fortalece cada vez mais as ideias. E de querer avançar mais."

Ele referia-se especificamente à aproximação com o Sepultura, mas a expressão pode ser aplicada aos intercâmbios que promovia e às bandas recifenses que divulgava em entrevistas.

Ainda em 1994, em meio aos shows do álbum *Da Lama ao Caos*, Chico Science participou do disco tributo *Rei*, na faixa "Todos Estão Surdos" (Roberto e Erasmo), aliás um projeto tumultuado, com uma enorme treta entre a Sony Music e a BMG-Ariola. Por essa época não era ainda comum gravadoras cederem seus contratados para projetos de concorrentes. Para

CRIANÇA DE DOMINGO

esse, produzido por Roberto Frejat, a BMG cedeu, verbalmente, Lulu Santos, que abriria o disco com "Se Você Pensa" (Roberto e Erasmo). Tributo terminado, pronto para ir às lojas, a BMG vetou a faixa de Lulu Santos, alegando que poderia atrapalhar o álbum de inéditas que ele estava lançando, *Assim Caminha a Humanidade*. A Sony já havia fabricado 40 mil unidades de *Rei*, que foram destruídas. Curiosamente, a capa, com um desenho de Angeli, não foi refeita, Lulu teve seu desenho sombreado. A faixa de Chico com a Nação Zumbi e participação de Siba Veloso foi das mais elogiadas num disco cheio de altos e baixos:

"Chico Science injeta manguebeat em 'Todos Estão Surdos'(1971). Um baixo cheio de groovy faz a linha melódica. Sampleia uma cantiga de ciranda e enfia uma rabeca na faixa." A inclusão de um trecho de uma ciranda de Baracho foi uma sacada inteligente.

De fazer amizade facilmente, Science aproximou-se de um dos seus ídolos dos anos 80, Arnaldo Antunes, que se identificava e derramava-se em elogios ao mangueboy:

"Chico era uma das únicas coisas realmente originais surgidas nos últimos anos, com um trabalho súper promissor. Tocando juntos, tínhamos nos aproximado bastante. Minha identificação artística com o que ele fazia era total. Sinto que foi abortada uma parte do futuro da MPB", comentou Arnaldo, no dia seguinte à morte de Chico Science.

Meses antes Science participara do seu disco *O Silêncio*, na faixa "Inclassificáveis". Uma troca de amabilidades. Arnaldo Antunes fez, naquela época, uma participação num show do CSNZ.

Desde o lançamento do álbum de estreia, Chico Science estava sob os holofotes, muita gente o queria em seus discos. Como foi o caso de Fernanda Abreu, com quem Chico (com a Nação Zumbi) fez sua derradeira participação em discos de terceiros, realizada no final de dezembro de 1996. Fernanda Abreu comentou essa parceria:

"A gente dividiu alguns shows e, nos encontros de bastidores, dava para sentir que a admiração era mútua. Chamei o Chico e a Nação Zumbi para participar do meu próximo CD, com seis músicas inéditas e oito regrava-

CHICO SCIENCE

ções. Ele fez uma releitura de 'Rio 40 Graus' que ficou genial. Gravamos durante dois dias, no fim de novembro. Fiquei impressionada com o jeito dele trabalhar, com o profissionalismo e o nível de exigência. Chico era um perfeccionista. A faixa começa com uma frase dita por ele: 'É sambando que aqui se dança', e ele repetiu 17 vezes até encontrar a entonação certa. Chico ajudou a mudar a cara do Recife, participou de uma guinada cultural do Nordeste e, com justiça, virou o representante do manguebeat. Seu trabalho tinha uma consistência impressionante, além do que ele era muito bom em cena, o que é muito raro no Brasil. Tínhamos combinado de fazer um show juntos. Era o começo de uma parceria."

O disco foi *Raio X*, o quarto solo de Fernanda, que cantava "Rio 40 Graus" (Fausto Fawcett) com Chico Science & Nação Zumbi.

Em 1996, foi anunciado que Roberto Frejat iria produzir um tributo aos Novos Baianos, idealizado por Gilson Fernandes e Luis Carlos Morais (ex-percussionista do grupo, entre 1970 e 1978). No disco, que seria lançado pela MCA, Chico Science cantaria "Preta Pretinha". Estaria em boa companhia, ao lado de, entre outros, Paulinho da Viola, Cássia Eller, Sepultura, Arnaldo Antunes. O projeto não vingou, não se escutou falar mais nele. Quem o conhecia diz que o projeto tinha muito a ver com o título. Talvez porque naquela época Os Novos Baianos, que tinham acabado havia anos, estavam meio esquecidos. Seriam redescobertos pela geração nascida nos anos 90.

Quando o manguebeat se tornou a cena da vez no rock brasileiro, no Paraná surgiu algo assemelhado, mas sem a mesma ressonância, mesmo ganhando elogios rasgados de Carlos Eduardo Miranda que, na revista *Bizz*, chamou Curitiba de "Seattle brasileira". No mesmo ano de *Da Lama ao Caos*, Miranda produziu uma coletânea com quatro das bandas mais conhecidas de Curitiba: Magog, Boi Mamão, Resist Control e Woyzeck, reunidas na coletânea *Alface*. O pessoal do Boi Mamão conheceu Chico Science, assim como ele conheceu Nasi, na era dos desconectados, por correspondência.

Chico Science & Nação Zumbi circularam pela Europa com os Paralamas do Sucesso, em 1995, fazendo shows juntos, mas uma parceria entre

CRIANÇA DE DOMINGO

Chico e Herbert Vianna só aconteceu postumamente. No disco *Hey Na Na*, Herbert gravou uma canção em que, com Bi Ribeiro, colocou melodia numa letra de Science, em português, mas com título em inglês: "Scream Poetry". A letra foi repassada aos dois paralamas por Goretti França. A intenção inicial de Chico era a de que Herbert Vianna traduzisse a letra para o inglês.

Em novembro de 1996, Chico Science & Nação Zumbi voltariam a fazer uma dobradinha com os Paralamas do Sucesso, em dois shows no Metropolitan, na Barra. Seria a derradeira apresentação de Science na cidade, gig que os mangueboys provavelmente preferiam esquecer. Mesmo badalados pela imprensa, passando pelos principais programas de TV do país, incluindo o de Faustão, com música em novela, o CSNZ ainda soava exótico para grande parte do público de shows no Brasil. Paradoxalmente, o público que assimilava com mais facilidade a música dos mangueboys era o europeu ou o americano. Enquanto isso os Paralamas vinham de uma carreira com mais de uma década como uma das mais bem-sucedidas do rock dos anos 80. Embora tenha continuado a emplacar hits nas paradas, o grupo estava se reinventando, depois de críticas desfavoráveis aos seus últimos discos. Ao mesmo tempo era descoberto por uma geração nascida nos anos 80 que, supunha, associava o som do Chico Science & Nação Zumbi ao de Herbert, Bi e Barone:

"Eles fizeram o maior sucesso na Europa. O som é muito diferente e deixou os europeus malucos com o que ouviram", comentou Barone em entrevista à *Tribuna da Imprensa*, ressaltando a forte presença de palco do grupo pernambucano. "Ultrapassa qualquer fronteira. Não existe muito essa diferença entre o nosso público e o deles. Acho que o que importa é a qualidade da música que cada um apresenta", continuou Barone, adiantando que os Paralamas incluíram "Manguetown", de Chico Science, no repertório que o grupo apresentaria no Metropolitan.

O repórter Ernâni de Almeida fez uma entrevista, tipo bate-bola, com Herbert Vianna e Chico Science, na revista *Programa* do *Jornal do Brasil*. Para Herbert, os dois artistas que indicavam novos caminhos para a mú-

CHICO SCIENCE

sica brasileira eram Carlinhos Brown e Chico Science, e ele comentava sobre o manguebeat:

"Acho um fenômeno, um troço pra ser estudado. A junção da informação cosmopolita com o folclore, a pobreza e a escassez. Sou pirado nessa coisa de caranguejo cibernético."

A turnê pela Europa em que as duas bandas se encontraram e dividiram palco em seis shows foi enfatizada por Herbert Vianna:

"A cada vez que a Nação Zumbi subia no palco, eu ia tendo mais admiração. Na hora do show era um estouro. Eles sempre foram muito generosos. Na Europa já tocam no rádio. Um dia fui numa emissora fazer uma entrevista com o Chico, só depois percebi que ele é que tinha sido convidado. O programador perguntou pro Chico: 'Quem é o seu amigo, toca com você?' E ele: 'Esse meu amigo já gravou dez álbuns, já vendeu mais de um milhão de cópias com seu último disco.'"

Chico em seguida contava como tinha sido o encontro na Europa:

"A gente revezava. Cada vez era um que abria a noite. Foram seis shows em lugares pequenos, clubes noturnos. Na Alemanha já havíamos tocado, por isso tínhamos público. No fim do show sempre rolava uma jam."

Chico adiantava os planos para o ano de 1997:

"Na metade do ano que vem vamos gravar novo disco, agora vamos voltar para o Recife. Em março talvez role alguma coisa na Espanha. Estamos pensando em fazer um novo clipe de 'Macô'."

Mas a plateia do Metropolitan foi ali para ver os Paralamas do Sucesso e reagiu negativamente ao show do CSNZ. Embora tenham sido feitas muitas comparações entre os dois grupos, atribuindo inclusive aos Paralamas o pioneirismo em fusões de ritmos, havia uma diferença fundamental entre esses hibridismos. Enquanto o grupo carioca empregava reggae, dancehall, ritmos africanos e mesclava com pop rock, os músicos pernambucanos usavam os poucos conhecidos fora de Pernambuco, ritmos de sua terra, com rap, funk, metal, guitarras pesadas, não faziam uma música de digestão tão fácil. O recifense Geraldinho Magalhães, na época empresário de Lenine,

CRIANÇA DE DOMINGO

esteve no show e relembrou o sufoco pelo qual passaram Chico Science & Nação Zumbi, na pior plateia que pegaram no Sudeste.

"Chico Science & Nação Zumbi faziam sucesso, mas era relativo. Abriram pros Paralamas do Sucesso e foram ovacionados com uma chuva de latas no palco, uma coisa degradante. Paralamas bombando muito, com muito sucesso, atraíam um público jovem, que não estava nem aí para quem abria o show. Paradoxalmente, Chico & Nação fizeram turnê no exterior com os Paralamas e ali acontecia o contrário: a Nação Zumbi abria espaço para eles, por serem mais conhecidos na Europa. Na hora da forra, acontecia isso. E aí tem a grandeza de Herbert e Barone, que foram ao palco, no meio do show, entre as latas voando, e exigiram respeito, dizendo que a Nação era a maior banda do Brasil."

O empresário Paulo André Pires minimiza o episódio:

"A Nação foi convidada para abrir dois shows dos Paralamas, no Metropolitan, na Barra. O show deveria ter meia hora, mas o pessoal foi além, fez uns 45 minutos. Na plateia tinha aquela garotada da Barra, que veio para ver os Paralamas. Uns dez deles ficaram na frente do palco, acenando a mão, em sinal de adeus. Logo outros estavam fazendo o mesmo, mas não chegou a ser vaia. No show seguinte, fizeram só meia hora mesmo, e correu tudo bem."

FROM MUD TO SNOW

As férias de Chico Science em dezembro na Europa foram talvez as melhores de sua vida. Se tivesse se limitado apenas a rever Sharline, a namorada, em Paris, elas já seriam memoráveis, pois ele estava apaixonadíssimo, mas queria realizar o sonho de praticar snowboard, e foi encontrar o amigo Rodrigo Santos, que estava com uma turma em Courchevel, uma das estações de inverno mais requintadas da Europa, a capital mundial do esqui.

"Bateram na porta, um toc, toc, toc. Quem seria? Pensei, a camareira não batia na porta. Abri e quem vejo, fazendo uma pose? Chico. Eu estava com Carol, uma namorada, Chico ficou com a gente. Alugamos no hotel equipamentos de snowboard e esqui. A primeira vez que nós dois fizemos esportes na neve. Na primeira descida, foi uma loucura, descemos de bunda. Mas logo a gente aprendeu a usar o equipamento. Chico esquiou e fez snowboard bastante", conta Rodrigo, que comprou, e guarda em casa até hoje, uma prancha de snowboard usada por Chico.

Depois de alguns dias em Courchevel, onde celebraram o Réveillon, o primeiro e último de Chico fora do Brasil, eles deram um rolê pela Bélgica, Holanda e Inglaterra:

"O negócio de Chico era música, fomos a locais em que rolava música, feito uma casa noturna no Camdem Market, onde tocava muito drum 'n' bass, fomos à Tower Records, de Londres. Chico comprou uns 150 discos. Até lhe emprestei uns euros, porque ele alisou."

CRIANÇA DE DOMINGO

Os dois se despediram em Londres, onde Chico finalmente conheceu pessoalmente um dos seus ídolos. Ele ligou para Thomas Pappon, do Fellini, que morava, e ainda mora, na cidade. Mal disse quem era e já revelou sua admiração pela banda: "Thomas, eu sou um grande fã seu, ouvi todos os discos do Fellini, me influenciaram um bocado". Pappon surpreendeu-se, combinou de se encontrarem. Comeram num restaurante indiano, o Kahn's, depois foram tomar umas cervejas num pub. Pappon confessa que se lembra pouco sobre o que conversaram, até mesmo se o papo teve Fellini como tema:

"A única coisa de que me lembro é que teve uma hora em que perguntei a ele se tinha algum ponto de tensão, um polo de divergência estética dentro do grupo. Se alguém fazia oposição a ele. Ele disse que havia Lúcio Maia. Mas realmente não me lembro de muita coisa. Me disse também que tinha conhecido Cadão" (o vocalista, letrista, guitarrista do Fellini, Cadão Volpato, também jornalista e escritor).

Chico retornou à França para passar os últimos dias de férias com Sharline. Voltou ao Recife refeito, animado. Com muitos planos para 1997. Não passa de conjectura, mas provavelmente essas foram as férias mais felizes de Chico, até porque ele acalentava muitos planos para aquele ano que se iniciava, mais um disco, a terceira turnê internacional. Os horizontes lhe pareciam cada vez mais amplos. Isso é espelhado nas suas feições nas muitas fotos tiradas por Rodrigo Santos, e pelo próprio Chico, que se antecipava à era do celular, tirando várias selfies com uma câmera fotográfica.

CAOS

Todos os contemporâneos de Chico Science, os que acompanharam sua carreira, viram seus shows com a Nação Zumbi, esbarravam com ele pelos bares descolados do Recife ou Olinda, ou o conheciam apenas de nome, se lembram do que faziam no momento em que souberam da notícia de sua morte, naquele começo de noite de domingo, 2 de fevereiro de 1997. Plantões de rádio e TV deram a tragédia em edição extraordinária. Quando se soube do acontecido em Olinda, o Carnaval, que começava na cidade por volta de outubro e chegava à ebulição na semana pré-carnavalesca, seria interrompido. Irromperam, naturalmente, boatos sobre a *causa mortis*. Excesso de velocidade, motivado por drogas, álcool. Antes das fake news havia os boatos, que se espalharam rapidamente. Muito poucos cogitaram um defeito no carro, ou do Fiat Uno que Chico dirigia ter sido abalroado por outros veículos.

"Chico descia o viaduto do Complexo de Salgadinho, a uma velocidade acima do ritmo do trânsito. Estava apressado e preocupado mais do que o normal porque tinha assumido três compromissos naquela noite do dia 2 de fevereiro, em locais distintos e distantes, a começar pela visita ao encontro de maracatus em Olinda. Vale ressaltar que naquele ponto da avenida, que já integra a rodovia PE-1, a velocidade do fluxo do tráfego dos veículos oscila entre 80 e 100 quilômetros por hora, apesar da velocidade máxima dentro da zona urbana estar limitada a 60 quilômetros por hora. Quem segue nessa velocidade ou em ritmo mais lento, nesse trecho, deve redobrar a sua

CRIANÇA DE DOMINGO

atenção, conferindo seguidamente o espelho retrovisor do carro, por conta da velocidade média do tráfego, sempre superior ao limite regulamentar.

O tráfego, naquele dia e naquela hora, encontrava-se com um fluxo acima do normal, pelo fato de ser semana pré-carnavalesca, quando milhares de pessoas se dirigiam no sentido de Olinda, foco central da animação momesca em Pernambuco, para participar dos diversos eventos e atrações que se realizavam nos vários focos de animação, anunciados na cidade patrimônio da humanidade. Diante das conhecidas dificuldades para se encontrar estacionamento nas imediações do mercado da Ribeira e adjacências, os motoristas apressavam-se como que antevendo a inevitável disputa por um local próximo para deixarem seus veículos. Chico, apesar de famoso, mas figura simples, não constituía exceção, por isso mesmo preferiu ir para Olinda no carro da irmã, dada, evidentemente, a maior dificuldade que teria para encontrar uma vaga para seu automóvel, um imenso Ford Landau.

Na descida do viaduto do complexo Salgadinho, pouco antes da intersecção com a Avenida Cruz Cabugá, Chico trafegava pela pista central da larga avenida e, ao ultrapassar um outro veículo que seguia no mesmo sentido, mas em velocidade bem mais reduzida, sentiu que um toque havia desestabilizado o seu carro, isso ainda mais agravado pelo susto natural decorrente de um choque inesperado. Dirigindo um veículo leve, suscetível de abrupta mudança nas suas condições de dirigibilidade quando atingido por um impacto que viesse a mudar a sua trajetória natural, Chico acionou fortemente os freios, mas não conseguiu controlar o seu carro, que iniciou um processo de derrapagem no sentido anti-horário.

Chico era músico e poeta, dos bons, dos melhores, não motorista profissional ou piloto de competição. Mesmo sendo condutor habilitado havia mais de dez anos, aquela situação inesperada havia superado sua capacidade de reação. O seu carro rodopiou com o toque, derrapou no sentido anti-horário e Chico certamente pensou, ou poderia ter pensado, naqueles milésimos de segundo: 'Vai bater!'

A colisão com outros veículos que vinham tanto no fluxo da Avenida Agamenon Magalhães como da Avenida Cruz Cabugá era tanto previsível

CHICO SCIENCE

quanto inevitável, mas por uma dessas inexplicáveis conjunções dos fatores da física, bem como do destino, o Fiat Uno de Chico derrapou para dentro da curva, bateu meio de lado, meio em diagonal no meio-fio, estourando o pneu dianteiro e, com o seu lado direito mesmo, sobre a porta do passageiro, chocou-se fortemente contra um poste de iluminação, de grosso concreto, que existia, e ainda existe, na confluência das avenidas referidas, as quais margeiam o parque recentemente denominado de Memorial Arcoverde.

Na memória das testemunhas oculares do acidente ainda reverbera, de modo incômodo, o som dos pneus do Fiat Uno de Chico, freando e derrapando antes do encontro com o poste de concreto. Ouviu-se, então, um barulho agressivo, característico das colisões de veículos, o esguichar dos pneus contra o asfalto, metais em atrito e se decompondo, os vidros quebrando e se espalhando pelo chão. Por fim, o silêncio."

O texto acima, entre aspas, pode ser confundido com uma peça de ficção reprocessando a realidade, adaptando-a a um determinado viés que se encaixe no roteiro que se pretende desenvolver, ou como se diz em jargão literário, um *roman à clef*, mas é a transcrição de um pequeno trecho da Ação Ordinária de Indenização Por Danos Materiais e Morais movida pela família França e Louise Tayná Brandão França, filha de Chico Science, então menor de idade, e representada por sua mãe, Ana Luiza Brandão França, contra a Fiat Automóveis S/A, patrocinada pelo advogado Antonio Ricardo Accioly Campos (neto de Miguel Arraes, irmão de Eduardo Campos, ambos ex-governadores de Pernambuco). Um calhamaço com centenas de páginas (gentilmente, ele me cedeu uma cópia), cuja acusação-chave contra a montadora de origem italiana centrava-se na falha no cinto de segurança do Fiat Uno Mille. A lingueta de metal encaixada ao lado do assento quebrou-se na colisão. A defesa tentou provar, baseada em análise de peritos, que se o cinto tivesse segurado o artista haveria grandes probabilidades de ele sobreviver ao acidente.

Embora a música de Chico Science & Nação Zumbi tocasse pouco nas rádios pernambucanas, o líder da banda tornara-se muito popular, pela visibilidade que a imprensa lhe dava. Aparecia constantemente em pro-

CRIANÇA DE DOMINGO

gramas nacionais de TV. Foi, pois, uma comoção que se abateu sobre as duas cidades (e sobre Pernambuco, mesmo onde se ignoravam os discos do CSNZ, afinal Chico Science tornara-se celebridade nacional). A notícia disseminou-se rapidamente. Em tempos de internet ainda incipiente, o principal canal foi telefone convencional (eu estava em casa, tinha acabado de acordar da soneca do domingo à tarde, quando uma amiga me ligou para perguntar se eu tinha sabido do acidente).

Na maciota, nas redações, os jornalistas finalizavam a edição da segunda--feira. Quando souberam do sinistro, convocaram-se editores e repórteres. Poucos personagens da história de Pernambuco receberam tantas páginas no jornal do dia seguinte e subsequentes. Chico Science foi o principal tema dos jornais recifenses durante toda a semana. A imprensa do país inteiro abriu suas páginas para noticiar o sinistro. Também o *New York Times*.

Claro, em meio ao noticiário em cima de fatos, surgiram os boatos e ilações. Na *Folha de S. Paulo*, em 1º de abril de 1997, a matéria que abordava o resultado da perícia, divulgada pelo delegado da polícia civil de Olinda, trazia o título: "Inquérito Culpa Chico Science Por Acidente Que o Matou". No texto, afirmava-se: "O inquérito apontou falhas na estrutura de segurança do carro dirigido pelo cantor – um Fiat Uno – mas não considera a montadora responsável pelo acidente. Ninguém foi indiciado."

Curioso foi que se deu pouca atenção a um detalhe importantíssimo constatado na perícia (e citado na matéria do jornal, já mencionado páginas atrás): o Fiat Uno que Chico dirigia foi fechado por um carro, o que o fez perder a direção e se chocar contra o poste. No *Jornal do Commercio*, do Recife, esse momento era até quadrinizado com ilustrações:

"Embora não exista uma versão oficial para a morte de Chico Science, a hipótese mais provável é que o compositor tenha sido fechado por um carro na saída do viaduto, em frente à fábrica Tacaruna. Há suspeitas de que o veículo causador do acidente seja um Monza de cor marrom ou azul."

Na argumentação dos advogados que patrocinaram o processo da família França contra a Fiat do Brasil, sob alegação de que a soltura da lingueta que prendia o cinto que Chico usava foi fator determinantemente para a fa-

301

CHICO SCIENCE

talidade do assunto, desfaz-se a hipótese de "suspeita", com fatos. Da cópia que recebi do processo do escritório Campos Advogados, um calhamaço com mais ou menos 400 páginas, incluindo várias imagens, transcrevo a argumentação do advogado Antonio Accioly Campos, com fatos e questionamentos à ação da delegacia de Olinda, que se encarregou do acidente.

"Além dos graves defeitos que se observaram com a deformidade da estrutura da carroceria do veículo e com o rompimento inusitado do cinto de segurança, também poderá ser atribuída culpa concorrente ao condutor de outro veículo não identificado que, com um toque, veio a desestabilizar o Fiat Uno conduzido por Chico Science. Inobstante o Inquérito Policial realizado pela Delegacia de Olinda não tenha identificado o condutor do segundo veículo envolvido no acidente em epígrafe, basta uma análise mais acurada dos autos do inquérito e dos boletins de ocorrência dos acidentes sucessivos que se verificaram no local do sinistro, para identificar na pessoa do Major da Polícia Militar do Estado de Pernambuco José Edson Gonçalves de Oliveira, condutor do veículo modelo Chevette Júnior, de marca General Motors, Placa JB-6601, como envolvido possivelmente na colisão com o Fiat Uno de Chico Science."

O advogado ressalta que quase no mesmo momento em que acontecia o acidente com Chico Science houve um abalroamento entre um Chevette e um ônibus:

"(...) afigura-se indissociável relacionar tal acidente secundário com o acidente principal. Influenciados, então, pela patente superior e até mesmo pelo *esprit de corps*, os policiais militares da Polícia Rodoviária Estadual que lavraram os autos de ocorrência dos acidentes que se verificaram no local tentaram dissimular um segundo acidente, não relacionado com o acidente principal, que teria envolvido o Chevette conduzido pelo militar e um ônibus. Ocorre que, na verdade, consoante as conclusões que podem ser tiradas do exame dos autos do inquérito policial, ao que parece o veículo que se chocou contra o Fiat Uno de Chico Science veio a invadir a sua faixa de rolamento, razão pela qual o seu automóvel teria fechado o ônibus da empresa Caxangá que vinha pela Avenida Cruz Cabugá no sentido de Olinda, e não pela Avenida

CRIANÇA DE DOMINGO

Agamenon Magalhães, mesma via por que vinha o carro de Chico Science. Tal versão, todavia, contraria alguns fatos que se evidenciam nos autos."

O Chevette de 1992 do major era da cor cinza, mas o advogado cita então que a perícia detectou "traços de tinta automotiva de repintura à base de resina acrílica azul-turquesa, cintilante, e matéria do sintético de cor preta. Como existe uma certa proximidade cromática entre o azul cintilante e a cor prata, também metálica, que era a cor oficial do carro do Major José Edson, foi solicitada uma perícia no Chevette para se esclarecer se a tinta na avaria do Fiat Uno, guiado por Chico Science, também se encontrava nele."

Ainda transcrevendo os argumentos da defesa da família França: "Estranhamente, o resultado dessa perícia, que poderia comprovar a participação direta, ou não, do veículo dirigido pelo Major PM José Edson Gonçalves de Oliveira no acidente que vitimou Chico Science, jamais chegou aos autos do inquérito policial. Essa perícia, efetivamente, iria demonstrar se o Chevette veio a ser amassado quando do choque com o Fiat Uno de Chico Science, ou pelo ônibus que o boletim de ocorrência elaborado pela Polícia Militar Rodoviária apontava, sem provas técnicas, como o agente causador da avaria. (...) restou não constatado tecnicamente, se o Chevette do Major PM apresentava algum sinal ou indício de ter sido tocado pelo carro dirigido por Chico Science. Isto porque, como foi observado, a perícia no veículo Chevette ou não chegou a ser realizada, apesar de solicitada, ou o seu laudo correspondente não foi juntado, inexplicavelmente, aos autos."

O doutor Antonio Campos enfatiza a existência de um segundo veículo no acidente, "fato registrado e provado". Aponta que ambos os laudos da perícia técnica acostados aos autos confirmam a existência de uma "colisão com outro veículo não identificado". Testemunhas oculares contribuíram para que o major fosse favorecido pelo benefício da dúvida. Identificaram o carro como sendo um Monza branco, ou um Volkswagen Gol azul. E assim o advogado conclui a peça técnica sobre o acidente:

"Ainda que o provado excesso de velocidade para o local pudesse servir como demonstração de culpa exclusiva do condutor do Fiat Uno acidentado, no caso, de Chico Science, o certo é que o fato do seu veículo ter sido

CHICO SCIENCE

fechado ou abalroado por terceiros atenua, sobremaneira, a sua responsabilidade, fazendo com que fatores outros, como a fragilidade estrutural do seu veículo e o rompimento do seu cinto de segurança, tal como tecnicamente provado, venham a corroborar as razões jurídicas que fundamentam a presente ação de responsabilidade."

A causa foi ganha em 2001, mas a montadora recorreu. O processo só terminou em 2007, com um acordo entre as partes, a Fiat pagando à família uma indenização não revelada, mas segundo o advogado ficou um pouco abaixo dos dez milhões de reais. Parte foi para Louise Tayná Brandão de França, a filha, na época com 17 anos, parte para Francisco Luiz de França e Rita Marques de França, pai e mãe do artista. Alguns jornais na época afirmaram que aquela teria sido a maior indenização até então paga pela Fiat. O processo foi encerrado exatamente dez anos depois da morte de Chico Science.

O governo decretou três dias de luto oficial no estado. Desde Luiz Gonzaga, em 2 de agosto de 1989, uma morte não causava tanta comoção em Pernambuco. O corpo foi velado no Centro de Convenções, localizado onde termina o Recife e começa Olinda (oficialmente é situado em território olindense). Uma imensa fila de pessoas, de todas as idades, muita gente com a figura de Chico Science estampada em camisetas, ou vestindo-se à moda do artista, com o chapéu de palha, sem abas, que fazia parte de sua persona, estendeu-se até a parte externa do hall para um último adeus. Tanta gente que o próprio pai de Chico Science, seu Francisco Luiz, confessou à reportagem do *Jornal do Commercio* que não fazia ideia da dimensão que o filho conquistara. Os integrantes da Nação Zumbi estiveram no velório, sem falar com a imprensa. O baiano Moraes Moreira, que estava na cidade, também passou por lá.

Na entrevista que concedeu à equipe do documentário *Caranguejo Elétrico* (da qual fiz parte como coautor do roteiro e na pesquisa), Goretti França, bastante desenvolta nos seus comentários, igual ao pai, também revelou que se surpreendeu pela penetração de Chico Science em estratos sociais diferentes. Pelo fato da música do CSNZ tocar muito pouco, ou

CRIANÇA DE DOMINGO

quase nada, no rádio pernambucano, das plateias dos shows serem formadas por pessoas da classe média, por ser um estilo comercial, ela achava que, embora com um forte conteúdo social nas letras, Chico Science não tinha sido absorvido pela periferia:

"Existia uma certa elite que compreendia e comprava. Como não tocava no rádio, não tinha noção da penetração da música dele nas camadas mais baixas. Fui tendo a noção de que as pessoas que estavam no Centro de Convenções, que estavam nas ruas saudando o cortejo no sepultamento dele, eram as pessoas, os personagens, das músicas que ele narrava. Eu achava que aquele conteúdo, mesmo sendo um conteúdo direto, feito 'com a barriga vazia não consigo dormir, com a barriga mais cheia começo a pensar', não chegava àquelas pessoas que eram os atores da obra dele. Isso pra mim foi muito forte. Depois o que eu ouvia de feedback das pessoas, vi que ele chegou a elas, e que se viam nas letras das músicas."

Quem mais chamou atenção no velório do artista foi o secretário de Cultura, o escritor Ariano Suassuna, que chegou acompanhado da esposa. Afinal, ele foi inicialmente um severo crítico do manguebeat, pelos elementos de música americana empregados nas músicas. Diante do caixão, Suassuna caiu no pranto, balbuciou um "É muito triste". Contrastando com o silêncio das pessoas que foram dar o adeus final ao mangueboy, ouvia-se a tonitruante batucada dos maracatus de baque virado Estrela e Indiano, e o de baque solto, Piaba de Ouro, do Mestre Salustiano, que se tornou amigo de Chico Science. Toca Ogan, Pupillo e Gira, da Nação Zumbi, batucaram com os grupos de maracatus em homenagem ao amigo.

O velório encerrou-se às 15h30 e levou quase duas horas para o ataúde, transportado em carro aberto do Corpo de Bombeiros, chegar ao cemitério de Santo Amaro (bairro em que a família morava quando ele nasceu), uma distância relativamente curta, que com trânsito normal duraria, quando muito, 15 minutos. Estima-se que dez mil pessoas compareceram ao sepultamento. Sessenta homens dos Batalhões de Choque, Rádio Patrulha e de Guarda foram deslocados para o velório e para o cortejo. O corpo de Chico Science só foi sepultado às 17h do dia 3 de fevereiro, com as pessoas

CHICO SCIENCE

cantando suas composições mais conhecidas, "Manguetown", "A Praieira", ou "Maracatu Atômico", que vinha sendo a mais tocada do seu segundo disco. A cerimônia terminou com o Hino Nacional.

Vale a pena transcrever o texto da equipe do *Jornal do Commercio*, que publicou um caderno especial dedicado a Chico Science:

"O corpo de Chico chegou em carro do corpo de bombeiros, depois de ser velado no Centro de Convenções e de percorrer mais de três quilômetros, seguido de perto por uma multidão de admiradores. Antes dele chegar carregado pelos integrantes da Nação Zumbi e pelo produtor Paulo André, pôde-se assistir ao desfile de dezenas de coroas de flores. Vários estandartes, entre eles os dos blocos Elefante e Lenhadores, lanceiros de maracatu, o lamento solitário de uma amiga do cantor tocando rabeca, e até um homem engolindo fogo compunham o cenário. Os fãs também colocaram dois caranguejos, símbolo do movimento mangue, na cova do artista antes do sepultamento.

O público que lhe foi prestar homenagens – e se dependurou em todas as catacumbas próximas à sua sepultura – era extremamente heterogêneo. Estavam lá para o último aplauso a Chico Science homens, mulheres, idosos, crianças, de todas as raças, credos, religiões, opções sexuais e profissões. Muitos deles chorando, cantando, segurando rosas, cravos, galhos, cartazes e pôsteres do artista."

As exéquias continuaram à noite, na Avenida Boa Viagem, com o bloco mais triste que já desfilou na história do Carnaval do Recife, o Na Pancada do Ganzá. No trio elétrico que conduziria Antonio Nóbrega e Chico Science, um estandarte preto, decorado com quatro chapéus de palha, um caranguejo dentro de um caçuá (cesto grande de cipó). Pela primeira vez nos cinco anos do Recifolia um bloco desfilou sem cordão de isolamento, desobedecendo às regras do evento que seguia o figurino baiano, de abadás exclusivos para cada banda, com cordas e seguranças.

GANZÁ

Na segunda e na terça, 3 e 4 de fevereiro, Chico iria participar do bloco Na Pancada do Ganzá, idealizado por Antonio Nóbrega, discípulo bem-sucedido de Ariano Suassuna (que também participaria do bloco). A aproximação entre movimentos antagônicos (embora Nóbrega nessa época já tivesse seguido seu próprio caminho), o armorial e o manguebeat, era uma ousadia, a de enfrentar o rolo compressor da axé music, que desde 1992 fazia a música que movia o Recifolia, que acontecia na semana pré-carnavalesca, na Avenida Beira-Mar, no bairro de Boa Viagem.

"Nosso encontro estará a serviço da música de boa qualidade. É uma forma de se insurgir contra os tchans e companhia limitada, que são músicas vulgares, de péssima qualidade, que prestam um desserviço à cultura musical do país", esclareceu Antonio Nóbrega à agência *Folha*.

Chico Science foi menos enfático e mais diplomático:

"O maracatu, que é eletrizante, vai combinar bem com o trio elétrico. O trio é um grande rádio, vamos nos dar bem."

A matéria foi publicada no dia da morte de Science.

O sentimento nativista, característica bem pernambucana, uniu o armorial ao manguebeat para enfrentar os baihunos, como se dizia pejorativamente da música dos baianos. O Na Pancada do Ganzá foi tomado por empréstimo ao escritor Mário de Andrade e se tornou título de um espetáculo de Antonio Nóbrega, que esclareceu a escolha do título em entrevista ao *Diário de Pernambuco*, na véspera do desfile inaugural do bloco na semana pré-carnavalesca de 1996:

CHICO SCIENCE

"A história do Na Pancada do Ganzá, anterior ao bloco, era uma homenagem que Mário de Andrade fazia a um famoso coquista rio-grandense do Norte, Chico Antonio. Essa expressão, 'na Pancada do Ganzá', seria o nome da obra que corresponderia a todo o registro musical que Andrade fez da música nordestina. Ele não pôde fazer isso em vida, esse nome ficou rolando ali pelo mundo e ninguém pegou e eu, quando botei os olhos nele, disse 'esse nome é um nome bom'. Não deu samba, mas deu frevo, maracatu e coco de roda."

Ele e Chico Science se encontraram no I Baile das Artes, acontecido na casa de shows Moritztad, no Bairro do Recife, em 9 de fevereiro de 1996. Chico foi um dos homenageados, e Antonio Nóbrega, consagrado o Príncipe dos Artistas. Foi nesse evento que Nóbrega anunciou a criação do bloco Na Pancada do Ganzá. Na véspera da estreia do bloco na Avenida Beira-Mar, ele teceu críticas às fusões de ritmos que estavam sendo realizadas na nova música pernambucana. No entanto, sem citar nomes, o comentário parecia ter como alvo Chico Science & Nação Zumbi, o grupo mais badalado. Antonio Nóbrega depois contemporizou:

"...Eu dei uma entrevista por aí e colocaram que eu não gostava da cena musical pernambucana. Foi uma inverdade muito grande, porque eu tenho a maior admiração pelos grupos jovens que estão surgindo. Agora, na hora em que me perguntam se eu gosto da guitarra em certos grupos, aí eu tenho de dizer que não gosto, porque quando ela vem com todos os procedimentos e maneirismos do rock, por exemplo, já não me agrada. Acho que é uma coisa que não fortalece. Mas isso é uma coisa pessoal, acho que isso não tem que ser paradigma de ninguém."

Quando Antonio Nóbrega fazia o primeiro desfile do seu bloco na semana pré-carnavalesca, Chico Science estrearia com a Nação Zumbi no primeiro Carnaval de palco do Recife, o Estação da Folia, montado na Avenida Guararapes, próximo ao prédio dos Correios, no coração da cidade.

Essa parceria entre os dois seria emblemática se fosse consumada. A aproximação do armorial e do manguebeat, ambos lidando com a cultura popular, porém com métodos diferentes de fazê-lo. Aliás, curiosamente, vez

CRIANÇA DE DOMINGO

por outra, Chico Science se deparava com armorialistas em sua trajetória. O Mestre Meia-Noite, do Daruê Malungo, que teria sugerido que o Lamento Negro em vez de samba-reggae se voltasse para o maracatu, era dançarino do Balé Popular do Recife, de inspiração armorial, enquanto Roger de Renor, dono do bar A Soparia, com quem Science estreitou amizade nos seus últimos anos de vida, também passou pelo mesmo balé, embora trafegasse longe do conservadorismo do armorial.

FOLIA SILENCIOSA

No segundo e último desfile do Na Pancada do Ganzá imperava a tristeza, e a música era um lamento. Um dos momentos mais pungentes foi quando se cantou o frevo de bloco "Madeira que Cupim Não Rói", de Capiba, cantado por Antonio Nóbrega, que durante todo o préstito realizou algumas intervenções. Tocaram-se faixas dos dois discos de Chico Science & Nação Zumbi.

Ironicamente, Nóbrega, que veio de São Paulo para o desfile, desembarcou no Aeroporto dos Guararapes no mesmo momento em que chegavam para tocar no Recifolia grupos de axé music, entre os quais o então badalado É O Tchan. Jorge du Peixe ressalta que Chico Science & Nação Zumbi não iriam desfilar no mesmo caminhão de trio de Antonio Nóbrega, teriam o seu próprio carro.

DESPEDIDAS?

Jorge lembra de um episódio acontecido entre ele e Chico Science uma semana antes do primeiro ensaio para o desfile na Avenida Boa Viagem:

"Fomos almoçar juntos, comer uma peixada na orla de Olinda. Chico falou em voltar a fazer uns raps longos, música dançante, sugeriu que eu deveria cantar mais. Achei uma coisa meio estranha, como se ele estivesse me preparando. Posso fazer um paralelo nisso com Skunk (falecido em 1996), o cara que fundou o Planet Hemp, que puxou D2 pras paradas da música. Eu tinha esse tino musical, mas não como Chico, que era agregador, estava sempre no 'vamos fazer isso, vamos fazer aquilo'. Saímos desse almoço, ele sugerindo que eu cantasse mais. Não penso que quisesse sair da banda, acho que não, mas pretendia fazer uns projetos paralelos. Se cogitava de fazer uma carreira solo, não sei."

Esses episódios, até prosaicos, mas que levam a várias interpretações, aconteciam com frequência pontual antes de alguma tragédia. Renato L. também foi protagonista de algo assim, na véspera da morte de Chico Science. A amizade entre eles sofreu uma fissura depois de uma das idas ocasionais de Science para uma entrevista no programa *Manguebeat*, na Caetés FM. Chico voltava de viagem com pilhas de discos e levava parte deles para tocar no programa.

"Ele deixou uns discos na rádio que, não sei o que houve, sumiram. Chico ficou puto, falou alto, disse que não iria mais ao *Manguebeat*. Foi chato, porque o programa era conhecido no Brasil. Músicos como Yuka,

CHICO SCIENCE

D2, me ligavam, sempre que vinham fazer show por aqui ou lançavam discos. A gente ficou sem se falar. Na véspera da morte, ele discotecou numa festa no Centro Luis Freire. A gente se esbarrou na fila da cerveja, nos abraçamos e fizemos as pazes. Até combinamos de fazer uma festa juntos. Me disse que estava de saco cheio com essa história de Chico Science. 'Eu sou Chico', queixou-se. No final da vida, a fama dele era grande. Você não conseguia ir no Tepan (um sushi bar não tão badalado) com Chico, por causa do assédio."

Curioso era ele ter dito isso ao amigo responsável pelo seu nome artístico.

Outro episódio parecido aconteceu em sua última visita à Rua do Girassol, onde de vez em quando aparecia para ver os amigos com quem ele cresceu e conviveu até se tornar adulto. Claro, não poderia deixar de ir à casa de Aderson Marques:

"Nessa época meu irmão Aderson tinha casado, não morava mais na nossa casa. Mas Chico falou com todo mundo, me deu um abraço bem apertado, senti aquilo como se fosse uma despedida", conta Alda Marques.

LEGADO

Qual seria o legado de Chico Science? O primeiro, claro, é a Nação Zumbi, que continuou na estrada guiando-se, mais ou menos, pela formatação implantada por Science, remodelada ao longo dos anos, sendo as alfaias ainda sua marca registrada. Em 2024 o grupo continuava prestigiado e requisitado no Brasil e exterior, fez apresentações no Carnaval de Olinda e do Recife, que teve Chico Science como um dos homenageados. O NZ tem apenas três integrantes da formação original, Jorge du Peixe, Alexandre Dengue e Toca Ogan. O CSNZ foi a banda brasileira mais influente dos últimos 30 anos, sobretudo por levar os roqueiros brasileiros a se voltarem para seu próprio país. Logo depois do seu surgimento, pipocaram grupos empregando ritmos regionais em sua música, despertou-se o interesse de produtores e jornalistas pela música feita fora do Rio ou São Paulo (com exceção da Bahia, então dominada pelo axé), e a do Pará no início dos anos 2000 tornou-se a onda da vez.

Algum tempo depois da morte de Chico Science, fui ao escritório da Astronave, a produtora tocada por Paulo André Pires e sua irmã Sonally. Senti um calafrio ao caminhar pelo corredor até a sala de Paulo. Ao longo do caminho, meio na penumbra, repousavam os tambores da Nação Zumbi, que não se sabia ainda se voltariam a ser tocados pelos malungos do grupo. O empresário ainda estava desnorteado, porém ocupado com a próxima edição do Abril Pro Rock. A primeira sem Chico (apenas dois meses depois de sua morte), teve a programação com a maior quantidade de nomes

CHICO SCIENCE

da história do festival. Naquele ano o APR entraria para o calendário de eventos oficiais do governo do estado. No line-up vários grupos e artistas que se popularizaram a partir do manguebeat, o que rendeu matéria de HD Mabuse na *Folha de S. Paulo*:

" (...) As expectativas se voltam às novidades de Recife: Querosene Jacaré, Otto, Cascabulho, Devotos do Ódio, Eddie e Dona Margarida Pereira & os Fulanos são alguns dos shows mais esperados", escreveu, citando alguns nomes locais (Otto fazia seu primeiro show solo).

Porém havia mais gente da terra: Via Sat, Câmbio Negro H.C., Lara Hanouska, III Mundo, Zé da Flauta & Paulo Rafael, Lula Côrtes, Jorge Cabeleira, Caiçaras, Dona Selma do Coco. Essa escalação, por si só, já daria para montar uma edição do festival. No manifesto "Quanto Vale Uma Vida", escrito por Fred 04 e Renato L., afirma-se que a "utopia mangue continua". E realmente continuou. A Nação Zumbi, que não estava inicialmente na programação, fez seu primeiro show sem Chico Science, com uma canja de Max Cavalera, maior atração daquele ano do APR.

Foi a mim a primeira entrevista que integrantes da Nação Zumbi concederam desde o falecimento de Chico Science. Me encontrei com Lúcio Maia e Jorge du Peixe num bar chamado Calabouço, na Rua Sete de Setembro, onde se localizavam as principais livrarias do Recife e onde os mangueboys, em meados dos anos 1980, se reuniam no fim de tarde diante da Livro 7, a maior livraria da cidade. Lúcio e Jorge foram amigos de Science desde os anos 1980. Lúcio o conheceu quando tinha 15 anos, Jorge talvez 16 para 17. Ambos relutaram em atender ao pedido da entrevista. O papo demorou a engrenar. Inicialmente, frases como "É difícil acreditar que ele não esteja mais aqui", de Jorge du Peixe. À pergunta se a banda iria continuar, Lúcio Maia deixou a dúvida pairando no ar:

"Ainda é muito cedo para anunciar que rumo tomar. A gente tem conversado, mas ninguém ainda está em condições de subir num palco."

Perguntei sobre uma propalada vinda de Max Cavalera, como convidado do Abril Pro Rock, e a possibilidade de ele convidar a Nação Zumbi

CRIANÇA DE DOMINGO

para participar do show. Jorge du Peixe ponderou que não haveria muitas chances disso acontecer, mas que não seria impossível:

"Não sei se vai rolar, o pessoal continua muito abalado, quer dizer, vai depender do momento."

Mas depois de uns copos de cerveja, a conversa foi ficando mais relaxada. Jorge lembrou que entrou para a Nação Zumbi no show realizado no bar Via Brasil, para arrecadar grana a fim de custear a boia dos mangueboys na primeira viagem ao Sudeste, em 1993, às vésperas da contratação pela Sony Music. Considerado o grande guitarrista de sua geração, aventava-se que não faltariam convites de bandas e artistas para ter Lúcio Maia em suas hostes. Ele garantiu não ter recebido nenhuma proposta:

"Nem tenho muito interesse, gosto de tocar com quem tenho afinidades."

A entrevista resvalou para o bate-papo, "causos" acontecidos na primeira turnê, o impacto de, de repente, estar em Nova York, que só conheciam de filmes, e nunca imaginaram que um dia iriam à cidade, muito menos para tocar em palcos como o do lendário CBGB. Um dos "causos" que nos levou todos às gargalhadas aconteceu em Nova York. Alguns integrantes do CSNZ encostaram-se num automóvel de luxo, equipado com um alarme falante, algo que na época era apetrecho de filme de ficção científica. Súbito, ninguém por perto e a voz: "Keep away from this car" ("Afaste-se deste carro"). Ficaram assustados, e a voz insistindo com o aviso. Os mangueboys afastaram-se do carro, saíram caminhando, bem devagar. Mais uma vez a voz: "Thank you". Aí foi demais: o pessoal olhou pra trás, largou um "De nada", em português mesmo, e se mandou, às pressas.

Lúcio e Jorge só deram uma certeza, a de que continuariam fazendo música. Veio-me a convicção de que voltariam com a Nação Zumbi quando Du Peixe disse que ia me mostrar uma coisa. Virou as costas, levantou a camisa até o pescoço. Vi em letras enormes, marcando-lhe a pele: CSNZ, uma tatoo com o logotipo da banda, criado por ele mesmo. Não deu outra.

Não se escutou naquela noite um "Chico Science, presente", ecoando pelo pavilhão. Em 1997, a expressão ainda não era usada, mas a presença de Chico Science era muito forte, pairava sobre o pavilhão do Centro de

CHICO SCIENCE

Convenções de Pernambuco, localizado nos limites entre o Recife e Olinda, no complexo de Salgadinho, à altura do local onde aconteceu o sinistro em que ele faleceu.

O pintor Félix Farfan veio ao APR dirigindo o Landau que pertencia a Science e que, indiscutivelmente, já se tornara mito. Fãs pediam a Farfan que passasse os pneus do carro, enlameados, pois chovia, sobre uma folha de cartolina, como se fosse um autógrafo. Num público estimado em dez mil pessoas, viam-se centenas com camisetas nas quais estava estampado o rosto de Chico Science. A apresentação da Nação Zumbi foi apoteótica, a adrenalina e a emoção saindo pelo ladrão. O grupo entrou com Max Cavalera segurando uma lança de maracatu rural. Cavalera pediu um minuto de silêncio em reverência a Francisco de Assis França, em seguida ele e o NZ abriram o show com versão pesando mais de uma tonelada de "Da Lama ao Caos". O pavilhão tremeu, Dado Villa-Lobos, Os Paralamas, músicos de O Rappa tocaram com o NZ. Foi um show épico, o mais marcante da história do festival (que teria outro momento grandioso com Tom Zé em 2000).

A imprensa, que nem chegou a decodificar a música de Chico Science, imediatamente à sua morte procurava avaliar as consequências de seu desaparecimento:

"Depois disso o que se viu foi surgir trocentas bandas que anexaram um batuquezinho, uma percussãozinha e passaram a posar de brasileiros, infelizmente nenhuma delas com o brilho da Nação Zumbi ou da Mundo Livre S/A (grupo de Fred 04, a outra cabeça do mangue). Um monte de grupos que seriam mais valiosos se, em vez de copiar a fórmula do mangue, forjassem o próprio manifesto. Devia haver vários chico sciences perdidos nesse brasilzão, criando arte mundial a partir da realidade regional que os rodeia", escreveu em um artigo Emerson Gasperin, um ano depois da morte de Chico Science (em *O Estado de S. Paulo*).

O PRÓXIMO PASSO?

Os planos eram muitos. Um deles seria gravar o terceiro disco em Nova York, revela Paulo André Pires:

"A gente estava familiarizado com Nova York. Vários amigos lá. Eu disse a Chico que a gente iria gravar o terceiro disco em Nova York, escolher um produtor e tal. Alugar um apartamento grande, tipo loft, saco de dormir pra todo mundo, passar três a quatro meses lá. Enquanto a gente gravasse, no final de semana iria fazer shows e não parar. Pensei em mapear os festivais com os amigos americanos. Botar os caras pra aprender inglês, tem umas aulas por lá para imigrantes, pra turma que chegou do zero. Ia chegar um momento em que a gente iria passar a metade do tempo fora, pela abertura que estava tendo. Naquele tempo tinha muita gente surgindo no mercado mundial, naquele universo da Womex. Mas não é achar que o negócio vai brotar sozinho, é voltar com show novo, se não o bonde passa. Eu vi várias ondas. Nos anos 90, uma muita forte era da música latina, se observar, Los Amigos Invisibles, da Colômbia, Chango, que vivia já em Nova York, Bloq, da Colômbia. A Sony tinha uma divisão inteira latina em Miami, a SDI. Nação Zumbi era um peixe fora d'água, a barreira da língua era imensa. A Sony lançou um pacote, Nação Zumbi, Los Fabulosos Cadillacs, da Argentina, Los Três, do Chile, Los Rancheros."

Mesmo sem cantar em inglês, feito o Sepultura, o CSNZ tinha um cacife para se destacar entre os grupos de língua hispânica, os ritmos, o contraste entre tambores e a guitarra pesada de Lúcio Maia, além de, claro, como diz em inglês, o showmanship de Chico Science. Com o que foi arrecadado na maratona de shows no exterior e no Brasil, começaram a comprar equipamentos para um estúdio no Recife e a acalentar a criação de um selo.

O repórter pernambucano Wandeck Santiago entrevistou Chico Science para uma matéria publicada dois dias depois de sua morte na *Folha de S. Paulo*. Science antecipou seus próximos passos ao jornalista, tinha a cabeça cheia de planos. Um desses era uma espécie de fundação, a Antromangue, um projeto ambicioso:

"A Antromangue teria, entre outras coisas, um estúdio e uma escola de música. Ela seria localizada no centro histórico da cidade e apoiaria pesquisas sobre ritmos e tradições locais, artes plásticas, teatro e literatura."

Como foi dito, ele e Félix Farfan percorreram o Bairro do Recife, para ver casarões que poderiam abrigar o Antromangue. Outro projeto seria criar uma homepage, na época ainda uma novidade (em 1997, Gilberto Gil gravou "Pela Internet", a primeira canção da MPB que tinha a web por tema). O conteúdo seria de textos dele sobre o manguebeat, manuscritos das letras, poesias, mais ou menos o conteúdo dos seus cadernos disponibilizados por Louise, a filha, e a irmã, Goretti, no site do acervo Chico Science. Estava em seus planos uma novela online em que aproximaria a cultura tradicional da internet, mas não adiantou muito sobre esse projeto, a não ser o título: "Da Lama ao Caos ou Os 12 Caranguejos do Apocalipse". O protagonista seria líder de um grupo cultural, Os 12 Caranguejos (alusão ao filme *Os 12 Macacos*, de Terry Gillian, 1995), cujo objetivo seria combater a massificação cultural, a pesquisa sobre a expansão química da mente.

Quanto à música, sua inspiração fervilhava. No dia em que foi publicada a matéria, ele estaria entrando em estúdio para gravar a trilha sonora do filme *O Cão sem Plumas*, da cineasta recifense Kátia Mesel (baseado no poema homônimo de João Cabral de Melo Neto). Science adiantou ao repórter que, duas semanas antes, havia composto uma trinca de músicas, com estilos e destinos certos e sabidos: um ska para Herbert Vianna, uma balada para Marina e um reggae para Gilberto Gil. Infelizmente, as músicas não foram preservadas: "Não estão gravadas, está tudo aqui no computador",

CRIANÇA DE DOMINGO

disse apontando para a cabeça. Se existe algum esboço do roteiro da novela, nunca veio a público.

O impacto de Francisco de Assis França sobre a cultura brasileira, em geral, e pernambucana, em especial, foi (e ainda é) imenso. Ele e o manguebeat são temas de dezenas (talvez centenas) de dissertações acadêmicas, abordando os mais diversos aspectos, de hibridismos musicais a interferência no rumo artístico do Recife, as ramificações entre as letras de Chico Science e as teses de Josué de Castro, correlações entre o manguebeat e outros movimentos estéticos como o armorial e o tropicalismo, representações do Recife por Chico Science, a cultura popular sob as óticas de Chico Science e Ariano Suassuna, e seguem-se dissertações e mais dissertações, papers de final de curso, mestrados e doutorados, não apenas no Brasil, como também no exterior.

Mas fora do ambiente acadêmico, basta dar uma circulada pelo Recife e cidades da Região Metropolitana para se constatar as presenças de Chico Science e do manguebeat. Estão por exemplo nas esculturas de caranguejos na Rua da Aurora e no Paço Alfândega, na estátua de Chico Science na Rua da Moeda, em grafites que podem ser vistos em muros, tanto no centro do Recife quanto nas periferias, nas camisetas com o rosto do mangueboy estampado, no chapeuzinho de palha que ele popularizou e é usado por garotos que nem eram nascidos quando Chico Science morreu. Chico é nome de túnel, de viaduto, de premiações, de eventos culturais, foi o homenageado do Galo da Madrugada em 2016. Nas mídias sociais há dezenas de perfis relacionados a Chico Science ou ao manguebeat, incluindo uma mangueigreja. Pelo país são muitas as bandas cover do CSNZ, uma delas, a Banda Ciência de Chico, que já se apresentou no Recife, emula nos mínimos detalhes as performances de Science no palco.

Ainda em 1997, alguns meses depois da morte de Chico Science, o canal por assinatura Multishow apresentou uma série sobre a nova música pernambucana, o *Cultura Mangue*, gravada no Recife, indo além do manguebeat. Numa matéria de página inteira sobre a série, a jornalista Ana Cláudia Souza abriu uma matéria vinculada, ratificando que a variedade da

CHICO SCIENCE

cultura popular pernambucana dificultava a assimilação porque quem não era do estado fazia as indagações:

"Você sabe a diferença entre o maracatu de baque virado e o de baque solto? Entre o coco e a ciranda? Já ouviu a embolada e o caboclinho? Para quem não é do lugar, tudo é tão desconhecido que o visitante custa a entrar no ritmo".

Os dois discos lançados por Chico com a Nação Zumbi contêm todos esses ritmos, que continuavam desnorteando quem os escutava. Ciranda e coco são gêneros de origem totalmente diferente, assim como o caboclinho nada tem a ver com a embolada. No entanto, pelo menos em sua terra Chico Science é santo que faz milagre. Num domingo ensolarado, eu passava por uma das muitas favelas existentes em Boa Viagem, Zona Sul do Recife, e testemunhei um bando de adolescentes amainando o calor tomando banho com uma mangueira e dançando frenéticos ao som de "Manguetown": "Andando por entre becos/ Andando em coletivos/ Ninguém foge ao cheiro sujo/ Da lama da Manguetown".

LOUISE

Louise Taynã estava com sete anos quando o pai faleceu. À medida que foi crescendo, tornou-se, com a tia Goretti França, guardiã da memória de Science. É emblemático que tenha se casado com Ramon Lira (já se separaram), filho de Jorge du Peixe, o grande amigo de Chico Science a partir da adolescência, e que tenha mostrado cedo dotes artísticos, de atriz e cantora, tanto solo quanto, mais tarde, com o grupo Afrobombas, surgido em 2013, formado por Thiago Duar, Guizado, Pernalonga, Ramon Lira, Fernando Resta, Lula e Jorge du Peixe.

O Afrobombas deu uma pausada, e Louise prosseguiu em carreira solo: faz apresentações nos principais eventos públicos no Recife e Olinda. Mas leva como uma missão conservar Chico Science presente, ressaltar sua importância para a cultura e a música brasileiras. O pai foi homenageado pela prefeitura do Recife no carnaval de 2024. Louise assumiu a curadoria do show que o celebrou na abertura do Carnaval da cidade, em seu principal palco, a Praça do Marco Zero, no Bairro do Recife. Enquanto este livro estava sendo concluído, ela gravava o que seria sua estreia em disco solo, cogitava lançar o primeiro álbum ao vivo do Chico Science & Nação Zumbi, registro de um show em 1995, no Sfinks Festival, gravado por uma emissora belga. A fita foi conservada no acervo de Paulo André Pires e cedida à filha de Chico.

Louise participou da equipe que realizou o documentário *Caranguejo Elétrico*, em 2016, o primeiro longa sobre Chico Science, dirigido por

CHICO SCIENCE

José Eduardo Miglioli. Desde 2022 trabalha para viabilizar a cinebiografia do mangueboy, com o produtor Denis Feijão (que comprou os direitos de filmagem à família em 2018) e o diretor Pedro von Krüger. Este último antecipou o tratamento pensado para o trabalho:

"O filme é uma obra ficcional – há um compromisso com interpretações mais subjetivas da realidade do que com um retrato fiel aos fatos. Além disso, queremos colocar o espectador dentro do pensamento de Chico para que todos possam sentir o gosto de fazer parte de um momento de transformação na cultura brasileira, o momento em que o nosso satélite foi tocado e encontrou um caminho novo, que estamos percorrendo até os dias de hoje."

CODA

"Se meu corpo tem alma, minha alma também tem. Por isso existe algo mais além. O sem-fim. O fim que não termina", reflete Chico num dos seus cadernos preservados no acervo Chico Science, assinado como Chico Vulgo.

DISCOGRAFIA

Da Lama ao Caos

Monólogo ao Pé do Ouvido (Chico Science)
Banditismo Por Uma Questão de Classe (Chico Science)
Rios, Pontes e Overdrives (Chico Science/Fred 04)
A Cidade (Chico Science)
A Praieira (Chico Science)
Samba Makossa (Chico Science)
Da Lama ao Caos (Chico Science)
Maracatu de Tiro Certeiro (Chico Science/Jorge du Peixe)
Salustiano Song (Chico Science/Lúcio Maia)
Antene-se (Chico Science)
Risoflora (Chico Science)
Lixo do Mangue (Lúcio Maia)
Computadores Fazem Arte (Fred 04)
Coco Dub (Afrociberdelia) (Chico Science)

Participações: Liminha, grito em "Lixo do Mangue"; Chico Neves, samplers em "Rios, Pontes & Overdrives", "A Cidade", "Samba Makossa", "Antene-se" e "Coco Dub (Afrociberdelia)"; Andre Jung, berimbau em "Maracatu de Tiro Certeiro"

A versão em vinil original não traz "Computadores Fazem Arte" e "Coco Dub (Afrociberdelia)"

CHICO SCIENCE

Gravado no estúdio Nas Nuvens, Rio, produção de Liminha, direção artística de Jorge Davidson, coordenação de produção de Ronaldo Viana, mixagem de Liminha e Vitor Farias, masterizado na Future Disc por Steve Haff e Eddy Schreyer.

Projeto gráfico de Dolores y Morales (Helder Aragão e Hilton Lacerda), fotos de Fred Jordão. Arte final de Helder, Hilton, Cláudio Almeida e Luciana K

Afrociberdelia

Mateus Enter (Chico Science/Nação Zumbi)

O Cidadão do Mundo (Chico Science/Nação Zumbi/Eduardo Bidlovski)

Etnia (Chico Science/Lúcio Maia)

Quilombo Groove (Chico Science/Nação Zumbi)

Macô (Chico Science/Jorge du Peixe/Eduardo Bidlovski)

Um Passeio no Mundo Livre (Dengue/Gira/Jorge du Peixe/Pupillo/ Lúcio Maia)

Samba do Lado (Chico Science/Nação Zumbi)

Maracatu Atômico (Jorge Mautner/Nelson Jacobina)

O Encontro de Isaac Asimov com Santos Dumont no Céu (HD Mabuse/ Jorge du Peixe)

Corpo de Lama (Chico Science/Jorge du Peixe/Dengue/Gira/ Lúcio Maia)

Sobremesa (Chico Science /Jorge du Peixe/Renato L/Nação Zumbi)

Manguetown (Chico Science/Lúcio Maia/Dengue)

Um Satélite na Cabeça (Bitnik Generation) (Chico Science/ Lúcio Maia/Dengue)

Baião Ambiental (Lúcio Maia/Dengue/Gira)

Sangue de Bairro (Chico Science/Ortinho)

Enquanto o Mundo Explode (Chico Science/Nação Zumbi)

Interlude Zumbi (Chico Science/Gilmar Bola 8/Gira/Toca Ogan)

CRIANÇA DE DOMINGO

Criança de Domingo (Cadão Volpato/Ricardo Salvagni)
Amor de Muito (Chico Science/Nação Zumbi)
Samidarish (Lúcio Maia)
Maracatu Atômico (atomic remix)
Maracatu Atômico (ragga remix)
Maracatu Atômico (trip hop remix)

Na versão original em vinil foram omitidas as faixas "Enquanto o Mundo Explode", "Interlude Zumbi", "Samidarish", a trinca de remixes de "Maracatu Atômico" e "Mateus Enter".

Produção Chico Science, Nação Zumbi e Eduardo Bid. G-Spot, gravação e mixagem. Participações especiais de Gilberto Gil e Marcelo D2, em "Macô", e Fred 04 em "Samba do Lado"; Bidinho - trombone em "Etnia" e "Um Passeio no Mundo Livre", flugelhorn em "Amor de Muito"; Eduardo Bid - guitarra dub em "Etnia" e arranjos de metais; Gustavo Didalva - percussão em "Samba do Lado"; Hugo Hori - flauta em "Macô" e "Amor de Muito", sax em "Etnia" e "Um Passeio no Mundo Livre"; Lucas Santana - flauta em "Manguetown"; Marcelo Lobato - teclado em "Um Satélite na Cabeça (Bitnik Generation)"; Serginho Trombone -trombone em "Etnia", "Um Passeio no Mundo Livre" e "Amor de Muito", arranjos de metais; Tiquinho - trombone em "Etnia", "Um Passeio no Mundo Livre" e "Amor de Muito".

Luis Paulo Serafim - gravação ("Maracatu Atômico") e mixagem ("Maracatu Atômico", "Um Satélite na Cabeça (Bitnik Generation)" e "Baião Ambiental"), Mario Caldato Jr. mixagem

("O Encontro de Isaac Asimov com Santos Dumont no Céu"), Marcos "Golden Ears" Eagle, masterização, Jorge Davidson, direção artística, Ronaldo Viana, coordenação artística, Paulo André Pires, produção executiva.

Capa e encarte: HD Mabuse, projeto gráfico, Vavá Ribeiro, fotografia, Carlos Nunes, coordenação gráfica.

Chico Science e Nação Zumbi

Álbum duplo, de 1998, que encerra a participação de Chico Science com a Nação Zumbi. O último creditado a Chico Science & Nação Zumbi, ou CSNZ. O terceiro dos três álbums previstos no contrato com a Chaos/Sony Music, que não renovou com o grupo. Uma compilação, que tem a participação de Chico Science em seis faixas, ao vivo, em canções dos dois álbuns que gravou com a banda em estúdio. Traz cinco faixas inéditas dos integrantes da Nação Zumbi. E ainda uma faixa com participação do Planet Hemp, numa versão de "Samba Makossa", nove remixes, e "Chico – Death of a Rockstar", homenagem do inglês Goldie, lançada por ele no álbum *Saturnz Return* (1998)

Disco 1

Malungo (Marcelo Falcão/Jorge du Peixe/Nação Zumbi/Fred 04/Marcelo D2/Gilmar Bola 8) Participação: Jorge Ben Jor/Fred 04/Marcelo D2/Marcelo Falcão

Nos Quintais Do Mundo (Mucunã) (Toca Ogan/Nação Zumbi)

Protótipo Sambadélico De Mensagem Digital (Jorge Du Peixe/Nação Zumbi)

Dubismo (Jorge Du Peixe/Gilmar Bola 8/Lúcio Maia/Dengue/Pupillo)

Interlude Cien-zia (Eduardo Bidlovski)

Quilombo Groove (Chico Science)

Um Satélite Na Cabeça (Bitnik Generation) (Chico Science/Lúcio Maia/Dengue)

(Pot-pourri) - Lixo do Mangue (Lúcio Maia)

Enquanto O Mundo Explode (Chico Science/Nação Zumbi)

Da Lama ao Caos (Chico Science)

Sobremesa (Chico Science/Jorge du Peixe/Renato L/Nação Zumbi)

Salustiano Song (Lúcio Maia/Chico Science)

Samba Makossa (Chico Science)

Participação: Planet Hemp

Disco 2

Amor de Muito (Chico Science/Nação Zumbi), remix de Mario Caldato Jr.

Banditismo Por Uma Questão De Classe (Chico Science), remix de DZ Cutz

A Cidade (Chico Science), remix de DJ Soul Slinger

Rios, Pontes e Overdrives (Chico Science/Fred 04), remix de David Byrne

Macô (Chico Science/Jorge du Peixe/Eduardo Bid), remix de Fila Brazillia

Corpo de Lama (Chico Science/Jorge du Peixe/Dengue/Lúcio Maia/ Gira), remix de Apollo 9

Coco Dub (Afrociberdelia) (Chico Science), remix de Mad Professor

O Cidadão do Mundo (Chico Science/Nação Zumbi/Eduardo Bidlovski), remix de Arto Lindsay

Risoflora (Chico Science), remix de Bid

Chico - Death Of a Rockstar (Goldie)

Maracatu Atômico (Jorge Mautner/Nelson Jacobina)

Na noite em que surgiu "Macô", na casa de Eduardo Bid, Chico Science e Jorge du Peixe improvisam uma versão simplificada da embolada "Roda, Rodete, Rodiano", da dupla Caju & Castanha. Em 2005, Eduardo Bid trabalhou a gravação caseira e a lançou no álbum *Bambas e Biritas* Vol.1

LINHA DO TEMPO

1966 – Francisco de Assis França nasce no Recife, no dia 13 de março.

1970 – A família França se estabelece na Rua do Girassol, numa casa de um conjunto habitacional em Rio Doce, Olinda.

1984 – Chico França conhece Jorge du Peixe, e criam a Legião Hip Hop, passando a participar de batalha de break dance, no Recife e em Olinda.

1987 – Chico França cria o grupo Orla Orbe, cujo guitarrista era Lúcio Maia.

1988 – Chico França, já começando a assinar "Chico Vulgo", funda o Bom Tom Radio, com HD Mabuse e Jorge du Peixe.

1989 – Funda a Loustal, com Jorge du Peixe, Lúcio Maia, Élder, depois Alexandre Dengue e Vinícius Sette

1990 – Gilmar Bola 8 convida Chico Vulgo para o o associação cultural Daruê Malungo, em Chão de Estrelas, no Recife, para um ensaio do Lamento Negro, um grupo de samba-reggae e afoxé nascido no bairro de Peixinhos, Olinda.

1990 – Chico Science conhece Fred 04, Renato L., Helder Aragão, o núcleo do que seria o manguebeat, e passa a frequentar o apartamento de Helder nas Graças, onde a turma se reúne para trocar ideias e escutar música.

CRIANÇA DE DOMINGO

1991 – Surge o Chico Science & Lamento Negro, que passa a fazer shows com a Loustal, agora com Jorge du Peixe como vocalista, e a Mundo Livre S/A. Pela primeira vez, Chico anuncia à turma, no Cantinho das Graças, que vai chamar de "mangue" à música que está fazendo.

1992 – Renato L. dá a Chico o "Science", que tomou emprestado de um tio, chegado a invenções. Chico diz a Gilmar que decidiu batizar de Chico Science & Nação Zumbi sua parceria com os percussionistas do Lamento Negro.

1992 – Fred 04 escreve o release/manifesto Caranguejos com Cérebro, que é distribuído à imprensa.

1992 – No final do ano, os irmãos Roger e Paula de Renor abrem A Soparia, bar que seria o ponto de encontro da era mangue, tanto músicos quanto seus admiradores.

1993 – Em abril, Paulo André Pires produz a primeira edição do festival Abril Pro Rock. Todas as atrações são locais.

1993 – As bandas Chico Science & Nação Zumbi e Mundo Livre S/A fazem a primeira incursão ao Sudeste, tocando em São Paulo e em Belo Horizonte.

1993 – Chico Science & Nação Zumbi são contratados pela Sony Music, e por essa época trocam de empresário. Sai Fernando Jujuba e entra Paulo André Pires.

1994 – Em abril é lançado *Da Lama ao Caos*, o disco de estreia do CSNZ.

1995 – Chico Science & Nação Zumbi realizam a primeira turnê internacional, com apresentações nos EUA e Europa, e que durou 54 dias.

1995 – Em outubro, Chico Science & Nação Zumbi vão para o Rio para a gravação do segundo disco, *Afrociberdelia*. O empresário alugou um apartamento em Santa Teresa, onde a banda manteve seu QG por um ano.

CHICO SCIENCE

1996 – Em maio, o álbum *Afrociberdelia* é lançado. Logo em seguida, a banda volta a realizar mais uma turnê internacional, tocando nos Estados Unidos e na Europa.

1996 – Depois de uma maratona de shows pelo Brasil, em dezembro, Chico Science alega estafa e tira férias. Viaja à França para encontrar a nova namorada, que mora em Paris. Antes vai a uma estação de esqui, com amigos do Recife, dali vai com o amigo Rodrigo Santos para Bélgica, Londres, Amsterdã e Paris.

1997 – Em janeiro, de volta ao Brasil, Chico Science e Antonio Nóbrega combinam o desfile na Avenida Boa Viagem, na semana pré-carnavalesca, com o bloco Na Pancada do Ganzá. Ensaiam o frevo de bloco "Madeira que Cupim Não Rói", de Capiba.

1997 – No dia 1º de fevereiro, um sábado, Chico Science discoteca numa festa da TV Viva, no Centro Luis Freire, em Olinda.

1997 – No dia 2 de fevereiro, um domingo, Chico Science passa o dia em casa, dorme à tarde, e no começo da noite, dirigindo o Fiat Uno pertencente à irmã, vai para o Carnaval em Olinda. À altura do Centro de Convenções de Pernambuco, próximo a uma região de mangue, um Chevette bate no Fiat, Chico perde o controle e seu carro se choca contra um poste. É levado para o Hospital da Restauração, mas já chega lá sem vida.

1997 – No dia 3 de fevereiro o corpo é velado na área de exposição do Centro de Convenções de Pernambuco, em Olinda (na divisa com o Recife), e visitado por milhares de pessoas. O cortejo fúnebre até o cemitério de Santo Amaro, região Central da capital, é acompanhado por uma multidão.

2024 – Chico Science é um dos homenageados, com Lia de Itamaracá, do Carnaval do Recife. A filha Louise França lidera e faz a curadoria de um show em homenagem ao artista na abertura do Carnaval, na Praça do Marco Zero, principal palco da festa em Pernambuco.

REFERÊNCIAS

Chico Science: a rapsódia afrociberdélica, Moisés Neto (Ilusionistas, 2000)

Chico Science & Nação Zumbi, Lorena Calábria (Cobogó, 2019)

Do Frevo ao Manguebeat, José Teles (Editora 34, 2000)

Documentário do Nordeste, Josué de Castro (Brasiliense, 1965)

Eudes, O Rei do Maracatu, Katarina Real (Fundaj/Massangana, 2001)

O Folclore do Carnaval do Recife, Katarina Real (Fundaj/Massangana 1967/1990)

Maracatu Atômico: Tradition, Modernity and Postmodernity in the Mangue Movement, Philip Galinsky (Routledge, 2002)

Maracatus do Recife, César Guerra-Peixe (Ricordi, 1955)

MCP: História do Movimento de Cultura Popular, Germano Coelho (Cepe, 2012)

Memórias de Um Motorista de Turnês, Paulo André Moraes Pires, (Cepe, 2022)

Music in Brazil: Experiencing Music, Expressing Culture, John P. Murphy (Oxford Press, 2006)

Verdade Tropical, Caetano Veloso (Companhia das Letras, 1997)

Brazilian Music UpToDate, revista virtual (já desativada)

Acervo Chico Science (https://acervochicoscience.com.br/)

Ocupação Chico Science, Itaú Cultural (https://www.itaucultural.org.br/ocupacao/en/chico-science-3/)

Revistas *General, Bizz/Showbizz*

Acervos digitais de *O Estado de São Paulo, Folha de S. Paulo, Jornal do Brasil, Diário de Pernambuco,* Hemeroteca Digital da Biblioteca Nacional, *New York Times, Village Voice.*

Filmes: *Manguebit,* de Jura Capela, 2021; *Chico Science: Caranguejo Elétrico,* de José Miglioli, 2014.

Leia o QR Code e conheça outros
títulos do nosso catálogo

@editorabelasletras
www.belasletras.com.br
loja@belasletras.com.br
54 99927.0276

Este livro foi composto em Adobe Caslon Pro e impresso em papel pólen natural 70 g pela gráfica Viena em outubro de 2024.